カースティン・バクストン 著
堀田真紀子 和泉明青 訳

とある神秘家との結婚

『奇跡のコース』とパートナーシップについての
真摯な実践録

I Married a Mystic

Kirsten Buxton

ナチュラルスピリット

I Married a Mystic by Kirsten Buxton

序

心の奥深くで、誰もが融合とつながりと愛を切望しています。心が求めるのは、連続性と、変わることのない親密さの感覚です。神への旅は、魂をふたたび目覚めさせ、人間の愛から天国のワンネスへと旅立つことです。神とともにあれば、あらゆることが可能です。スピリットに与えられた小さな意欲がマインドを変容させ、赦された世界という結果をもたらすのを見るのは喜ばしいことです。

カースティンと私は、決して終わることのない愛を経験するために一緒になりました。私たちの関係と結婚は、赦しを通したスピリチュアルな目覚めの手段としてスピリットに捧げられました。この聖なる関係は、内へ向かい、あらゆる過去の思いや未来への野心を手放して、今この瞬間に満ち足りて浴すための手段でした。カースティンは私たちの人生の物語を記録してくれました。これは、この世界のものではない愛へと向かう、加速された、しばしば強烈な道のりを垣間見せてくれる類いまれな記録です。

赦しと神の愛の記憶を切望するすべての人びとに、この物語が無上の喜びをもたらすことを心から祈ります。私たちの経験が、与えられた道にいるあなたを加速させますように。そして、あなたが赦しの喜ばしい知らせを受け入れ、真の愛と喜びを体験しますように。これらのページで書かれているのは、私たちを愛の中で、全体そして完全なものとして創造した一者に触れられて紡いだ、イエスとホーリースピリットへの感謝の歌です。

永遠の愛の中で

デイヴィッド・ホフマイスター

『覚醒へのレッスン』（ナチュラルスピリット）著者

とある神秘家との結婚　目次

第二十五章 台本はすでに書かれている 435

第二十六章 揺るぎない献身 447

凡例

- 本文中の［　］は、ホーリースピリットとのジャーナリング（日記）における著者の行動や心の声を示す。また、〔　〕は訳注を示す。
- 著者のマインドの声はゴシック体で示す。また、原著で強調を示すために斜体となっている部分は、傍点を付す。
- 本文中の『奇跡のコース』からの引用部分は、本書の原著から改めて訳出したものであるが、適宜、『奇跡のコース〈普及版〉』（大内博訳、ナチュラルスピリット、第一巻二〇一四年、第二巻二〇一五年）及び『奇跡講座〈普及版〉』（加藤三代子・澤井美子訳、中央アート出版社、上巻・下巻二〇一七年）を参照した。なお、本書原著では、*A Course in Miracles*©（Third Edition, 2007）を引用元としている。
- 本文中の『奇跡のコース』引用部分における略号の意味は以下の通りである。

　Ｔ：テキスト
　Ｗ：学習者のためのワークブック
　Ｍ：教師のためのマニュアル

（例）

「すべての力は神を源としています。神の力でないものには、何をする力もありません（T-11.V.3）」
→ T-11.V.3 ＝テキスト、第11章、第5節、第3段落

まえがき

ニュージーランドの田舎で生まれ育ったカースティンは、歩けるようになったときから自立心が強く、幼いころから世界を救う責任を感じていました。環境保護の活動家として何年も奮闘しましたが、十三歳のときに意気消沈してしまいます。この世界を直したり変えたりすることはできないと感じたのです。諦めた彼女は、折り合いをつけるためにドラッグやアルコールに手を出しました。

カースティンは学校を中退して反抗しました。しかし、それも彼女が求める自由をもたらすことはありませんでした。その後、答えを求めて、彼女は教職の道へ進みます。

十代後半になったカースティンは、言葉にならないような使命感を感じました。彼女は、腰を落ち着けて普通の人生を送るだけでは自分は満足できないと知っていました。カースティンはヨーロッパ行きの片道チケットを購入し旅立ちます。言葉の分からない国をバックパッカーとして旅するには、自分の直感だけを導きとして頼らなければなりません。すると、ずっと切望してきた何かが、彼女の内で満たされはじめ、ヨガやダンスの実践が彼女のマインドをまったく新しいスピリチュアルな世界へと開いていきました。

何年もの海外生活ののち、不本意ながらもカースティンがニュージーランドへ戻るときがやってきました。これまで感じていた広がりが終わってしまうのではないかと恐れたカースティンは、すぐに幻滅し、落ち着きをなくしてしまいました。彼女は、新しいキャリア、友人、マウンテンバイク、スキーなどの活動で自分の時間を埋めていきました。

二年後、内面の疲弊にもかかわらず、カースティンは自分自身を止めることができませんでした。彼女は助けを求めて祈りました。ある日、森でたった一人のとき、マウンテンバイクで転倒してしまったのです。すると、彼女が今まで知っていた人生は一変しました。二十七歳のときのことでした。自転車事故は、彼女に両手首の骨折、脳損傷、慢性疲労、偏頭痛をもたらしました。彼女はもはや、自分の人生を自分で管理することができなくなってしまったのです。

この事故をきっかけに、さまざまな手法を通じての、カースティンの癒やしの旅が始まり、一日八時間の熱心な瞑想の実践に取り組むまでになります。彼女は瞑想中に体験する深い平安を愛していました。そして、この平安の臨在《プレゼンス》こそ、彼女が本当に望んでいたものだと知ります。彼女の本格的なスピリチュアルジャーニーが始まったのです。

カースティンが瞑想しているとき、思いがけずイエスが現れてこう言いました。

「これからは、私があなたの導き手になろう」

イエスはカースティンに、彼女のやり方でこの先続けても、癒やされることはないと言いました。しかし、昔からの習慣はしぶとく、自分自身を強く追い込む癖によって、カースティンはまたもやスポーツで事故を起こしてしまいます。二度目の事故で、カースティンは自分自身を殺してしまうかもしれない危険性に気づき、心理的な衝撃を受けます。彼女はひざまずいて、助けを乞いました。その後に続いたのは、啓示体験――強烈な神の愛の体験でした。カースティンはすぐに、自分の人生を神に捧げました。

それから少しして、カースティンに、『奇跡のコース　*A Course in Miracles*』（コース、邦訳：ナチュラルスピリット）がもたらされました。本を開いて「……あなた自身が作り出した世界をあなたはコントロールできません（T-12.III.9）」と書いてあるのを読んだとき、彼女は唐突にひらめきました。彼女はずっと、自分の人生と世界を管理しようとしてきたのです！　カースティンには、この本こそが心からの祈りの答えだとすぐに分かりました。癒やされるには、彼女の人生における制御の試みをすべて放棄する必要があったのです。

『奇跡のコース』の学習は、純粋な魂の滋養だとカースティンは感じました。まるで彼女のためだけに、イエスがワークブックレッスンを書いてくれたようでした。使われたインクがまだ乾いていないような印象さえ受けました。彼女の人生は、今この瞬間に根ざした、深い目的意識を帯びるようになりました。そして彼女は、自分の幸せが世界に依存していないことを初めて体験したのです。

人生の本質、愛、人間関係、真実。カースティンには疑問に思うことがたくさんありました。

コースを実践することで質問の答えが明らかになることを、彼女は知っていました。未来に何が待っているのか、彼女にはまったく分かりませんでした。しかし、人生で初めて、彼女は知らないことを恐れませんでした。それから起こったことは、彼女の予想を遥かに超えていたのです！

静けさに沈み込む
深く、深く、
あなたの永遠の平安に包まれて
深く、さらに深く、いちばん深く
あなたの中へ、私は……

臨在、平安
聖なる静けさは十全を歓迎する
在ること……我が家
言葉は溶けて
世界は去った

深い、深い、静けさの中に、私はやってきた

あなたが呼んで、私が呼んで、
あなたが聞いて、私は来た
愛の中で結ばれ、私たちは在る

第一章　とある神秘家との出会い

二〇〇四年　春・夏・秋・冬

「あなたが生きているように見えるこの世界は、あなたの家ではありません。あなたはマインドのどこかで、これが本当のことだと知っています。帰っておいでと、まるでどこかから呼ばれているように、本当の家の記憶は離れることがありません。聞き覚えのない呼び声でも、何を思い出させようとしているのか分からなくても（W-182.1）」

ゆだねる

私はひざまずき、助けを求めて叫びました。十八カ月のあいだに二度も、意識を失うほど頭を強く打ったのです。どちらの「偶然の事故」も「私はここにいたくない」という思いを抱いたときに起こりました。人生を完全にゆだねなければ、文字通り自分を殺すことになるのだと、理解しました。

その後に起こったことは、自分の人生を完全に変えてしまいました。伝えようのない神の愛を、直接体験することになったのです。私に言えるのは、ひざまずいたまま、自分が震えながら泣いていて、言葉にできないほどの愛が、私の全存在を貫き放射しているのを感じたことだけです。それはこれまで体験したどんなこととも異なり、この世界のものではありませんでした。あまりに全一的で、純粋で、深遠で、あまりに素晴らしかったので、私の人生を永遠に変えてしまいました。

ありとあらゆる理解を超えて、私は自分が愛されていることを知りました。この愛、この至上と恩寵そのものであるとてつもない臨在《プレゼンス》は、すべての背後にあり、すべてを知っていて、いつも私を愛してくれていると分かりました。これを認識することで、私の人生はゆだねられました。この意識と直接触れ合わなければ、自分の最善の利益を知っているふりをやめることはできなかったでしょう。生まれて初めて私は安心し、スピリットがすべてを掌握していると信頼することができました。

旅の始まり

七カ月後、私はアメリカの神秘家、デイヴィッド・ホフマイスターを囲む夕食会に招待されました。それまでデイヴィッドに会ったこともなく、彼についてほとんど何も知りませんでした。彼のＤＶＤを観たことがあるぐらいです。デイヴィッドは深い谷へ向かって歩きながら、今この瞬間について語っていました。生き生きとした青い目の男性で、年は四十代。まるで神秘体験をしている真っ最中のように、穏やかで幸せそうに見えました。

夕食会に行くための支度をしていると、まるでデートに行く前のように、そわそわして落ち着かない気分になってきました。これには驚きました！　突然、以前ＤＶＤでデイヴィッドを見ているとき、スピリットが「これがあなたの人生のパートナーよ！」と言ったのを思い出しました。この、あまりに意味深なメッセージをどう理解すればいいのか分からなかったので、このことを誰にも話すことはありませんでした。途方もなく、予想もしなかったメッセージにショックを受けた私は、すぐにそれを意識の外に押しやったのです。

夕食会には、私の両親、ジャッキーとロジャー、彼らの友人であるミアとラーズ、そしてデイヴィッドと私がいました。ジャッキーとミアは、『奇跡のコース』の二年目の学習者で、自分たちの学習グループで学べるところまでは学び、インターネット上で『奇跡のコース』の教え通りに生きている人がいないか探したのです。彼らはデイヴィッドを見つけて大興奮し、デイヴィッドは彼らの招待を受けて、ニュージーランドまで来てくれたのです。

とても楽しい夜でした。ロジャーとラーズ、つまりジャッキーとミアの夫たちは、覚えているわずかなコースの原理を交代で馬鹿にして、デイヴィッドの飛行機代や食費をクレジットカードで払ったのは自分たちであって神ではないと、私たちに分からせようとしていました。ジャッキーとミアは、何とかして真摯でスピリチュアルな会話に戻そうと躍起になっていました。私は、デイヴィッドが喜びに青い目をキラキラ輝かせながら、心から楽しんでいる様子を眺めていました。彼には証明しなければならないことなど何もないようでした。彼の謙虚で感謝に満ちた存在感に、私は注目せずにいられませんでした。喜びに満ちた彼のスピリットは、あらゆることをあらゆる角度から料理することができ、それを人びととつながるための手段として使っていました。バイクやテニスの話題から、私的な思いと夫婦関係の力学まで、すべてが渦を巻くように合わさって、喜びに満ちた会話へと展開するのでした。

意外な新方向

夕食会から二日後、ジャッキーと私は、デイヴィッドの週末リトリートに参加するために、車でミアの家へ行きました。到着後、私は用意された部屋に入って落ち着き、瞑想するためにベッドの上に座りました。するとデイヴィッドが部屋の前を通り過ぎるのが見えました。短パンにサンダル、ポロシャツのごく普通の姿です。彼は、とても大きくて優しい愛の臨在《プレゼンス》のようでした。気がついたら、私は一緒に瞑想しませんか、と彼を誘っていたのです。「喜んで！」と彼は答えてくれました。そして私たちは一緒に、美しく安らぎに満ちた瞑想の深みへと沈み込んでいきました。

その夜から週末のあいだずっと、デイヴィッドが話すたびに、スピリットが彼を通して降り注いできました。私は頭に負った二つの怪我からまだ回復中でした。何度も目を閉じたり、床に置いたクッションの上で丸くなったりしながら、彼の話を聞いていました。普段なら、私のエネルギーは午後の早いうちから消耗してしまうので、この集まりに一日中参加できたのは奇跡のようなものでした。この優しく、生き生きとしたスピリットのエネルギーに包まれ、私はデイヴィッドが語る一言一言に育まれているような気がして、とても深いものを感じました。普段感じていた消耗感の主な原因は、自分がこの世界に疲弊しているからなのだと気づいたのです。長いあいだ、私は自分が消耗していることに気づくのに精一杯で、他には何もできませんでした。デイヴィッドの話を聞いているときに自分に向かってきたのは、私のマインドと魂を愛情深く支えてくれるものだと感じました。私の人生を支配しているかのように思っていた頭の怪我の症状が消えるかもしれない、という希望が湧き上がってきました。十八カ月にわたる療養生活の中で、初めて感じた本物の希望でした。そして私は、この意識のシフトが、目覚めの目的に直接的に関係していることを理解しました。

ジャッキーとミアと一緒に『奇跡のコース』を勉強しはじめて、六カ月がたっていました。このリトリートが終わったら、新しく見つけたマインド・トレーニング〔469ページ参照〕の道具を携えて、ワナカ〔ニュージーランド南島の町〕にあるアルパインヴィレッジに戻る予定でした。

この場所は、私にとって地上の楽園そのものでした。そこで私は、末長く幸せに暮らすつもりだったのです。少なくとも、私は、そう思っていました！

週末リトリートの休み時間のことです。参加者の一人が出し抜けに、デイヴィッドと一緒に彼が住むピースハウスに行くつもりなのか、と聞いてきました。私は「いいえ、ここにはリトリートのために来たのよ。終わったら南島へ戻るの」と答えました。少しすると、別の人がまた同じ質問をしてきたのです。私はもう一度「いいえ」と答えました。すると三人目がやってきて、またもや、デイヴィッドと一緒にアメリカに行くのかと尋ねてきました。「考えたことはなかったけれど、でも、そんなこともあるかもしれないわね」。私はそう言いました。四人目が同じことを尋ねたときには「もしかしたら」と答えました。そして五人目が来たときには「はい！」と答えたのです。

私はまずジャッキーにこのことを話しました。そして二人でデイヴィッドに伝えました。彼の答えは「素晴らしい！」でした。デイヴィッドは、五年間彼の秘書をしていたキャシーが結婚して退職したばかりだということ、そして、しばらく彼と暮らしていた若いカップルもカナダに引っ越したことを教えてくれました。ピースハウスには、デイヴィッドと猫のエンジェルとトライポッドだけが残されていました。猫たちには事務的な仕事はあまり期待できないし、もし私が来て三カ月ほどボランティアとして滞在してくれたら素晴らしいよ、とデイヴィッドは言いました。

実はここ五年ほど、私は冷え性に悩まされていました。特に手足の指が冷えるのです。ところがリトリートの二日目には、自分の全存在に温かさがあふれんばかりに流れ込んでいるのに気がつきました。身体の内側のボイラーに、スイッチが入ったような感覚でした。一、二時間おきにトイレに入って、冷たい水を顔にかけて火照りを冷ます自分を、少し恥ずかしく感じたぐらいです！

私は家族に、自分が望むのは、決して終わることのない愛なのだと話したところでした。ジャッキーはコース学習者だったので、私が何に気づきはじめているかを理解して、静かに微笑んでくれました。私は「聖なる関係」を望み、そして神の愛を望んでいたのです。

ある朝、デイヴィッドが教えているときに、彼の指に結婚指輪があるのを見た気がしました。少し驚いたのですが、そのことは誰にも言いませんでした。そのセッション中、参加者の一人がデイヴィッドに、いつか結婚するのか、と尋ねました。デイヴィッドは、どんなことになろうと、僕はスピリットが計画していることにオープンでいるよ、と答えました。翌日になって、彼がもう結婚指輪をはめていないことに気がつきました。私はジャッキーに、どうしてデイヴィッドは一日だけ結婚指輪をしていたのかしらと尋ねました。すると彼女は不思議そうに私を見て、彼は最初から結婚指輪はしていなかったわよ、と言いました。

スピリットはすでに、デイヴィッドが私の人生のパートナーになることを教えてくれていました。というわけで、彼の指に見た結婚指輪は、私たちが結婚することを告げているヴィジョンだと解釈することにしたのです。神について語りながら旅をしている人と結婚するなんて、私の人生の計画にはありませんでした。私はあまりにも驚いて、何も言うことができませんでした。

その後、数日間にわたり、デイヴィッドが結婚について口にするたびに、彼は自分に向けて話しかけているのだと、私は確信していました。とはいえ、私はたいてい目を閉じていたので、彼が誰を見ながら話していたのか見たわけではなかったのですが。この間違えようのない愛の臨在《プレゼンス》に、私の全存在が応えていました。この愛の臨在《プレゼンス》は、私がひざまずき、自分をゆだねたときに、魂を貫き放射したものと源が同じだと気づきました。この愛の臨在《プレゼンス》を自覚することだけが、私の望むすべてでした。このことが何を意味するのかまったく分からなかったので、私はその温かさにただ浸っていました。

ピースハウス

その後一カ月半は、まるで激流のようでした。私はワナカの家に戻り、荷造りをして、友人の家のガレージに自分の車を入れさせてもらいました。そしてすぐにシンシナティへ飛び、空港に迎えにきてくれたデイヴィッドと一緒に、車でピースハウスに向かいました。

ピースハウスは、市街地の静かな地域にある、一八六〇年代に建てられた古風な緑色の「お菓子の家」です。内装はシンプルで清潔で、居心地のよいものでした。リビングルームに入っていくと、礼拝堂に入るような心地がしました。それにふさわしく、この部屋は「サンクチュアリ（聖域）」と呼ばれていました。

どれでも好きな部屋を選んでいいよ、とデイヴィッドは言いました。一階には二つのベッドルームがありました。階段を上がると、さらに二つのベッドルームがあり、そのうちの一つはデイヴィッドの部屋でした。「バッグをデイヴィッドの部屋に持って上がって」というスピリットの声が聞こえました。ショックでした！「私はその手の女じゃないわよ！」。これが、この導きに対する私の反応でした。もちろん、これは内側での対話だったので、デイヴィッドは一言も耳にしていません。私はすぐに下に降りて、一階の部屋を見ることにしました！

こうして、私の「ゴルディロックスと三匹の熊」物語（熊の一家の屋敷に迷い込んだ少女がいろいろな騒動を起こす童話）のような体験が始まったのです。一階にある一番落ち着く部屋を試してみましたが、眠ることができませんでした。私はボイラーのせいだと思いました。実際、とてもうるさかったのです。二日目の夜も、眠ることができませんでした。一階のもう一つの部屋のベッドも二、三時間試してみましたが、落ち着くことはできませんでした。三日目の夜、私はサンクチュアリのソファへ向かいました。この時点で、かなり疲れていたので、絶対眠れると思っていました。けれど、眠ることはできませんでした。

四日目には、私はぼろぼろになっていました。まだ頭の怪我から完全に回復しておらず、睡眠をしっかりとる必要がありました。三日間も眠れないのは重大な問題でした。私はデイヴィッドに、どうして眠れないのか分からないと伝え、ボイラーを消してもらえないかと頼みました。デイヴィッドが天気予報をチェックすると、暴風雪が迫っていることが分かりました。水道管が凍って破裂してしまうので、ボイラーを止めるのは論外でした。何にしろ、冬の真っ只中でした。彼は、もし君さえよければ、自分の部屋にある大きなキングサイズのマットレスで一緒に眠れるよ、と言いました。

私はいつも、誰かと同じベッドで寝てもよく眠れないので、デイヴィッドと一緒に寝ても眠れる可能性は低いだろうと思いました。けれどその夜は、彼のベッドの中で丸くなり、ぐっすりと眠ることができたのです。まるで、世界中で一番安らかな場所に舞い降りたかのようでした。私のマインドは安まり、静まって沈黙しました。ここが、自分がいるべきところなのは疑いようがありませんでした。

第二章

奉仕の心

二〇〇四年～二〇〇五年　冬

「あなたがほしいのは、身体の自由ですか？　それとも、マインドの自由ですか？　というのも、この二つを同時に持つことはできないからです。どちらに価値を置きますか？　あなたのゴールはどちらでしょう？　あなたは一方を手段とし、もう一方を目的と見なします（T-22.VI.1）」

「神が愛するものの中で、ホーリースピリットがどのようにして手段と目的の役割をこれほど容易に変化させ、永遠に自由にできるのだろうと考えることに、気を取られないでください。その代わり、あなたがホーリースピリットの目的に奉仕する手段になれることに感謝してください。これこそが、自由へと導いてくれるたった一つの奉仕なのです（T-22.VI.3）」

「この聖なる関係は、無垢性の中で愛らしく、強さはとてつもなく、あなたが目にする空に輝く太陽よりも、遥かに明るい光を放ち輝いていますが、これこそあなたの父なる神により、ご自身の計画の手段として選ばれたものなのです。この聖なる関係が、あなた自身の計画にはいっさい仕えないことに感謝してください。この関係にまかせられたもので、誤用されるものは何もありません。この関係に与えられたもので、役立てられないものはありません。この聖なる関係は、どんな形であれ、あらゆる苦痛を癒やす力を持っています（T-22.VI.4）」

神に仕えること

続く一週間、私は休息しながら、デイヴィッドをじっくり観察しました。彼はとても人間には見えませんでした！　数日後には、今、目の前にいる人は、神に仕えるために自分自身をすべて捧げ、最大限に使われているのだということが分かってきました。彼は朝三時には起きて、世界中がまだ眠っている静かな時間に、人差し指二本でキーボードを打っていました。その数時間後には、普通ならスピリチュアル・コミュニティ全員でこなすさまざまな役割を、デイヴィッドが一人で次々とこなしていく姿を見ました。

彼は楽しそうに、電話で何時間もカウンセリングをして、メールに返信し、ヤフーのメーリングリストにインスピレーションにあふれる投稿をして、コースの集いへの招待に返事をしていました。その他にも、彼はウェブサイトを作り、郵便物を整理し、CDがほしいというリクエストに応え、小切手を銀行に預けて、車を洗ってガソリンを入れ、夕食を作ったり、ゴミを出したり、猫に餌を与え、猫のトイレを掃除して、道で雪かきをしていました。

すぐに私は手伝いたいと思っている自分に気がつきました。手伝わない選択肢はありませんでした。デイヴィッドは神に仕えているのです。私は一つ一つの行動の背後に、この目的を感じることができました。彼が個人的な動機でやっていることは、何一つないことが分かりました。そして彼を観察しているときに、もう一つ見えてきたことがあります。彼は、いきなりメールの返信をやめて外に出かけたり、テーブルからおもむろに立ち上がると二階に上がっていったりするのですが、それは彼の意思ではなく、何気なくひとりでに為されているようでした。彼は内で起こるスピリットの動きにただ従っているのだと感じることができました。私自身も、神に仕えるために身を捧げはじめました。猫の世話をしたり、お茶をいれたりといった簡単なことでしたが、それでも始めるとすぐに、私の心に、神に奉仕するとてつもない喜びが湧き上がるのを感じました。

日常生活の用事をサポートすればするほど、デイヴィッドはカウンセリングのメールや電話に時間をかけることができます。このことが私の気持ちを奮い立たせ、神へ奉仕する経験へとますます深く引き込まれていき、圧倒的な感謝の念を感じました。デイヴィッドも私の働きを認めて、顔を輝かせたり、たまにありがとうと言ってくれたりすることもありました。けれど、私が感じていた感謝の念は、心の奥底から湧き上がってきたものでした。ずっと、自分の人生において、どこにいて何をするべきなのか知りたいと思っていました。その心からの祈りが、ついに叶えられたのです。

シエスタ

毎日、午後になると私は疲れてしまい、二時ごろには昼寝をしたくなりました。シエスタ、つまり昼寝のアイディアは、デイヴィッドのお気に入りでした。特に彼は毎日朝三時にスピリットと起き出して、メールの返信をしていたのですから。毎日午後になると、瞑想するためにサンクチュアリで落ち合う日課ができました。私はこれほど簡単に、ここまで深い瞑想に入る体験をしたことがありませんでした。

まるで自分が落っこちていくように感じることもありました。何かが終わる気がして――きっと、私が終わる――そう感じてイエスを大声で呼んだこともありました。マインドの静けさの中で、イエスが「手放しつづけなさい。私がここにいる」と言うのが聞こえました。私は自分が落ちていくままにまかせました。それは、何もかもを手放すことでした。一時間ほど経つと、私は横になって、今度は安らかな眠りへと落ちていきました。

ときどき、私たちは眠るために二階へ上がりました。デイヴィッドの腕の中で身体を丸め、とても深い場所へ身を沈めていくことがありました。私はそれまで、誰の上にもよだれをたらしたことはなかったのですが、あるとき、デイヴィッドの上に自分のよだれがついているのに気がつきました。それを恥ずかしく思うより、むしろ楽しさと心地よさを感じているのに気づいて、嬉しくなりました。物事に対する、私の優先順位は変わりつつありました。「完璧な私」の定義は、取り消されつつありました。

その後の二、三週間、デイヴィッドのベッドで居心地よく眠ってはいましたが、自分の着替えは一階の寝室に置いたままでした。シャワーも一階にあるものを使っていました。二階で生活しているのに、荷物は一階に置いたままの状態でいることに、だんだんと引き裂かれたような気持ちになってきました。見ることも定義することもできない引力によって、デイヴィッドと私が親密な関係になるように導かれていることが、だんだんとはっきりしてきていました。なのに、それをまだ受け入れられずにいることに、私はストレスを感じていました。

彼との関係が何なのか、正確に言葉にすることはできませんでした。比較できるような関係性が、過去にはなかったのです。そしてこの関係は、私が知っているどんな人間関係の枠組みにも当てはまるようなものではありませんでした。雇用主と秘書との関係でもなければ、ボーイフレンド、ガールフレンドの関係でもないし、先生と生徒との関係でもありません。この関係は、言葉を遥かに超えたものでした。

それでも、こんなものは関係でも何でもないと、マインドの一部がまだ抵抗していました。しかし、私は一枚ずつ自分の洋服を二階へ持っていき、デイヴィッドのクローゼットの中に入れはじめました。歯ブラシだけは、最後まで一階に残しておこうと、自分に言い聞かせていました。それは深い関係になることに対する、かすかで静かな抵抗でした。デイヴィッドはきっと気づいていなかったと思います！

あの日、デイヴィッドが指輪をしているヴィジョンを見たこと、そして彼が人生のパートナーだというメッセージを聞いたことを、私はまだ誰にも話していませんでした。自分は秘密を隠し持っていると思うこともありました。けれど私は、言っても言わなくても、どうせ今やっているのと同じことをしているのだから何も変わらない、と自分を納得させていました。

健康的な食品の考え

デイヴィッドと一緒に近所のスーパーマーケットに行った私は、ピーナッツバターの棚の前で立ちすくんでいました。私は以前、オーガニックで健康な食事のために多くの時間を費やしていました。そのころに比べれば、今は落ち着いていましたが、それでも私は「健康的でない」食品よりも「健康的な」食品のほうが好きでした。私たちはすでに生鮮食品コーナーを見て回り、小さなオーガニックコーナーは立ち止まりもせずに通りすぎていました。デイヴィッドはたぶん、オーガニック食品も農薬を使った食品も健康に影響するとは信じていないのだと、私は想像しました。彼の意識の高さに、私は大喜びで合わせるつもりでした。オーガニックか農薬か、もうそんな考え方で食品を買うことは卒業しよう。

けれど、そう簡単にはいきませんでした。デイヴィッドがシリアルを取りにいっている間、私はピーナッツバターが置いてある棚へ行きました。そして、気がついたときには、ピーナッツバターの原材料名をチェックし、材料の多さに唖然としていたのです。九種類もの原材料が入っているのです！　ピーナッツバターにです！　別のブランドのピーナッツバターを手に取りましたが、それも同じでした。私はラベルを読みはじめました。ピーナッツと塩、油は理解できました。明らかに必要でしょう。けれど、食べ物とは思えないような材料名が他にたくさん並んでいました。なんと高果糖コーンシロップまで入っていたのです。

ピーナッツバターを棚へ戻し、ジャムのコーナーへ移りました。そこでラベルをチェックすると……またもや高果糖コーンシロップです！　私のマインドが暴走しはじめました。**どうして何もかもコーンシロップが入っているの？　だからアメリカ人は太り過ぎているの？　安い材料で量を増やすのはどうして？　アメリカ人は疑問に思わないのかしら？　ニュージーランド人だったら、こんなの耐えられないわ！**

脂肪の多い食べ物は心臓に悪い、オーガニック食品は身体にいいといった、食べ物に対して抱いていた恐れにもとづく考えは、深いところではすべて死に対する恐れだったと、私はその後少しずつ学ぶことになります。こうした考えは神のものではないので、手放される必要があることも理解するようになります。しかし、当時の私は、ただ麻痺したように立ちすくみ、何も選ぶことができませんでした。そのとき、ありがたいことにデイヴィッドが現れました。

「ねぇ、デイヴィッド」。私は尋ねました。「いつもどのピーナッツバターを買っているの？　私、ラベルの原材料が気になって、頭がおかしくなりそうよ！」。彼は優しく微笑み、手を伸ばしてジャムとピーナッツバターを選ぶと、瓶をカゴに入れて先へ進みました。彼の存在が、私に真実を思い出させてくれました。私は自分の考え方をふたたびスピリットに戻し、スピリットへの信頼を選ぶことができました。食べ物に関する信念と食料品の買い出しについては、まだまだ長い道のりを歩む必要がありました。マインド・ウォッチング〔470ページ参照〕を怠った私の考えは、企業の陰謀に思いをめぐらせ愛国心を強化するところまで、いつの間にか飛躍していたのです！

スピリットとバスルーム

十九歳のころから、私はずっと黒く染めた髪をベリーショートにして、ジェルでスタイリングしていました。眉毛がボサボサだったこともないし、顔にムダ毛が生えていたことも決してありませんでした。ワキの下も脚も、いつも綺麗に剃ってありました。ピースハウスにいるときも、私は次にいつ眉毛が生えてくるか気にしていました。けれど、できるだけカジュアルに見え、あまり自分の容姿は気にしない人のようにふるまう努力をしていました。やっぱり「自己概念」を気にするべきではないのですから！

ある日、シャワーを浴びながら脚のムダ毛を剃っているとき、ふと手を止めました。そして「どうしてこんなことしているのかしら？」と自分に尋ねました。冬だったのです！　誰も見ていないし、デイヴィッドはそんなこと絶対気にする人ではありませんでした。デイヴィッドのためにムダ毛を剃るなんて、あまりに可笑しくて大声で笑ってしまいました。するとそのとき、自分が本当にやりたいのは、机に向かって相談メールに返信することだと気がつきました。その代わりに、私は脚のムダ毛を剃っているのです。まったく無意味です！

私は剃刀を置いて、心が呼んでいる場所へまっすぐ向かいました。このとき、私は、導きを求める事柄がこれからさらに踏み込んだところまで行くだろうことに気がつきました。これまで生きてきた中で培った思い込み、すなわち習慣から行動していることが、まだまだたくさんあったのです。

その後の祈りの中で、私はスピリットを生活のあらゆる部分へ招き入れることに対して、恐れを抱いていることに気づきました。ムダ毛のケアにまでスピリットを招き入れることになるとは、考えたこともありませんでした。恐れが意識に上がってきました。もし、身体の手入れを一切しないように言われたらどうしよう。身体はただ無視されるの？　考えただけで、ぞっとしました。

私は、このことをデイヴィッドに話したくない自分がいるのに気がつきました。もし話したら、コントロールを完全に手放す決断を迫まられるかもしれません。それは、とても恐いことでした。私はそうした考えが、マインドを次々と駆けめぐるにまかせました。その後、考えはデイヴィッドのほうへ向きました。彼は頻繁に歯磨きをして、毎日シャワーを浴びるけれど、本当は身体のことなどどうでもいいと思っていることを、私は心の奥底で知っていました。そのことで、彼に腹を立てている自分に気がついて、はっとしました。私は彼に身体にもっと関心を持ってほしかったのです！

私は自分の恐れを、彼に投影していることを感じました。私の中にある攻撃的な思いが、彼から分離しているという自分の立ち位置を正当化しはじめました。そんな思いがあることを長く許せば許すほど、気分が塞ぎ込んでいきました。そこで私はデイヴィッドに、自分が感じていることを打ち明けることにしました。すると、私の意識に深みが戻るのを感じました。私たちはふたたび、深い愛の中へ落ちていきました。この愛こそが、神の中にある私たちの関係の目的でした。

それから何カ月ものあいだ、私は自分のマインドを観察し、スピリットに耳を傾ける練習を続けました。毎日の身体のケアが今までの習慣で自動的に始まってしまう前に、スピリットに尋ねました。いつものように歯磨きをし、毎日シャワーを浴びるように導かれ、ほっとしました。これまでと違ったのは、身体のケアをしているあいだも、愛とともにあり、じっと耳を傾ける意識状態であったことです。

私の一番の優先事項は、祈りの中で神とともにあることでした。スピリットから離れ、自動的に行われるやっつけ仕事で、シャワーを浴びたり身体のケアをしたりするよりも、まずはメールに返信するように導かれることが多かったです。身体のケアはその後でした。

エゴの声を聞いているときは、ほんのわずかであっても自分を犠牲にしている感覚を経験することに気づきました。けれど、安らぎ以外に犠牲にされるものは何もないことを、私は徐々に学びつつありました。スピリットを招き入れるのは、犠牲とは真逆のことだったのです！

リサイクル――スピリットとともに行うか、エゴとともに行うか？

ある日、私はストレスを感じていました。掃除をしなければならないところが山ほどあるし、他にもやらなければいけない仕事があるので、イライラしていたのです。朝食の皿洗いを済ませた私は、次にキャットフードの缶を洗っていました。そのとき、デイヴィッドがキッチンに入ってきました。彼は、缶を洗う必要はないよ、ゴミ箱に入れるだけなんだから、と言いました。

熱心なリサイクル主義者として、二十年以上地球を救ってきた私は、缶をリサイクルしないというアイディアにしばし言葉を失いました。すぐに、大丈夫、缶を洗ってリサイクルすることなんてたいしたことない、できるわ、と抗議しました。デイヴィッドは即座に、今ここで起こっていることの核心へ迫りました。気がついたときには、世界の非実在性についての全講義を受けていました。世界とは、神が入ってこられない隠れ家として、憎しみから作り出されたものだとデイヴィッドは思い出させてくれました。憎しみから作り出されたものを救おうとするのは、エゴの目的そのものだと、彼は説明してくれました。

私は聞く耳を持っていませんでした。このレッスンを受け入れることを拒み、自分を防御していることに気がつきました。そのときの私は、デイヴィッドが目覚めの目的に役立っていない余計な仕事から、自分を解放してくれようとしていることに気がつきませんでした。ただ、この世界のよき世話人としての自己概念を保とうとしていたのです。これまでの人生でずっと大切にしてきた、自分の芯を成す信念が、スピリットの流れに逆らって抵抗していました。

正直なところ、小さくて臭くて不格好なキャットフードの缶を洗うのは嫌でした。けれど、リサイクルを手放すことが何を意味するのか分かった私は、まだ抵抗していました。世界を救うために、今まで膨大なエネルギーを注ぎ込んできたのです！　活動家であることはもうやめましたが、このような信念は、まだ私のマインドの中にしっかりと息づいていました。口には出さなかったものの、私は自分が正しいと思っていました。私は、何でもリサイクルして、電気や水のような資源も大切に使う、いい人でした。

私はデイヴィッドに対して、強い怒りを感じました。彼はリサイクルなんか気にしないし、私にまで気にしないように言ったからです。それでも、私は真実だと分かっている教えに、マインドを合わせつづけました。ああ！　コースで教えを読むのと、実際にそれを日々の生活に当てはめるのは、本当に別物でした。私の抵抗はだんだんと弱まっていきました。すると、私の心がオープンになったことをデイヴィッドが反映しました。「僕たちは大きなものだったらリサイクルできるよ、リサイクルボックスに入れるだけだから、簡単だよ」と言ってくれました。「君はこの組織のために働きに来たのではないからね。ここにあるすべてが僕たちをサポートしてくれているんだよ」と、デイヴィッドは思い出させてくれました。私の意識の中に、赦しと愛以外の目的で行動しようとする「行為者」が現れることが多々ありました。そのエゴのプレッシャーに私が負けたとき、デイヴィッドは必ずそう言ってくれたのです。デイヴィッドは何度も、世界は私たちのマインドを反映しており、今、輝かしい目的のために仕えることができるのだと、思い出させてくれました。

第三章　はい！　あなたと結婚します！

二〇〇五年　冬・春

「あなたとあなたの兄弟をつなぐ光は、宇宙の至るところで輝き、それがあなたと彼をつなげるがゆえに、あなたと彼を創造主と一つにします。……あなたが分離できないことを、あなたに教えるものは、エゴを否定します。あなたがあなたの兄弟と異なっているのか同じなのか、真理に決めてもらいましょう。そして、どちらが本当なのか教えてもらってください（T-22.VI.15）」

はい！

結婚という言葉が私のマインドに繰り返し浮かびました。いわゆる一般的な意味で結婚をとらえるならば、デイヴィッドとの結婚が一体何を意味するのか、私には見当もつきませんでした。ただ、別の意味でとらえるならば、私はこの結婚が何を意味するのかを正確に知っていました。デイヴィッドとの結婚に同意することは、一生深く続いていく神との関係の象徴になるということです。それは、一切の過去を手放すと同意することでした。どこであれ、スピリットが私を送り込むところで生き、デイヴィッドの使命《コーリング》が私の使命《コーリング》であることを受け入れ、そして、決して離れないことを意味していました。

私は神に対して、すでに「はい」と言ったと思っていました。けれど、ここまで完全に神へコミットすることを考えると、内側から恐れが湧き上がってきました。神に対して「はい」ということを、初めて決心したように感じました。自分よりマインドがクリアな人と一緒になることで、卑小な「私」はこれ以上隠れることができなくなります。それが私には分かっていました。このことは、私の中のあらゆる犠牲者意識を呼び起こしました。こんな結婚の概念を受け入れられるような心の引き出しを、私は持ち合わせていなかったのです。

ピースハウスのサンクチュアリのソファに座ると、思い切って自分に問いかけました。私はデイヴィッドと結婚するの？　私はその答えをすぐに感じました――それは、喜びにあふれて、愛に満ちた「はい！」でした。

少しして、デイヴィッドが部屋に入ってきて、私と向かい合ってソファに座りました。デイヴィッドは何も言いませんでしたが、私は顔を上げ、静かに「はい、あなたと結婚します」と言いました。デイヴィッドは「素晴らしい！」と言って、幸せそうにその顔を輝かせました。この瞬間、この決められた結婚が、自分の目覚めのためだけではなく、たくさんの人にとって祝福となることを感じとりました。これは聖なる結婚だと感じ、ここから本当にたくさんの奇跡が起こることが分かりました。

パートナーシップとファッション

デイヴィッドとの関係は、これまで体験したどんなものとも違っていました。なので、デイヴィッドとカップルであることを受け入れるのには、しばらく時間がかかりました。けれど、それを受け入れた途端に、デイヴィッドの見た目に対して、私の投影が始まったのです。まず目についたのは彼のファッションです。認めたくなかったのですが、私には「ファッションなんてどうでもいいのよ」という表向きの顔がありました。けれどその下では、何が魅力的で、何がそうでないかについて、明確な意見を持っていました。デイヴィッドが特におしゃれに気をつかう人ではないことは見て取れました。けれど事態は遥かに深刻だったのです。私は、彼がＬサイズあんず色の女性用ジャージを着て教えているビデオを何本か見ました。

信じられない！と思いました。**私は一体何をしようとしているのかしら？**　エゴがマインドの中で立ち上がり、「これが私の人生であるはずない！」と直球を投げつけてきました。Ｌサイズあんず色の女性用ジャージを着ている男性と関係を持つなんてありえない!!

父ロジャーのことが脳裏に浮かびました。もし彼が今電話をしてきて、調子はどうだい？ と聞いてきたら、どう答えていいのか見当もつきません。もし幸せかどうか尋ねられたら、嘘をつかなければならないでしょう。奇跡の黄金の輝きは私の意識から色あせていき、代わりにマインドが分裂する強烈さを感じていました。多くの癒やしを体験していましたが、エゴの声は執拗でした。これは自分が選んだものじゃない。一体私は何をしているの？ 操られているの？ 世界で一番私のことを分かっている家族に嘘をつくことになるとすれば、これは完全に間違ってるということよ。

暗闇と緊張が、マインドと身体に満ちるのを感じました。このとき初めて、私はデイヴィッドとのあいだに距離を感じていることに気づきました。けれど、私は自分が感じていることをデイヴィッドに言おうとはしませんでした。その代わり、自分のジャッジする思いを無視しようとしたのです。そうすることで、そうした思いが消えてくれることを願っていましたが、消えることはありませんでした。

ほどなくして、私はデイヴィッドへの愛が消え失せてしまったことに気がつきました。そして、彼の服装が気に入らないことを、彼に面と向かって言わなければならないことが分かりました。とても怖かったです。何が起こるか分からないのですから。もしかすると、彼は私を追い出すかもしれないのです。

やっと自分の思いを彼に打ち明ける勇気が湧き、彼に伝えました。その場で返ってきたデイヴィッドの反応は、幸せなものでした。「クローゼットの中を見て、君が気に入らないものは全部捨てていいよ！　僕の洋服は、全部寄付されたもので、着ていないものもたくさんある。助かるよ！」。愛情はすぐに戻ってきました。

数日後、またデイヴィッドのファッションについてジャッジする思いが出てきました。翌日、私は幸せな気分で、六袋分の洋服を処分しました。そこでふたたび、彼に自分の思いを打ち明けることにしました。またもや、私は大きなリスクを犯しているように感じました。自分の最悪な部分をさらけ出しているようでした。そんな思いが存在しているなんて、彼に知られたくない、誰にも知られたくない。まさにそんな部分をさらけ出している気がしました。

それでも私はリスクを犯し、彼の洋服が気に食わないことを伝えました。彼の着ている洋服が、私の彼に対する気持ちに影響を与えていると打ち明けたのです。彼の反応ですか？　「僕のことは、バービー人形のケンだと思ってくれ。ケンに君の好きな服を着せていいよ！」。彼はショッピングに連れていってもらえることに、大喜びしているようでした。ああ、信じられません。自分が正直になったら、この関係性に何かよくないことが起こるとずっと心配していました。けれど、私は完全に間違っていたのです。

自分の思いを率直に表現することが、癒やしに欠かせない要素であることは明白でした。自分の思いを隠すことが、デイヴィッドから分離する感覚をもたらすことを私は学びました。そして彼だけでなく、彼を通してもたらされるスピリットの贈り物からも隔たれてしまうことになるのです。しかし、私が隠している私的な思いをさらけ出すと、そこには奇跡が待ち受けているのです。この先何年ものあいだ、私はこの奇跡を幾度となく体験することになりました。

初めてのロードトリップ

初めてデイヴィッドのロードトリップに加わったのは、ピースハウスに来てから六週間たったころでした。デイヴィッドは車に乗って、コースの集いへ招待された場所へ行っては、そこで光り輝くことを心から楽しんでいました。招待されたところへ順番に訪れる旅は、シンシナティから南下し、フロリダまで続いていました。私たちの最初の目的地は、テネシー州クノックスヴィルのオアシスインスティチュートでした。ホストのスティーブンとスーザンが私たちを温かく迎えてくれました。

部屋の一番前には、椅子が二脚置いてあり、私はそのうちの一つへ案内されました。すると、私の目の前にマイクが置かれました。私は身震いしました。まるで見せ物になっているような気分でした。何とか落ち着けるポジションを探して椅子の上で身じろぎしては、マイクにぶつかっていました。ついに話す順番が回ってきました。私は自分が緊張していること、まだコースを学習しはじめたばかりなので、たいしたことは話せないと思っていることを、人びとに打ち明けました。

聴衆のみんなは、私を愛情深く見つめ、南部訛りの英語で「可愛い人ね！　私たちを怖がらないで！　愛してるよ！」と言ってくれました。私の恐れは一瞬で溶けなくなり、気がつくと、今体験している変容の過程をみんなと分かち合っていました。そして、それはデイヴィッドからあふれ出す高度な形而上学の教えとぴったり合っていたのです。コースの教えが言わんとしていることを、シンプルで実践的な言葉で表現する。私はその架け橋として使われている気がしました。トークセッションのあと、たくさんの参加者が私を愛情いっぱいに抱きしめてくれました。彼らは私が自分の体験を率直に分かち合ったことに感謝してくれました。私の役割は、ただ正直にありのままであること、そして自分の体験をそのまま話すことだと感じました。

「私は知っている」マインド

ノックスヴィルに向かってドライブしているときに、車が奇妙な音を立てはじめました。まるでカモが鳴いているような音でした。よく見ていると、どうやら車が時速一一〇キロを超えるあたりで毎回それが起こるようでした。私のマインドは、問題がどこにあるのか、あらゆる可能性を探りはじめ、「私は知っている」マインドがフル回転しはじめました。目的地に着くやいなや、ボンネットを開けてデイヴィッドに言いました。「父が車について教えてくれたの。車のオイルをチェックする必要があるわ」。

デイヴィッドと一緒にチェックしたところ、問題を見つけました。オイルがほぼ空だったのです。「ほんと、地に足がついていない神秘家が車を持つとこうなるのよ。デイヴィッドは不注意すぎるわ。車のメンテナンスは大切なのよ」。私はこんなふうに思っていました。「私は知っている」マインドとは、この世界について何かを知っていると思うマインドのことです。このマインドは、いつでも真っ先に自信を持って、自分が本当だと思うことを語ります。それが語る事実とは、この世界の過去の経験から来るもので、今この瞬間のスピリットとのつながりから来るものではありません。こうしたマインドの状態が過去の事実を語る目的は、神から分離した私という自己概念を維持するためです。

コースの集いが終わったあと、私はオイルの入っていない車を運転するのは気が進みませんでした。その夜、私たちは集会所の外に車を置いて、ホストと一緒に帰りました。翌朝、集会所に戻った私は、ボンネットを開けて空になっているタンクにオイルを補充しようとしました。デイヴィッドはホストと話すために、建物の中に入っていきました。私はオイルのレベルを何度もチェックして、なくなっているのを確かめてから、新しいオイルを注ぎはじめました。しかし、ほんの少し入れたあと、オイルレベルをもう一度チェックしなければ、と強く感じました。すると驚いたことに、オイルはすでに満タンだったのです！

何が何だか分からなくなって、私は思わずあとずさりしました。デイヴィッドが外に出てきました。彼は私の表情を見てたった一言「『私は知っている』マインドだね」と言いました。それでも私はなお、何かがおかしいからメカニックに車をチェックしてもらいたい、と言い張りました。私たちは街を出る前に車の修理工場に寄り、メカニックにボンネットの内部をチェックしてもらいました。彼は満面の笑みを浮かべ、この車にはまったくおかしなところはないよ、と言いました。私は謙虚な気持ちになってきました。

ドライブを続けながらデイヴィッドは、エンジン点検ライトが点灯したのは、マインドをチェックする必要があるという意味だったのだよ、と教えてくれました。この旅の最中、自分が知っていると思うことを「取り消す」機会がたくさんありました。ピースハウスに戻る途中で、エンジン点検ライトは何の理由もなく突然消えました。私たちはこのレッスンを大切にぎゅっと抱きしめ、二人で大笑いを始めました。

どんなことにでも、常に導きや進むべき方向を求めてホーリースピリットに向かうオープンなマインド。その経験こそが、すべての学びのゴールなのです。何かを知っているふりをしない無垢なマインド。その生きた経験は純粋な喜びです！　そして、自分を防御しないこのマインドの中でこそ、神は迎え入れられるのです。

誓いの言葉

私たちはフロリダへ向かって南下を続けました。新しいコースグループの友人と開催するコースの集いと、夕食会があったのです。そこで私たちは結婚するようにという導きを受け取ったことを話しました。すると、ある女性が「それは本物の結婚になるのですか？」と尋ねてきました。「本物の結婚とはどういう意味でしょう？」と私が尋ねると、彼女は「結婚の誓いを立てるのですか？」と言いました。デイヴィッドと私は心得顔に微笑み合いました。私たちはまだ、誓いを立てる導きは受け取っていませんでした。

デイヴィッドは、私たちが受け取った導きについて話しました。法的な結婚、つまり政府の制度に合わせた結婚は必ずしも必要ではない。なぜなら、この関係の目的はスピリットへの深いコミットメントにあるから、というものです。法的な契約は、この関係の深い目的にまったくそぐわないと感じました。

「もし、誓いを立てるとしたら……」。私はデイヴィッドを見ながら言いました。この次に、自分の口からどんな言葉が出てくるのかまったく分かりませんでした。けれど、きっとそれは美しいものに違いないと感じていました。「……それは、今、あなたを愛しています、あなたを信頼します、でしょうね」。私たちは微笑みました。その誓いは、深淵さが感じられ、神聖で喜びにあふれ、そして新しい！　私たちの結婚に、完璧なほどぴったりな誓いの言葉でした。これ以上、何が言えるでしょう？

二人の指輪

デイヴィッドと私は、数日間フロリダでのんびりと過ごしました。ある午後、デイヴィッドが結婚指輪を手にいれる導きを感じると言いました。私は、覚えのある深い恐れが立ち上がってくるのを感じました。どういう形であれ過去を手放すときが来ると、同じ深い恐れを感じるのです。それは、論理的には意味をなさないものであり、さらされて取り消されることに対して、エゴが抱く恐れそのものであることは明白でした。まるで死に対する恐れのように感じました。けれどその後、それは実は愛に対する恐れだと私は学ぶことになります。光が訪れるとき、闇は消えます。文字どおり光の中に溶けていくので、エゴは愛によって「殺される」のです。

私は結婚に「はい」と言いました。けれど、指輪をつけるのは「社会的」な一歩を踏み出すことです。それはエゴがもはや隠れられなくなることを意味していました。本来であれば、それは祝いの瞬間であるべきです。けれど、取り消されるエゴにとっては、恐怖の瞬間でした！

デイヴィッドが指輪についての導きを話してから数分後のことです。海辺を散歩するために埠頭へ向かう途中、彼はショッピングセンターに入り車を停めました。そして店に入ると、金の結婚指輪を買ったのです！　私は恐怖に襲われ激しく動揺し、何をすればいいのか、何を言えばいいいのか、さっぱり分からなくなりました。気がつくと、私は近くにある洋服ラックの後ろに隠れ、デイヴィッドが結婚指輪との出会いを喜んでいる様子を、安全な距離を置いて見つめていました。

　沈んだ気分の私にまったく影響されることなく、デイヴィッドは指輪に大喜びしていました。店を出るとき、私のマインドの中でスピリットがはっきり言うのが聞こえました。「帰りに同じ店を通りかかったら、店に入ってあなたも指輪を買いなさい」。私はほっと息を吐きました。埠頭へ向かう道は入り組んでいて、私たちは数えきれないほどの角を曲がりました。だから、帰り道にショッピングセンターを通りかかる可能性はゼロだと思ったのです。

　港の埠頭に沿って散歩をしながら、私たちはすてきな午後を過ごしました。そのあいだ、デイヴィッドは新しい指輪を心から楽しんでいました。急速に展開していく自分の人生を目の当たりにした私は、すべての状況に対して、まだ少し緊張を感じていました。私はデイヴィッドに、一人で散歩してもよいか尋ねました。彼は水辺にある公園のベンチに喜んで座り、私は埠頭へ向かって歩きつづけました。

　少しして、なぜか、みすぼらしい格好をした七十歳ぐらいの男性の隣に座りたい気持ちになりました。ブルガリアから来たんだ、と彼は教えてくれました。私はブルガリアへ行ったことがありました。神の取り計らいを感じさせるこの出会いは、素晴らしいものになりました。

　この男性の愛を呼び求める声を、私は自分の中に深く感じることができました。そして、すぐにデイヴィッドとの深いつながりを感じました。この瞬間に、私たちの関係の目的が、果たされているように感じました。

これまでに持ってきた関係もフラッシュバックしました。私は、自分の愛と心を完全に分かち合うことができず、いつも制限されているように感じていました。今までのパートナーは、過剰な嫉妬や保護をすることはありませんでした。それでも、その関係に所有やある種の制限が課せられているのを、私はわずかに感じ取っていました。

そして今、この年上の男性のそばで、私は内側から愛の臨在《プレゼンス》が湧き起こるのを感じました。デイヴィッドは私が出し惜しみすることを望んでいません。私はこの男性に、過去に何があったとしても、あなたはとても愛されている、と伝えました。すると彼は、私の目の前で輝きはじめました。彼の無垢さは、一瞬ごとにますます明るく輝きを増しました。

この体験は、まったく純粋で、聖なるもののように感じました！　ものすごい喜びです。デイヴィッドと私の結婚が何のためにあるのか、直接的に見せてもらったのです！　この体験を全部デイヴィッドと分かち合うために、彼の元に戻ることにしました。まるで、空の上を歩いているような心地でした。デイヴィッドに伝えると、彼はとても喜びました。私たちは抱き合ってキスをし、ふわふわと浮かんだまま滑るように車に乗り込みました。

友人の家までの道は、何とか分かるだろうと信頼して、私たちは車を走らせました。すると、なんとも不思議なことに、デイヴィッドが指輪を買ったショッピングセンターの横を通りかかったのです。「左に曲がって！」という言葉が私の口から飛び出しました。デイヴィッドは一切躊《ちゅう》躇《ちょ》することなく、ハンドルを切って駐車場へ入りました。私は、同じ店を通りかかったら二つ目の指輪を買うように、という導きを受け取ったことをデイヴィッドに話しました。そして二人で店に入り、自分の指輪を見つけました。ジュエリーカウンターにいた店員は、まるで私たちが来るのを待っていたかのようでした！

自然に始まった結婚式

デイヴィッドと私は、自分たちの結婚式を完全にスピリットの手にゆだねていました。ある午後、私は「庭」という言葉を繰り返し耳にしました。植物園を散歩するというアイディアは、とてもすてきなものに感じられました。インターネットで検索すると、滞在している場所の近くに植物園を発見しました。外へ出た私たちは、すぐにその植物園を見つけることができました。

少し時間を取って、デイヴィッドと一緒に散歩するのは、素晴らしい気分でした。私たちは小道に沿って歩き、さまざまな庭を通り抜けました。川沿いを歩いて、そこにかかっている橋を渡りました。突然、私たちはウエディングガーデンの真ん中に立っていることに気がつきました！まるで、いきなりスペインにテレポートしたかのようでした。私たちはテラコッタの敷石の上に立っていました。周りにある高い壁は、明るい紫や濃いピンクのブーゲンビリアが花咲く蔓に覆われています。

私たちは見つめ合い、にっこり笑いました。結婚式が始まろうとしていたのです！　私の唇から、次から次へと誓いの言葉があふれ出ました。その後に、口づけが続きました。これは私が覚えている誓いの言葉です。

「今、私はあなたを、愛しています。あなたを、信頼しています。あなたとともに笑うことを、愛しています。あなたと一緒にいることを、愛しています。あなたと深い目的を分かち合うことを、愛しています。あなたと旅に出ることを、愛しています。あなたとともに神に仕えることを、愛しています」

デイヴィッドはメーリングリストで、このお祝いを分かち合いました。

喜びの挨拶を皆様に！

カースティンと私は、聖なる関係の目的のために一つになりました。お互いに、そしてすべての人と分かち合う愛の象徴として、結婚指輪をつけています。指輪を手に入れる導きは、二月十二日に来ました。私はその日の朝に、カースティンはその日の午後に指輪を手に入れました。朝と午後のあいだに、カースティンに聖なる出会いが訪れました。それは、私たちがすべての人と分かち合っている愛を象徴するものでした。彼女は散歩の途中に、七九歳の年老いたブルガリアの男性と出会ったのです。彼はカースティンに、君は天使の瞳を持っているね、と伝えました。そしてカースティンは彼に、ブルガリアでの旅の体験を語りました。

その男性は明るく輝きはじめ、最後に女性にキスをしてから、もう何年も経つなぁ、と言いました。カースティンは優しく彼のほうを向き、彼がキスできるように彼女の頬を差し出しました。彼がキスしたあとも、二人はまた話を続けました。彼の心はみるみる開いていきました。この聖なる出会いが終わるまでに、カースティンは頬にキスをたくさん受け取りました。そして彼女は満面の笑みで私の元へ戻ってきたのです。

人生とは、愛が愛そのものを愛することです。普遍的な愛。無条件の愛です。愛そのものである人生を生きることで、愛を体現することができるのは、本当に名誉なことです。これこそが、結婚や聖なる関係が映し出すことです。私たちの人生が、神の愛の反映でありますように。表現されるすべての思い、言葉、行動の中で、創造主を称えることができますように。

私は、今この瞬間の平安に浴しています。そして、カースティンと私が内なる愛を生き、旅をして、体現できることを名誉に思います。聖なる融合とは、今この瞬間に生きることと同義です。「私はあなたを信頼しています」「私は今、あなたを愛しています」。私たちはこのシンプルなアイディアを分かち合い、人生のあらゆることの目的にします。

マインドが一つに結ばれると、世界のすべてのものにインスピレーションを与え祝福するのです。それは笑いや遊び心、そして起こるがままにまかせることや歓喜の表現であり、心から心へと輝きを広げていきます。

この神の沈黙の中へ、すべての人と沈み込んでいくのは素晴らしいことです。世界中から来る招待を喜んで受けます。そして呼ばれたところで愛の光を輝かせるようにという、神の呼びかけに喜んで応えます。

愛はシンプルです。私は、カースティンが愛を表現するパートナーシップに加わってくれたことを幸せに思います。たった一つの目的を表現するゆえに、この関係性は他のすべての関係性と同じです。すべての人がこの中に含まれています。私たちはともに生活し、旅に出て、愛を分かち合うように導かれています。なので、このパートナーシップの象徴は助けになるし、とても自然なことだと思います。この自由なパートナーシップは、私たちの内なるスピリットへの目覚めを助け、養ってくれるでしょう。

スピリットよ、聖なる結婚を映し出すこのパートナーシップの象徴を、ありがとう。スピリットを歓迎し心に受け入れている、すべての兄弟姉妹に私は感謝を捧げます。聖なる目的の中で、皆さんとコラボレーションするための招待状を、私は歓迎します。一つになってともに喜びましょう！

第四章　火山とハネムーン

二〇〇五年　春

「聖なる関係の前に、罪は存在しません。誤った形はもはや見られることはなくなり、愛につながる理性はすべての混乱を静かに眺め、『これは間違いだった』とただ認めるだけです。そして、あなたの人間関係の中に受け入れた贖罪そのものが、この誤りを訂正し、代わりに天国の一部をそこに置いてくれます（T-22.VI.5）」

シンプルで深い導き

ウィスコンシンからフロリダへ向かっている若いコースの教師が二人、ピースハウスに泊まりに来ました。彼らが出発する間際に、一人がまっすぐ私の目を見つめ、こう言いました。「カースティン、私がスピリチュアルジャーニーに関して何か一つアドバイスするなら、平和を感じていないときには何も決めない、ということですね」。

この知恵が、直接ホーリースピリットからもたらされたものであることは、疑いようがありません。このシンプルで深い導きは、疑いにとりつかれるたび、私のマインドに確固たる規準を与えてくれました。数カ月、いえ、数年経っても、私はここから去りたいと思ったり、疑いの念を抱いたりしました。しかし、そのつど、自分が平和な状態ではないと容易に気づくことができました。この規準は、反射的に行動したり、攻撃的な思いを真に受けたりする前に、立ち止まるよう促してくれました。

動揺の原因を結論づける前に、私は内に向かって問いかけることにしました。そして、癒やされる必要があるエゴの思いや信念をそこに見つけるのです。私はこのプロセスを使った訓練を重ねました。すると、「疑念」にしたがって何かを結論づけると、安らぎやデイヴィッドからさらに遠ざかることに気づきました。

怒りや恐れから、それなりに安らいだ状態にまで気持ちを切り替えようとするたびに、私は導きを求めました。導きは決して私の予想どおりではありませんでした。恐れの思考にもとづいて、何をする必要もないし、どんな行動も取る必要はないことが分かりました。これらの規準は、私のマインドに確固たる基盤を築いてくれました。そして、すべては文字どおり、私の目覚めのために起きていることが分かるように助けてくれるものでした。

もう一つ、私が規準にしたのは、デイヴィッドでした。彼を規準にするように、との導きを初めて聞いたとき、とても重要なことだと感じました。しかし、私は恐れていました。自分のすべての信仰や信頼を、一人の男性に預けるよう求められていると思ったからです。私は祈り、イエスが「デヴィッドを信頼するように」と言ったのは、どういう意味なのかを尋ねました。イエスはこう言いました。

「デイヴィッドを通して私を信じなさい。デイヴィッドの信仰心を信頼しなさい。彼の目的はただ一つ、目覚めだけであることを信頼しなさい。だから、彼はすべてにおいて常に私を頼る。私を信頼できるということの象徴として、デイヴィッドはあなたに与えられた」

デイヴィッドを信頼することは、崖から飛び降りるような、信仰の飛躍のように感じました。そして実際私は、何度も何度も飛び降りることになります。私は当初、自覚していませんでしたが、これを飛躍のように感じたのには理由があったのです。それは、私が馴染み親しんできたエゴの思考システムをあとにして、スピリットへ、未知の世界へと、私の信仰を向ける先を転換する過程にいたからです。

スピリットとともに離婚する

アルゼンチンにいるデイヴィッドの友人が、三月下旬にコースの集いを開催するために、私たちを招待してくれました。デイヴィッドはすぐに、その計画に私を加えました。私たちは計画を進め、航空券を買いました。そのチケットは、一番安い格安チケットで、払い戻しも変更もできないものでした。出発二日前に、ホストのマリアから連絡がありました。家族の問題が発生したので、航空券とコースの集いをキャンセルする必要があるとのことでした。

デイヴィッドはすぐに彼女に電話をしました。彼女は苦しんでいるようでした。いつもより声が二オクターブは下がっていたのです。彼女は心の内を包み隠さず話してくれました。四十年間連れ添った愛する夫が、別の女性を愛するようになり、マリアの元を去ろうとしているというのです。さらに悪いことに、この別の女性は二人が雇っていたメイドで、これまで家族の一員として親しみを込めて愛されていた人でした。

デイヴィッドは、この旅がホーリースピリットに導かれていることに一寸の疑いも抱いていませんでした。彼にとって、この旅をキャンセルすることは考えられないことでした。優しくも確信に満ちた声で、彼は払い戻しのできないチケットだから、この旅をキャンセルすることはできない、と言いました。「それに……」デイヴィッドは嬉しそうに続けました。「カースティンと僕にとってこれはハネムーンなんだ！」。

どういうわけか、これがこの場において、完璧な言葉だったようです。マリアの声は一気にいつものトーンへと舞い戻りました。「ハネムーンですって？　まぁ、それは素晴らしいわね！」。私は目を丸くして、スピリットがデイヴィッドを通して、マリアの愛を求める叫びに答える様子を見守っていました。スピリットは完璧なまでに、彼女のマインドを方向転換してみせました。

私たちのフライトは、飛行機を二回乗り換え、機上で一泊するものでした。アルゼンチンはシンシナティの南にあるにもかかわらず、最初の飛行機は北上するのです。シカゴに降下を始めたのは夜の十一時半ごろ、私は自分が「デイヴィッド、今夜私たちが、心地のよいホテルに泊まっているのが見えるわ」と呟いているのに気がつきました。デイヴィッドは微笑んで言いました。「スケジュールによると、今夜、僕たちはブエノスアイレスに向かって飛ぶことになっているよ。でも、どうなるか見てみよう」。

着陸後、空港内を歩いていると、アナウンスがありました。「USエアウェイズ323便は、技術的な問題が発生したため、遅延しております。カスタマーサービスカウンターへどうぞ。詳しい情報はそこで案内します」。デイヴィッドと私は目を合わせニヤリと微笑みました。そして百人ぐらい並んでいる行列に喜んで向かいました。

飛行機が遅れたことに不平不満をこぼしている人もいましたが、デイヴィッドと私は幸福でした。すべては善きことのために——ただのよさではなく、最高の喜びのためにあることを私たちは知っていたのです。そして喜びは広がっていきます。私たちは神に与えられたミッションに従事しているから、スピリットがすべての世話をしてくれる。このことを、人びとと分かち合わずにいられませんでした。飛行機で夜を過ごす代わりにホテルに泊まることになると感じている、と私はみんなに伝えました。そして、このすべてが天の配剤で、どれほど奇跡的なのかを話しました。私たちが体験するすべては、何事においても判断を下さない、そのためのレッスンなのです。

カウンターにたどり着くころには、スタッフが食事とホテルのチケットを手渡す流れになっていました。私たちは幸せいっぱいで、すてきなホテルへ向かう無料のシャトルバスに乗りました。そして温かいお風呂に入って、ふかふかのベッドに潜り込みました。その上、私たちは航空会社がくれた食事チケットを使って、嬉々としてルームサービスを頼んだのです。バニラアイスが乗ったアップルパイです！

なんという豊かさ！　私たちはなんと愛されていることでしょう！　その夜、私たちはぐっすりと眠り、次の朝に飛行機に乗りました。そして、すっかりリフレッシュした状態で目的地に到着しました。二週間にわたるコースの集い、ミラクルワーカーとしての仕事の始まりです。

神にどれほど世話をしてもらっているかを見せてもらって、私は深く感謝していました。マインドの中でそっと囁かれた詩のように、私は聖書やコースにあるイエスの言葉を思い出していました。

「天の王国を第一に求めなさい。そうすればすべてはあなたに与えられるでしょう（マタイ6:33）」

「神とともに決断することを学んだら、あらゆる決断は呼吸のように簡単で、正しいものとなるでしょう。何の努力もいらず、あなたは夏の静かな小道を運ばれるように、優しく導かれていくでしょう（T-14.IV.6）」
「あなたの安全と喜びのために、自分のほうが神よりもうまく計画ができると、あなたは本当に思っているのですか？　あなたの気がかりなことを神にただ預けてしまいさえすればよいのです。なぜなら、神があなたを気にかけているからです。神はあなたを愛しているのですから、あなたこそが彼の気がかりなのです（T-5.VII.1）」

もうすぐマリアと離婚して元夫となる人は、彼女と一緒に私たちを迎えにきてくれました。彼が別の女性を愛していてもいなくても、彼女は彼を深く愛していました。そして、これから離婚に向けて二人で歩むことになるすべてのステップを、赦しのスピリットに導いてもらうと、彼女は固く決心していました。

こんな経験は初めてでした。私は彼女の成熟した考えと、聖なる関係のために完全に身を捧げている姿に心を打たれました。彼女は見捨てられ、裏切られる、という自分の信念を深く見つめていたのです。そのあいだ、彼女はコースに忠実であり、愛から顔を背けることを拒否していました。マリアは祈りとともにあり、心を開いて結婚や家庭の崩壊を見つめていました。彼女は赦しの生きたお手本そのものでした。私はふたたび、コースが私たちを導いてくれる先が、どれほどの深みにあるかを感じました。

私たちはマリアと彼女の家族とともに、一週間過ごしました。それからデイヴィッドと私は南下し、田舎のほうでコースの集いをいくつか開催しました。そしてさらに南へ、私たちの「ハネムーン」の地へと向かったのです。

私は彼のかばん

ここ数回、デイヴィッドと開催したコースの集いの最中に、不快さが私の中に湧き上がりはじめました。すべての教えは彼を通して流れ出し、私が話すことはほとんどありませんでした。私は彼の隣に座って、目を閉じてみたり、参加者を見回したりしていました。ときどき、一体私はどこを見ていればいいのか、さっぱり分からなくなるほどでした！

参加者が質問するとき、これを言ったら助けになると感じる内容が、私にも聞こえることがたびたびありました。けれど、私の知覚の中では、デイヴィッドがあまりにすばやく答えるせいで、私に話すチャンスは回ってこないと思っていました。デイヴィッドが話を振ってくれることもありました。でも、彼が私の体験について長々と前置きを語るので、詳しく話してくれと頼まれるときには、それ以上何を言えばいいのか分からない状態でした。

アルゼンチンの田舎で開催した二度目の集まりのあと、私の苛立ちはピークに達していました。

私はまるで、この神秘家のアクセサリーみたいだわ。その神秘家はデイヴィッドよ。みんなが聞きたがっているのは彼の話。私はまるで彼のかばんのように、ただ椅子に座っているだけなのよ。

いつものように、このエゴの思いをデイヴィッドと分かち合う以外に、選択肢はありません。

何事もないふりをして、次の集まりでも芝居をして切り抜けることは、もはやできませんでした。彼の返事は誠実でした。「そうか、だったら君が次の集まりを始めてくれていいよ」。私はすぐに怖くなりました。コースの集いを私自身で開始できる自信がありませんでした。デイヴィッドの存在こそが、深い体験の分かち合いへと皆を導いていたのです。私はそれを重々承知していました。思っていたことを話してよかったと思いました。形の上で何か解決したわけではありませんが、私の中の何かがリラックスするのを感じました。

次の集まりのあいだずっと、私はデイヴィッドの隣で満たされた気持ちで座っていました。あらゆることはすべて自分のために起こっているという体験に、ふたたび私は浸り込んでいました。そして、彼が話す一言一言を愛しんで聞きました。途中で私にも話す機会が回ってきました。

集まりが終わるころ、美しく献身的なスピリチュアルの教師が私たちを見つめ、優しく言いました。「彼女はあなたと同じギフトを持っていますね、デイヴィッド」。デイヴィッドは顔を輝かせて答えました。「そうですよ。彼女も持っているんです」。私はその集まりで、何を言ったのか覚えていません。けれど、私の競争意識とプライドが跡形もなく消えたことは、はっきりと分かりました。

ハネムーンと火山

一連の集いが終わったあと、私たちはミラマールという海辺の街へ向けて、旅をしました。海のそばのホテルで四日間のハネムーンです。オアシス・オブ・ピースというすてきなホテルに到着すると、デイヴィッドは大いに喜んでいました。私のほうは、逆に喜びからはほど遠い状態でした。私にはたくさんの秘密の思いがありました。それらをデイヴィッドに言わず、胸のうちに隠しておけばおくほど、私たちのあいだに溝が広がっていくようでした。私はそれで苦しんでいたのです。デイヴィッドが「ハネムーン」という言葉を口にするたびに、私のマインドの中で存在感を増していた秘密の思いが、刺激されるのを感じました。他の人たちと一緒にいるときや、コースの集いを開いているときには、スピリットに仕えることに集中していたので、エゴの思いは完全に私の意識から遠のいていました。けれど、こうして二人きりになると、エゴの思いが意識に戻ってきて、愛を完全に遮断してしまったのです。

二日後には、デイヴィッドとすっかり遠く離れてしまったように感じていました。私はまだ自分の攻撃的な思いを、打ち明けられていなかったのです。私はずっとそれらの思いを赦し、スピリットへ渡していました。けれど、何も変わりませんでした。三日目の夜、私たちはホテルのすぐそばにある小さなフランス料理店に出かけました。そのレストランにいる客は、私たちだけでした。

デイヴィッドは相変わらず、何の問題もないように明るく輝いていました。でも私のほうは、もう我慢の限界に達していたのです。もう一秒たりとも耐えられませんでした。私は、自分のマインドの中にあるすべての思いを話し出しました。彼の歯や呼吸や身体の立てる音、風呂場のタオルの使い方、洋服やファッション。残酷で、ひどく批判的な、気まずい思いばかりです。デイヴィッドは膝まである白い靴下の上に、サンダルを履いていたのです。私にとって、とうていかっこいいとは言い難いものでした！

どんな思いも一切抑えてはいけないと分かっていたので、私は思っているすべてをぶちまけました。ハネムーンのような気が一切しないこと。全然ロマンチックに感じないこと。デイヴィッドがハネムーンと口にするたびに、自分が嘘つきで不誠実になったように感じるのよ、と彼に告げました。そして、何かを言うことにどんな意味があるのかまったく分からなくて、何も言うことができないと思っていると伝えました。自分が持つ思いに対して、ただ私のマインドを変えることができさえすればよいのなら、何かを伝えることに、一体何の意味があるというのでしょう？　毎日思いが湧き上がってくる様子を語り、もう自分の手には負えないの、と訴えました。

私がデイヴィッドに話しているあいだ、店の店員は直感的に私たちから安全な距離を保っていました。私が話した内容は、実に個人的な考えで最低に思えました。けれど、もう本当に何も失うものはないと感じていました。三カ月のアメリカ滞在ビザの期限が迫っていました。どちらにしろ、私はすぐにニュージーランドへ帰ることになっていたのですから。

私はこれで終わりだと確信しました。自分にできることはやりました。この関係はもう終わりです。デイヴィッドも同意してくれるでしょう。けれどその代わりに、デイヴィッドはテーブル越しに乗り出して、私の手を取りました。彼は私の目を深く見つめて言いました。「僕たち、ようやく関係を始められるね」。信じられませんでした。無垢さが私を通してあふれ出し、涙が頬を伝い流れました。

またもや、恐れていたのと正反対のことが起こったのです。思い切って、一切を包み隠さない。思い切って、湧き上がるままの思いを分かち合う。思い切って、拒絶や何かの罰を受ける恐怖と向き合う。私たちの関係は、こうした私の思い切りの上に成り立っていました。マインドの中でデイヴィッドから離れたとき、私はこの関係を何にしろ効果的に終わらせようとしていたのです。

ふたたび、本当の意味で私には選択の余地がなかったことが見えました。この聖なる関係とスピリットの目的に「はい」と言うか、別れることでスピリットとデイヴィッドとのつながりを切り離すか、いずれかの選択しかなかったのです。このことを知った私は、ただスピリットとデイヴィッドとつながるほうへ向かうことに、今までよりも自信を持つことができました。

ウェイトレスが、満面の笑みと愛に満ちた眼差しで私たちのテーブルに近づき、メニューを渡してくれました。デイヴィッドと私は素晴らしい夜を過ごしました。アルゼンチンでの残りの時間は、喜ばしく愛にあふれた優しい体験になりました。私は愛の深みへ舞い戻り、出会った人たちがみんな、それを反映して見せてくれました。ミュージックストアの外にいる少年、勤務中の警察官や通りにいる犬たち。みんな頬にキスを交わしながらお互いを歓迎していました。私たちはそんな様子を見ながら笑いました。

飛行機でアメリカに戻るころには、私たちは旅の途上で起こったすべての癒やしに、深く感謝していました。パスポートを見せるため入国管理官の元に向かった私は、愛と幸福感で輝いていました。私は、入国管理官にビザ免除期間があと数日で終わることを伝えました。そしてニュージーランドに戻ることになっているけれど、できればもっと長く滞在したいと言いました。ビザ免除期間を延ばすことはできないと、彼は言いました。そしてアメリカで何をしているのかと尋ねてきました。私は、自分が頭の怪我から回復中であること、そして、人生を神と赦しに捧げてきたことを話しました。自分が司牧〔神への奉仕、聖なる務め〕の活動をしているグループの一員で、友人の旅に同行していたこと、そしてすべてが本当に素晴らしかったことも語りました。入国管理官の顔が輝きはじめました。そして言ったのです。「ビザ免除期間を延ばすことはできないけれど、新しいビザをあげましょう！」。

私たちはアルゼンチンへ行くべくして行ったのです！　何の努力をしてなくても、スピリットがすべてを整えてくれる。そのことにまた驚かされました。私は、満面の笑みでスキップしながら手荷物受取所まで行き、デイヴィッドと合流しました。

ゴロゴロ言う猫たち

さらに三カ月、アメリカに滞在できる。それを知りながらピースハウスに戻ってくるのは、素晴らしい気分でした。私は個人的に何かを起こす責任がまったくない、その事実が大好きでした。私の人生の計画をコントロールしているのはスピリットであり、すべてを明白に、明らかに見て取れるようにしてくれていました。その計画には、アメリカに滞在しデイヴィッドと一緒にいることも含まれていました。私は一歩一歩、道を示してもらっていました。

私たちと一緒に住んでいる三本足の小さなサビ猫のトライポッドと、彼女の姉妹のエンジェルは、二匹とも、近所で見つけた野良猫です。エンジェルは季節に関係なく、いつでも外で過ごすのが好きでした。デイヴィッドがドアマン役をしてくれる限り、彼女は嬉しそうに玄関を繰り返し出たり入ったりするのでした。彼女が心の底から、自分がいないところに行きたがるので、私たちは笑ってしまいました。

トライポッドはとても繊細で、小さなことにもよく怖がっていました。けれど、愛にはすばやく反応しました。彼女はたいていデイヴィッドの部屋にいて、彼との聖なる関係の輝きに浸りながら、彼のベッドで瞑想したり、机の上に飛び乗ったりしていました。そして、デイヴィッドが手を伸ばして彼女の心からの愛情を受け取るまで、彼の椅子の脚に身体を擦りつけました。

トライポッドはすぐに私を受け入れてくれました。近くにいるときはいつも「愛のお祭り騒ぎ」を繰り広げました。彼女には延長する愛がたくさんあって、それを一秒たりとも封じ込めてはいられないようでした。ゴロゴロ喉を鳴らしながら私の髪の中に鼻先を潜り込ませては、寝ている私を何度も起こしました。

私たちが映画を観ていると、猫たちは映画のテーマを反映してくれました。ラブストーリーのときは、ソファの背に乗って身体を丸め、満足げにゴロゴロ喉を鳴らしていました。『マトリックス』のときには、アクロバットショーを繰り広げたので、びっくりしてしまいました！　サンクチュアリをぐるぐる走り回り、互いに交代で追っかけっこし、家具の周りを飛び回り、姿を現したり消えたりするのです。一時は、お互い絡みあったりもしました。エンジェルは前足を繰り出して、トライポッドの頬をパンチしていました。その様子は、映画の中の、ネオとモーフィアスのトレーニングプログラムとまるで同じでした。トライポッドはエンジェルにパンチし返そうと頑張りました。けれど、彼女には三本足しかない上、小さなボブテイルはただゆらめくばかりで、エンジェルのほうが断然有利でした。

ソファの後ろに隠れて姿を消した二匹を、私たちは大喜びで眺めました。この猫たちが私たちの視線を完全に釘づけにしていたので、映画を一時停止しました。エンジェルがサンクチュアリの真ん中に、ゆっくりと這い出てきました。トライポッドは好機とばかりに、椅子の後ろから飛び出して、全速力でエンジェルに向かっていきました。エンジェルは脚と爪をいっぱいに伸ばして、その場で高く垂直に飛び上がりました。彼女はマトリックスのトリニティになったのです！

私たちは驚きに息をのみました。トライポッドは完全に煙に巻かれた様子で、彼女の凄腕の姉妹の姿を探していましたが、エンジェルがどこへ行ったのか、まったく分かっていませんでした！　エンジェルはトライポッドのすぐそばに着地し、二、三発パンチを喰らわせました。その後すぐ二匹が退場したので、私たちは幸せな気持ちで映画を見終えることができました。

フィットネスと身体

スピリットとの関係を深めるにつれ、私は、身体がアイデンティティであり、身体が家であるという信念から解き放たれていきました。「身体の心配」というデイヴィッドの話を聞くことがありました。身体を心配することで、自分の分離の信念を強化しているのだと、彼は言いました。頭に怪我をして以来、私はジムに行ったりジョギングしたりすることはありませんでした。よく散歩には出かけ、プールやビーチが近くにあると泳ぎに行きました。私は身体の健康の改善や、今の状態の維持のために、散歩や水泳をしていたわけではありません。けれど、そうした信念が、まだ自分のマインドにあることを認めないわけにはいきませんでした。

私は、身体のケアの習慣をすでにスピリットにゆだねていました。しかし、身体の健康への配慮をスピリットに明け渡す、そのことを考えると、前と同じ恐れをみぞおちのあたりに感じました。太り過ぎの、キレの悪い身体に閉じ込められるという考えは、私にとって恐ろしいものでした。この恐れの思いが非難に変わり、デイヴィッドへ投影されるのを観察しました。今この信念を見つめる必要があるのかしら？　私はデイヴィッドではないわ。彼がやっていることを、どうして私もやらないといけないの？　私は散歩が好きなの。よい影響を与えてくれる。二度と散歩しちゃいけないのなら、**私は死んでしまうわ。**自分がコントロールされて、命令されているように感じました。私は、自分に決定権がなくなることを恐れていたのです。

私はこの思いとともに座り、恐れを感じることを許し、マインドの中へスピリットを招き入れました。**私は見たいのです。この下に何があるのか、見られるように助けてください。**そう祈り、この体験の真実を感じるために内へ入っていきました。そこには強引さがありました。私はときどき、散歩をするように「駆り立て」られていたのだと実感しました。

散歩することは優しく、開放的に感じられました。けれど、優しいとは言えないときもあったことを認めないわけにはいきません。散歩の目的が、愛ではなかったのです。エゴの身体への同一化がそこにあるのは、火を見るよりも明らかでした。私は自分を大切にしていると装うことで、自分を欺いていたことに気づきました。偽装は終わりです。これ以上自分に嘘をつくことはできません。私は何よりも神の平安を望んでいました。スピリットである私の真のアイデンティティを知りたいのです。

ずる賢い、正当化する思いが私のマインドをさっと横切りました。**私はこれをスピリットに渡すわ。でも、私はいつだって赦しの目的のために散歩することはできる。**なんてことでしょう！

私はスピリチュアルな目的と見せかけて、まだ散歩に行きつづけたいと望んでいたのです。私はまだ亀裂を感じていました。散歩を手放せるところまで、完全に信頼していなかったのです。まだ恐れを感じていましたが、最終的に、深呼吸し、祈りの中ですべてをスピリットに渡していきました。

身体と自分との同一化を手放すのには、まだしばらくかかると感じました。しかし、人生の中でエゴの動機が織り込まれた領域が、私の注意を引くようになりました。それは、スピリチュアルな目的に没頭すればするほど浮き彫りになりました。そして、デイヴィッドという、ただ一つの目的を持つことを明確に実践している人のそばにいればいるほど、そうした領域の存在に気づくようになりました。私のマインドはまるで、やさしく揺さぶられるザルのようでした。柔らかくて細かいものだけが、下に落ちていけます。けれど、小さい石はすべてザルに残り、取り除かれるために目にとまるようになるのです。

ある日、私はエゴの抵抗にとりわけストレスを感じていました。そして、散歩に出かけようとした矢先に、デイヴィッドに止められました。彼は、抵抗について、彼と徹底的に話すように私に言い、散歩には魔法のような力もなければ、何かの原因になるようなこともないと話しました。そして、私が躍起になって去りたいと思っているまさにこの場所で、癒やしを行うことができるんだ、と言いました。強烈でした。それでも私は、進んで彼の言うことを受け入れ、恐れを暴露しました。すると、散歩に行きたいという思いは、穏やかに消えていきました。

身体と自分の同一化や、健康でありたい欲求。それらはマインド・トレーニングの実践として、その後何年も取り組むことになりました。嬉しいことに、歩くことや泳ぐことは、「心強い仲間《マイティコンパニオン》たち」〔473ページ参照〕とつながる手段として使われつづけました。そして私は、自然の中でたくさんの神秘体験をすることになりました。身体のケアと同じように、私のマインドのこの領域は、祈りの生活全体の中へ溶け込んでいきました。エゴが恐れようとも、ここでのレッスンは「犠牲など何もない」でした。放棄されたのはただ一つ、苦痛だけでした。

熊に食べられてしまいたい

ピースハウスで数週間過ごしたのち、デイヴィッドと私は車に乗って、バーモントへ向かって北上しました。この日まで、デイヴィッドは私の午後のシエスタに喜んで加わっていました。私は、まだ自分には昼寝が絶対に欠かせないと感じていました。普通なら、休憩エリアに停まったり、到着時間を調整したりして、旅の途中でも私たちはシエスタの時間をスケジュールに組み込んできました。けれど、この日、午後二時になろうとしているのに、私たちは目的地まで少なくとも三時間はかかるところにいたのです。

いつものように身体が重く感じられてくると、マインドに典型的な思いが湧き上がってくるのに気づきました。私の安らぎの時間は、脅威にさらされているようでした。**すぐに車を停めないと、私、頭が痛くなるわ。ぼんやりしてきたし、もう休まないとダメ。今夜の集まりに参加できなくなるわ。**デイヴィッドに車を停めるよう頼みましたが、彼が完全に同意していないことは分かりました。けれど、私は、はっきりと、断固として要求しつづけました。何といっても、まだ頭の怪我から完全に回復していなかったのです。そして、私に昼寝が必要なことは、彼も知っていました。

しばらく走りましたが、休憩エリアはありませんでした。デイヴィッドは路肩に車を停めました。そこで何とか休憩しようと、私たちはフロントシートを倒して横向きに寝ました。百八十センチを超えるデイヴィッドの大きな身体は、この小さなハイブリッド車にとても収まるものではありませんでした。彼は身じろぎして足を伸ばそうとしましたが、ムダでした。ひっきりなしに車が通り過ぎ、私たちの車を揺らし、休息にはほど遠いものでした。これはスピリットの計画ではない。その気づきは、まるで耳をつんざくような無言の音で、車中を満たしていました。

十分後、デイヴィッドは身体を起こしてシートを調整すると、ドライブを続けようと言いました。これでは休めたものではないし、夜の集まりに出ないといけない。そして、僕たちのホストは夕食を一緒にとるために五時半に僕たちが来ると思っているからね、と。私たちはドライブを続けることになりました。デイヴィッドが運転しているあいだ、車の中で休むことができるというのです。車高が低すぎるから、でこぼこした道を通ると神経に響く、と私は抗議しました。目的地に着くころには、疲れ切ってしまうのではないかと心配になりました。それでも、デイヴィッドは明らかにスピリットの導きに従っていました。

選択の余地はありませんでした。酷い気分でした。閉じ込められてしまった。この狂ったように小さな車の中で、自分は一体何をしているんだろう。デイヴィッドが、ただガソリンを節約するために買った車です。このとき、私はデイヴィッドのやることすべてに反対していました。それから、暗い思いが湧いてきて、傷ついた思いに変わりました――デイヴィッドはどう考えても私を愛していないわ。もしこれが母のジャッキーだったら、休息が必要ならホテルを見つけてくれるもの。

残りのドライブ中、ずっと目を閉じていました。リトリートセンターに着いたとき、私のマインドはまだ暗雲に包まれていました。デイヴィッドはすぐにホストの輪に加わりましたが、私は休みに行くとデイヴィッドに伝え、ベッドルームで横になりました。けれど、休息にはほど遠い気分でした。だから、私は裏口からこっそり抜け出し、散歩に出かけることにしました。松林を通り抜けながら思いました。熊に食べられてしまいたい――そうしたらデイヴィッドは私に冷たくしたことを後悔するでしょうよ。五分ほど歩いてから、私は突然立ち止まりました。なんてこと！　私は何をしていたのかしら？　熊に食べられたいですって？　デイヴィッドが私を愛していないと思い込んで？　それって馬鹿馬鹿しいわ！

デイヴィッドが自分を愛していないという信念を、問い直さなければなりませんでした。もし彼が正しくて、ドライブしつづけなければならなかったとすれば？　抗議の思いがすぐに湧き上がってくるのが分かりました。私はまだ頭の怪我から回復しているところなのよ。彼は私をサポートして当然だわ。けれど、その後私は自分に尋ねました。本当にこれが望んでいることなの？まだ頭の怪我から回復している途中で、午後の昼寝に依存することが私の望みなの？　答えはすぐに出ました。いいえ！　こんなのもう望んでいないわ！

私には、どうすれば完全に回復できるのか分かりませんでした。事故の後遺症から回復するために、ありとあらゆることを試しました。理学療法から瞑想、また、症状を無視して好き勝手したり、逆に症状に身をゆだねたり。最終的にはこの症状が一生続くかもしれないことを受け入れました。明らかに、私には一切コントロールはできなかったのです。これは困難ながらも重要な局面でした。どうすれば癒やしが起こるのか、昼寝をしなかったことでどんな辛い結果が待ち受けているのか、想像すらできなかったのです。

けれど、もし、これがその日だったら？　もし、スピリットが本当にすべてを把握していて、これが見かけとはまったく違うことだったなら？　決断を下さなければなりませんでした。今後も自分を守ろうとしつづけるのか。自分に何が必要なのかについて、自分の考えが正しいと言いつづけるのか。それとも、神のために決断し、私自身と置かれるすべての状況を、神の手にゆだねるのか。私の決断は、はっきりとしていました。もうこんなことは終わりにしたい、いい、いい、いい、いい、いい！　私は癒やされたい、いいいい！

私はリトリートセンターへ引き返しました。マインドに軽さと喜びが戻るのを感じました。いつもの午後の重さが、遠くかすかに感じられます。けれど私は、もうあの感覚を理由に、何かを決断するのはおしまいにすると喜んで決めたのです。私はスピリットに言いました。この瞬間から、あなたに私の休息時間をゆだねます。休む必要があるときは、あなたが導いてくれると信頼します。

ああ！　なんて簡単なことだったのでしょう！　気がつくと私はスキップしながらセンターに向かっていました。このすてきなニュースをデイヴィッドとみんなに分かち合うためです。ドアを開けると、みんなはやわらかな愛に輝きながら、大きなダイニングテーブルを囲んでいました。まるで、私が完璧なタイミングで戻ってくるのを待っていたかのようでした。このやわらかな輝きは、週末中、名残をとどめていました。

私は自分の中で静かな強さが育ち、神の腕に抱かれているのを感じました。デイヴィッドの栄光に満ちた目的に、これまでよりも深く加わっているように感じられました。この経験は、何が一番の利益になるか、自分には分かっていないことを見せてくれました。スピリットはこのような目覚めのプロセスを通して、そう学べるように着実に導いてくれていたのです。デイヴィッドの「真の共感」と、スピリットの導きに従うことへの妥協のない姿勢に、感謝で胸がいっぱいになりました。

第五章　さらなる深みへ

二〇〇五年　春・夏

「真理のために場所を空ける。それだけが、あなたに求められていることです。自分の理解を超えたところにある物事を、作ったり、行ったりするように求められてはいません。あなたに求められているのは、真理をあなたの中に入らせることだけです（T-21.II.7）」

スピリットを認める

デイヴィッドと私は、カナダのオタワへと旅を続けました。彼の友人であるモーリーンのところへ行き、いくつかコースの集いを開くためです。家に到着すると、モーリーンがドアを開けて出迎えてくれました。視線が合った途端、すぐさま彼女を知っているような親しみを感じました。

まるで姉妹に会えたような気分になり、最高にうれしくなりました！　彼女も目を輝かせ「まぁ！　あなたはデイヴィッドの女性版ね！」と叫びました。小さな女性版のデイヴィッドが、玄関の前にひょっこり現れたと思ったわ、とのちに彼女は語ってくれました。彼女は、私が信頼できる人で、私に魂をさらけ出すことになると、すぐに分かったと言いました。男性のデイヴィッドに話すには躊躇することが彼女にはありました。でも彼と同じ臨在《プレゼンス》を、今度は私という女性の姿の中に感じられたので、とても安心しほっとしたのです。

ミラクルワーカーとして認められ、すぐに信用してもらえる。このような出会いは、自分が誰であるかの真実を、美しく立証してくれているように感じました。デイヴィッドは私の学びや癒やしの経験を、いつも敬意を持って皆に話してくれました。けれど私は、自分のエゴの思いやパターンばかりが目についていました。モーリーンとの出会いは、私の自己価値を強め、デイヴィッドにもっと近づけたと感じさせてくれました。その後、私は教師のためのマニュアル十二章「世界を救うために、何人の教師が必要なのか」を読みました。神の教師たちは、一つです。この身体は、神の声がこれを通して、自分がスピリットだと自覚していない人にコミュニケーションするための媒体なのです。この身体を彼らは見ることができます。この声を彼らは恐れずに聞くことができます。だから、この形を通してなら真理が歓迎されるのです。

とても暗い瞬間

ピースハウスへ戻る三日間のドライブの最中に、プライドの感覚や、デイヴィッドを疎ましく思う気持ちが湧き上がってくるのに気づきました。私はのんびりドライブしたり、自然の中を歩いたりしたかったのです。とにかくデイヴィッドとは別のやり方を望んでいました。ピースハウスに戻り、車から荷物を下ろすと、デイヴィッドはすぐにメールの返信という役割に取りかかりました。サンクチュアリに座っていると、マインドの中に暗闇が立ち上ってくるのを感じました。罠にはまったような気分でした。ここ数カ月のあいだ、エゴが密かに計画していた「人生の代替案」は、ほとんど明るみに出され、デイヴィッドと分かち合われました。そして私は、もうあと戻りはできないことを知っていました。私は自由になりたかったのです。けれど、よくある「どこか別のところにいたい」という思いが現れると、もう選択肢がないことへのイライラとした憎しみを覚えるのでした。私は支配され、自分の意志に反して囚われているように感じました。散歩はもう逃避の手段として使えません。マインドのどこか深い奥底から、暗く虚ろで恐ろしい思いが上ってきました。

その瞬間、デイヴィッドが一階に降りてきて、私に向かってひっきりなしに話しはじめました。私は彼の話を聞くことができず離れたかったので、散歩に行くところだと言いました。彼は、話しながら私をまっすぐに見つめつづけました。罠にかかった気分でした。私は散歩に行くと言い張りましたが、彼はただしゃべりつづけたのです！　部屋を出て、靴を履くと、彼はまだしゃべりながら、あとをついて外に出てきました。一緒に通りを歩きましたが、彼が何を言っているのか、さっぱり聞き取れませんでした。私は、彼は気が狂っていると思いました。私たちを目にする人は誰もがそう思ったでしょう。

彼は私に向かって、目的やコミットメントや導きについて、延々と話しつづけましたが、それは意味をなしていませんでした。私のマインドの声は、さらに大きく響いていました。このクレイジーな男と、クレイジーな人生に対する怒りが、彼が言わんとしていたことすべてを遮っていたのです。ピースハウスに戻ってからも、彼は私のあとを追ってきました。

安全なサンクチュアリに包まれると、私の中に暗い感覚が上ってきました。デイヴィッドを見て、ぞっとしました。**ああなんてこと！**　彼の額から、角が生えているように見えたのです。彼はしゃべりつづけました。まるで、彼の存在そのもので、私を静かに抱きしめているかのようでした。私には彼が何を言っているのか、さっぱり分かりませんでした。けれど、なんとか部屋に留まることができました。

恐れが湧き出し、私を食い尽くしました。けれど、ほんの数秒あと、その恐れは崩れ落ちたのです。もう一度デイヴィッドを見ました。彼は純粋な無垢性そのものでした。彼の美しい青い瞳は、キリストの愛と優しさで、私を抱きしめてくれました。私は息を吐くことができました。そして、このすべてが私のマインドの中での深い癒やしの経験であり、私はそれを知っていたことに一瞬にして気がつきました。

見かけ通りのものは何一つありませんでした。暗闇がまた立ち上ってきました。もう一度、デイヴィッドに対する私の知覚が愛から恐れに転じました。この恐ろしい感覚が消えるまで、デイヴィッドは私の傍らにいてくれました。彼は愛の臨在《プレゼンス》なのだと、私がふたたび分かるまで、彼のおしゃべりはゆったりとしたものになり、その声は静かになりました。そして、この出来事は終わりました。

私は不思議に思いました。デイヴィッドはどうして私が暗闇に落ちた瞬間に階下に来ることができたのだろう？　何をして、私をどう助ければいいのか、どうして分かったのだろう？　自分の理解を遥かに超える臨在《プレゼンス》と意識に、自分がどれほど深く抱かれ愛されているか、信じられないほどでした。私の信仰は、再び元の状態に戻されました。そして、信頼は、計り知れないほど深まりました。この体験のあと、すべてがはっきりと見えました。個人的な自由をほしがったり、逃避の計画を企てたりするエゴのトリックは、すべて私を行き詰らせるための方策なのです。やっと気がつきました。それは真実とはまったく正反対のものだったのです！　私は真の自由の中へと落ちていきました。それは神の愛に抱かれることであり、絶え間なく続くエゴの痛烈な不平不満から、自由になることでした。あぁ、なんと素晴らしい恩寵なのでしょう！　デイヴィッドの献身に、どれほどの感謝を感じたことか！

何も似合わない！

私は、自分の持っている洋服がもう似合わなくなったと感じはじめました。何を着ればいいのか、まったく分からなくなってしまいました。なぜなら、それまでは、描きたい自分のイメージに合うことを基準にして、服を買っていたからです。今の自分は、もうあのころと同じ人物だとは思えませんでした。そして、昔の動機を思い出させる洋服を着ることに、罪悪感を感じていました。今では「スピリチュアル」でありたいと思っていましたし、着るものなど気にしたくはなかったのです。けれど、私は密かに気にしていたのです！

デイヴィッドはいつも、着る服も含め、あらゆるものはホーリースピリットがもたらしてくれると話していました。それでも、私はいまだに自分がどう見えるかをコントロールしたいと思っていました。もう自分にそんな能力はない、と感じていたにもかかわらずです。気にしているのに、気にしたくない、そんな緊張をしばらく感じていました。

ショッピングに出かけ、洋服を買おうと何度か試みたりもしました。私のマインドはクリアな状態からはほど遠かったため、何を買うべきかまったく分からずじまいでした。買い物をしようと思っても、うまくいきません。どの服も、私には合わないようでした。

とうとう私は、この分野での最善の利益が自分には分かっていないことを認めました。そしてスピリットにこの領域をゆだねて、導いてもらうことにしました。それから数カ月のあいだ、私は自分のワードローブが、少しずつもらった服で置き換えられていくのを目の当たりにしました。提供されたものは、すべて私にぴったりでした。どの服も愛とともに惜しみなく贈られたものなので、まったくジャッジすることはありませんでした！　服の贈り物を差し出されるたび、愛と感謝でいっぱいになりました。

私は神の摂理を体験しはじめていました。自分のために何かを得ようとするよりも、スピリットが与えたいものをただ受け取る。それはとても優しく愛に満ちたことでした。

ある午後、私は薄手のフリースが必要だと思いました。手持ちのものは、部屋の中で着るには厚手だったからです。その一時間後、友人のパムが電話をしてきました。そして、あなたが好きそうな薄手のフリースのセーターが二、三枚あるわよ、と言うのです。一緒に神の摂理を体験したことに、私たちは大喜びでした。導きに耳を傾けることを通して、どのようにスピリットに使われるかを知って、彼女は私と同じぐらい感激していました。その後二年にわたり、彼女はショッピングに行くと、私がちょうど必要としている服を何度も買っていることに気づいたそうです。その中にはなんと、私が持っている水着のボトムに合うビキニまであったのです。私たちは毎回、自分たちがどれほどスピリットに世話をしてもらっているかに気づいて、すっかり驚いてしまいました。

猫のサム

私のマインドに「どう在るべきか」についての疑問が湧き上がってきました。私は座って、思案しました。もし、人びとも含めてすべてが幻想ならば、他の人を愛することに何の意味があるのだろう？　もし、子どもや動物がこの瞬間に助けを必要としていたら、デイヴィッドはどうするのかしら？　その答えが分からない怖さを、みぞおちあたりに感じました。すべては幻想だから、彼はただ傍観して何もしないのかしら？　答えを見せてください、と私は祈りました。

次の日、用事を済ませて家の車道に入ると、サム——隣の家の大きな白い猫——が、声高に鳴いて私たちに挨拶しました。彼は全身で愛情表現を始め、玄関へ向かう間中ずっと、愛おしそうに私たちを見つめていました。そして次の日も、まったく同じことが起こったのです。

トライポッドはドアの前に座って、彼女の目線の高さにある窓から外を眺めるのが大好きでした。彼女はリスのように後ろ足の上に座り、静かに前足を窓に置いて、小鳥を見たり、日光浴を楽しんだりしていました。すると突然、サムが彼女の目の前の窓に現れたのです。彼女はまず唸り、そして不機嫌に鳴きはじめました。その音はどんどんボリュームを増し、ついには空襲警報のサイレンほど大きくなったのです！　サムは、その後何日間も、ものすごくフレンドリーでした。そして「トライポッドの」玄関に上がって、「トライポッドの」ドアの中を覗き込んでは、何度も彼女をイライラさせていました。

サムの家のベランダにたくさんの箱が置いてあるのに気がついた私は、サムの飼い主に引越しをするのかと尋ねました。彼は、そうなんだ、もう準備は整っているけれど、サムをどうしたらいいか分からないと言います。「あら、彼のことは心配しなくていいわ。この一週間、サムは私たちに、うちに来るよって、ずっと言いつづけているのよ」。私は笑いながら言いました。

隣人が引っ越したその日、サムは準備万端、ピースハウスに入るのが待ちきれない様子でした。彼はデイヴィッドの足にまとわりつきながら、スキップして家の中に入ってきました。トライポッドは、毛を逆立て、サイレンのように鳴き喚《わめ》きました。今回は唸り声混じりです。彼女は心底傷ついた表情でした。彼女の目は大きく見開かれています。彼女がどんなに大声で喚いても、この大きな侵入者は「トライポッドの」家から立ち去ろうとしません。トライポッドの姉妹のエンジェルがキッチンに駆け込んできました。そして一緒にサムに向かってシャーと唸りはじめました。

サムは前足を空中に浮かしたまま、途方に暮れた顔で固まっていました。結局のところ、彼は導きに従っていただけなのですから！　デイヴィッドがサムをさっと抱き上げました。すると、彼は瞬時に、トライポッドの「侵入者警報」レーダーから消えました。猫のサイレンが止み、みんなリラックスしました。数分後、デイヴィッドはサムをキッチンの床に下ろしました。すると、またサイレンが鳴りはじめます。デイヴィッドはただすばやく動きました。彼に、感情的な懸念は一切見られませんでした。彼は動物たちに、誤った共感を示すことはありませんでした。そして、彼らをコントロールしようとも、守ろうともしていませんでした。彼は何度かサムを抱き上げたり、床に下ろしたりしました。そして最後に優しくサムをキッチンの椅子に座らせました。トライポッドはすぐにキッチンを走り出て、二階にあるデイヴィッドの部屋へ戻っていきました。サムは自分が高いところにいると、静かになると学びました。そして、その後数カ月間、サムは家具の上で過ごし、トライポッドの彼に対する反応も、だんだんと穏やかになっていきました。ここに私の問いへの答えがありました。猫たちの仲裁は、確かさと優しさをもって為されました。デイヴィッドは、みんなにとって本当に一番助けになるやり方で対処したのです。

世界中の人びとと、私の日記を分かち合う

デイヴィッドと一緒に旅をしていると、「カースティン、あなたは私たちよりも簡単よね。だって、デイヴィッドと一緒にいるんですもの」と言われることがありました。ある意味、確かにその通りでした。けれど、彼という存在と一緒にいるだけで、私が通る道がどれほど強烈なものになったか、それが分かる人はいませんでした。とてもクリアな鏡と一緒にいることを想像してみてください。そして、すべての無意識の暗闇が認識され、手放されるように頼むのです。どうなるでしょう。投影の性質上、そこにある暗い思いや苛立ちの多くは、直接デイヴィッドに投影されるのです。

私は秘密の思いをさらけ出すことにまだ慣れていませんでしたし、まだ「いい人」でありたいと望んでいました。それに加えて、「いいスピリチュアルな人」でありたかったし、成功したコース学習者で、神の教師でありたい、とも思っていました。こんなプレッシャーを自分に負わせていたので大変です。マインドの中にエゴを認めるたびに、私はまるで自分が出来損ないのように感じました。

私は、日記（ジャーナル）を世界と分かち合うというインスピレーションを感じはじめました。日記を書くことを通して実践した教しに、私は計り知れないほど助けられました。なので、これが自分だけのためにあるのではないと、分かっていました。

毎朝起きてすぐ、私はスピリットとのデートに準備万端でソファに座りました。何か質問があるときはいつも、スピリットに祈りました。これはコースを学びはじめて以来、ずっとやりつづけていたことです。ときおり、私は自分が直接イエスに語りかけているのに気がつきました。特に、とてもキツい体験をしているときはそうでした。彼は、言葉少なく、単刀直入に指示を与え、真理を思い出させてくれました。

コースの本と日記を手にした私は、人生最愛の人とつながるために、祈りとともに内に向かいます。それは、世界でもっとも尊いことでした。

私は進んで自分のマインドを開き、何も隠さず、すべてを分かち合いたいと望みました。そして、スピリットやイエスが、私に知ってほしいと望むことはすべて受け取りたいと願いました。

まずはマインドの中で「おはよう、ホーリースピリット」と言うことから始めます。それから、ペンを片手に持って、何がやってきても書き記せるように準備を整え、耳を澄ませます。

しばしば、前日から持ち越した解決していない思いがやってきました。そんなときは、それを書くことから始めます。早朝の静けさの中に座り、こんなふうに心を打ち明けるのは、とても安全なことのように感じられました。すると、スピリットの答えがペンから紙へと流れ出てくるのです。口に出すのも恐ろしかった攻撃的な思い。それが実際は、赦し、より深い理解、そして愛への入り口であることを、繰り返し見せてもらいました。

私は、自分の理解できる領域を超えた、スピリットからの深淵な答えを受け取っていました。ときには、こんなの全然意味が分からないわ、と書いたばかりの文章を塗りつぶすこともありました。けれど、二、三日後に消した箇所を読んでみると、そのあまりに深く明晰な、愛にあふれたメッセージに涙が流れるのです。チャネリングは、私の中で息づく神の愛を、直接経験することでした。それは、神がリアルである事実、そして「未知」に対する私の信仰の正しさを、日々証明してくれました。

デイヴィッドはしばしば、世界中の人に配信されるメーリングリストに素晴らしいメッセージを投稿していました。彼は、私が書いたものをそこでシェアしないかと誘ってくれました。最初、少し怖くなりました。ジャッジされ、癒やされていない人だと思われることを恐れたのです。しかし、こうした思いを超えて、完全に正直に、自分の経験の深みを直接分かち合うようにというスピリットの導きとインスピレーションを感じました。そして、自分が感じている恐れは、明るみに出ることで取り消されるエゴの恐れなのだと気がつきました。だとすれば、やるしかありません！

第六章　私の人生は私のものじゃない

二〇〇五年　夏

あなたを沈黙の中へと呼ぶ
その感覚に耳を傾けてください
私の愛があなたを包むのを感じ
我が家にいることを知ってください
私はいつもあなたとともにいます
自分は神聖である
その記憶があなたに戻るにつれ
あなたは私を思い出すでしょう
目覚めなさい　愛しい我が子
あなたは長い長い時を
深いまどろみの中で過ごしている
私たちが離れ離れになってしまい
我が家に帰る道を見つけられない
そんな夢を見ながら

個人的な責任

私は、自分が神秘主義に人生を捧げるために生まれたと分かっていました。それは、この世界から完全に離れ、あらゆる所有、責任、束縛から自由になることを意味しています。『奇跡のコース』を私に教えてくれたのはジャッキーでした。それでも私は、家族が自分に離れていってほしくないと思っていることを知っていたので、罪悪感を感じていました。私が海外旅行から戻って、彼らの近くに腰を落ち着け、そこで家族を作ればみんな喜んでくれたでしょう。スピリチュアルな実践をして、いくらかの時間をそこに割くのは構わない。けれど、私が人生のすべてをこれに捧げることは、誰も予想していませんでした。過去を手放すために歩んだ一歩一歩は、この世界の外へ出ていくことだったのです。私は意識的にあらゆることから自分を解き放っていました。障害を取り除くのは、私の目指す方向が、親しんできた過去に留まるよりも、未知へ、神へと向かうものだからです。

父のロジャーはまるで、私が持っている疑念を、私の代わりに声高に語っているようでした。だから、私はそうした気持ちに向き合わざるを得なくなったのです。たとえば、彼は私の車、自転車、ベッドルームにある家具を実家に置いておこうとしました。そうしておけば、私が戻ってきて使うと思っているのです。彼は、物理的に彼に近づく以外の私の行動をいちいち疑問視し、自分は保護者で、それはずっと変わらないと言いました。スピリットとの信頼を深める道の途中にいるあいだずっと、彼が父親として話すたびに、私は挑戦されたように感じていました。

ジャーナリング（日記）

カースティン：おはよう、ホーリースピリット。助けて！　ストレスを感じているの。もうすぐニュージランドへ行って家族に会うのよ。どのぐらい滞在すればいいの？　コースの集いのためにまた旅に出る？　私物をどうすればいいのかしら？　知りたいの。

「神の平安が私の唯一のゴールです（W-205）」。神の計画に何もつけ加える必要がないことを思い出したいの。今、自分で決断したり計画したりすることに個人的な責任があると考えると、痛みや苦悩を感じるの。そして、結局、私は何をしても家族をガッカリさせることになると信じてる。彼らが喜ぶと思うことを計画しようとしている。そして、彼らが私に困難を押しつけていると思い込んで、彼らを恨めしく感じるのよ。私に勝ち目はないわ！　自分のストレスの奥底に、悲しみがあるのを感じている。彼らは私を失いたくないし、私も彼らを失いたくないの。

私は慣れ親しんだ人生の一部、つまり、自分の車、借りた家、ベッドやスキーの道具を手放すことを恐れているわ。それらは、ニュージーランドに何度も戻ってくる口実になっていたの。今、人生がまったく新しい方向に向かっているのは明らかだけど、自分の持ち物に執着しているように感じている。私の一部はそれを手放したくないのよ。

ホーリースピリット：あなたは無垢です。間違うことなどあなたにはできません。あなたの人生のあらゆる瞬間は、目的へと捧げられています。この道を歩むあなたの一歩一歩を、私はともに歩んでいます。これは信用していいですよ。

カースティン：あなたに私の信頼を捧げます、ホーリースピリット。あなたがそれを本来属している聖なる場所、真理のうち、神の中に置くことができるように。あなたが、私の計画を放棄させ神の計画に加わるようにしているのを知っているわ。そしてそれこそが、私の心の痛みを終わらせることも。

これは自分の手に負えることではないという気づきに、私は深く沈み込んでいきました。私の立てる計画の規準は、罪悪感を避け、他の人をできるだけ傷つけまいとすることでした。これを手放さなければなりませんでした。私は腰を下ろし、祈りました。すると、想像上の計画に関わらせたすべての人に、私が百合の花束を捧げるヴィジョンを見ました。緊張感が溶けて消えました。彼らと自分の無垢さを感じるにつれ、涙が頬を流れました。その後になって、ようやく私は月末にニュージーランドへ戻るためのチケットを予約することができました。

チャットルームとネズミ

何人かの友人が、「コースの集い」というオンラインチャットルームを始めました。コースと歩む旅路をサポートするため、教師や生徒を招待する場所です。デイヴィッドと私は、都合のつく金曜日の夜にセッションを開くために招待されていました。セッションはたいてい、旅の途中で私たちが経験した奇跡や冒険の話で始まりました。続いて、『奇跡のコース』についての参加者からの質問や、コースを生きる私たちの経験を話しました。個人的な苦しみや難しい状況に、どうすればコースの教えを実践的に適用できるのかと、心からの問いを尋ねられることもありました。こうした質問に続いて、デイヴィッドからの深く明晰な言葉があふれ出しました。最後の数分間は、目に見えるほどの深い静寂が立ち込め、まるで私たちみんなが同じ部屋にいるかのように感じられることもありました。世界中のコース学習者の大家族とつながることができる素晴らしい方法でした。

ある夜のこと、私たちは台所のテーブルにあるデイヴィッドのパソコンの前に座って座談会をしていました。話の最中に、猫のサムが、捕まえたばかりのネズミを私たちに見せるために、キッチンに走って入ってきました。私は話に集中しつづけました。ネズミはサムの爪から逃れて走り出しました。そして安全を求め、私の足の上に飛び上がると、スカートのひだの中に入り込んだのです！　そのとき私は、自分が話していることに集中していたので、それが起こった瞬間「まぁ！　スカートにネズミが登ってきたわ」とだけ言って、すぐにコースの話を続けました。

私は、強烈で鮮明な存在感と集中力を放つデイヴィッドのそばに座っていました。そして、いつどの瞬間にでも、質問をされて話をするように求められるのを知っていました。このことが、私を今この瞬間へと深く引き込んでいたのです。真理への自覚が高まっていくこの状態は、拡大し、力強く、静けさに満ちているように感じられました。全神経を内なる声を聞くことに集中していたので、この世界の何も、聞くべきことや話すべきことを妨げたり、そこから注意をそらしたりすることはできませんでした。目覚めという目的がとても強かったので、ネズミがスカートを駆け上がってくるのは、そよ風にろうそくの光がかすかに揺れるのと変わりありませんでした。そよ風が吹いたあとは、何も起こらなかったように光り輝きつづけるのです。

ピースハウスからこの集まりをホストしていたとき、何度か話の最中にインターネットが完全に落ちてしまったことがありました。デイヴィッドはそのとき、ただ幸せそうに微笑みながらヘッドフォンを取り「これで終わりだね！」と言いました。状況をただ完全に受け入れる彼を見るのが、私は大好きでした。終わらせないといけないものや、直さないといけないものなど何もないのです。これは「すべてをあるがままにしておこう」というワークブックレッスン２６８の素晴らしい実例でした。

手放して神にゆだねる

ここ数週間、私のマインドは、自分の人生には他の可能性があるのではないかという考えでいっぱいでした。欲求が二つに引き裂かれていました。そのせいで、私は自分でも気がつかないうちに、身体的な痛みと精神的な苦悶をともに感じていました。その思いをデイヴィッドにシェアした途端、愛と信頼が戻ってきたのです。痛みも消えてしまいました。そもそも、この苦しみは自分の意志に執着して、私のための神の意志に抵抗することから来ていたからです。

ジャーナリング

カーステイン：おはよう、ホーリースピリット。あなたの意志に抵抗していたことが分かったわ。この気持ちが湧き上がってきたのは、アメリカに住むビザの申請のために、もうすぐニュージーランドに戻るからね。大きなコミットメントだもの。ここにいるということに、完全にコミットすることへの疑いや恐れをデイヴィッドにすべて打ち明けたわ。その後、もう一度「はい」と言ったの。私たちの結婚、神、仮説の終わり、喪失の終わり、そして過去を切望することの終わり、それらすべてに対して「はい」と言ったの。エゴが「やめるんだ！　騙されてるぞ！　これはあなたの意志ではない！」と叫んでいたわ。でもエゴに勝ち目はなかった。

今朝、病気は決意であり、神の座に取って代わろうとする試みだということについて、読むように導いてもらったわ。コースの教えで「神の王冠を奪う」と言われていることが、理解できないの。詳しく説明してもらえるかしら？

ホーリースピリット：あなたは今、癒やしを経験したばかりです。あなたの苦痛は、あなたのための神の意志に抵抗する決断の直接的な結果でした。あなたの癒やしは、自分の意志を手放し、あなたのための神の意志に「はい」と言ったあなたの決断の直接的な結果です。神の意志は、今のところデイヴィッドとの結婚という形を取っているように見えます。結婚に抵抗し、過去にしがみつき、仮説に耽ることが、あなたを葛藤へ誘い込んだのです。それが苦痛です。これほど単純なことなのです。

神の意志に抵抗することとは、神をあなたの外に置くことです。すると、あなたは自分自身を神から分離したところから見ます。あなたは神の愛を恐れて拒絶します。なぜなら、あなたは自分のほうが神よりも分かっていると思っているからです。何かが思い通りにならないとき、神が自分を愛していないことをあなたは証明します。苦痛が増すように感じ、あなたの外にある理由、たとえば身体などが、その原因にされます。

あなたの病んだ正しさの中では、あなたはあなた自身の強力な全知全能の創造者です。そして、不快な状態にいる原因も決めることができるのです。あなたの苦痛の思いや分離は、死そのものです。それゆえに、あなたは、あなたの思い込みによる強さや賢さによって、正しいと証明されるのです。あなたは玉座に座り、自分こそがすべてを知っていると信じています。しかし実際は、あなたが洞察だと思い込んでいるものは、自分自身についての誤った知覚をもたらすだけなのです。

カースティン：どうもありがとう。病気は決断であり、そこにはいつも、私のための神の意志への抵抗があることを受け入れます。神の意志に加われば、もう病気に用はないと言っているわけね。私は自分のマインドと世界を、罪悪感と病気から解放します。私のマインドこそが原因であり、世界は原因ではありません。私はこの学びを、自分のあらゆる体験に当てはめ、生かします。私は愛と平和の深い感覚に満たされます。

妥協しない

　両親にとっては迷惑なことでしたが、ニュージーランドに着いたとき、私は「形而上学的ナチス期」にありました。これは、集中して真理を学んでいるとき、コースで教えられている言葉や形而上学に合わないものに、一切我慢できなくなる段階です。とりわけ喜びや愛にあふれた状態ではなく、オープンマインドな状態からもほど遠いものです。けれど、目覚めたいという欲求の中では、ほとんどの人がこの段階を経験します。

　私はスピリットに耳を傾ける練習をしており、自分にとって本当だと感じられないことには、関わらないようにしていました。父との会話には、魅力よりも嫌悪を感じました。私には彼がそれを不快に思っていることが感じられました。私は不快感の原因になりたかったわけではありません。ただ単純に、子どものころの話や、交通問題や政治の議論に加わりたくなかったのです。ときどき、あまりにも不快だったため、部屋から出ていきたくなりました。そうすると、父はますます頑張って私とつながろうとします。ものすごい罪悪感を感じました！

　ある時点で、ジャッキーが怒りをぶちまけました。「カースティン、あなたお父さんにもっとマシな口のきき方はできないの？」。私は祈りはじめました。本気で、一番助けになることをしたいと望んでいました。私の二つの世界は、出会えそうにありませんでした。自分には二つの選択肢があるようでした。もう共感できない役割を通して彼と付き合うか、それとも、私のマインドで起こる変容に忠実でありつづけるかです。本当は、選択肢などないことを、私は知っていました。だから、黙っていることにしたのです。

それから二日間、私はほとんどの時間を自分の部屋で過ごしました。祈り、そして、自分のマインドの癒やしを受け入れていました。私は、ともかくすべてがうまくいくと信頼しました。しかし、この人間関係を自分で直したり、癒やしたりすることはできないと知っていました。

部屋の静けさの中で、マウンテンバイクで起こした事故の記憶が蘇ってきました。あの衝突は、走りつづけることを止める許可を自分に与えるために必要でした。身体的にも感情的にも大きな苦痛を味わいましたが、何より辛かったのは、助け手や癒やし手、人の人生を解決する役割をもう演じられない事実に直面することでした。自分はもう、理想的な友人や姉妹、娘、従業員、教師ではいられなくなってしまったのです。絶望的でした。そして、これは何でも自分でできるカースティンの終わりの始まりでした。

三歳のときから、自分のことは自分ですることに、こだわっていました。自転車事故のあと、私は両親の家に移り住み、完全に世話をしてもらうことを受け入れました。両手首が折れていたので、両親は私の歯まで磨かなければなりませんでした！　これは私のプライドや独立心を完全に取り消すことでした。

それに加えて、気晴らしもできなくなりました。もはや、私は自分の考えや信念に直面することから逃げられませんでした。そして、どのようであれ、外の世界をコントロールすることも一切できません。自分の注意を内的な傾聴にシフトする以外の選択肢はありませんでした。私は、何が私の苦痛を増し、何が優しく育んでくれるように感じるのか気づきはじめました。

私は、常に自分には助けが必要な立場であることを自覚し、それを受け取ることにオープンでした。だからこそ、スピリットは直接コミュニケーションすることができたのです。これが、癒やしを求める私の心からの深い祈りが答えられはじめたときでした。

ある友人が、ルーンの石とガイドブックが入った袋をくれました。私はそれを使って、直感的なリーディングを始めました。自分の人生について質問をして、答えを得るために石を選びます。勇気を持って自分の質問を見つめること自体、大きな癒やしのステップでした。内に向かう意欲を持ち、恐れずに助けを求める。それだけで自分の心が開いていくのを感じました。自分が質問したいことを、完全に言葉にできないときもありました。けれど、それは問題ではありませんでした。直感的に石を選ぶだけで、完璧な答えが来るのです。私は、自分を超えた何かが石を選び、私に分かるように答えを見せてくれているのに気づきはじめました。この練習を通して、内とのつながりと強さの感覚が育つのを感じました。

私はこの直感リーディングのギフトを、友人や家族にもあげることができると興奮していました。けれど、注意が他の人を助けることに向いた途端、違いを感じるようになりました。つながりが切れ、自分が誰なのか分からない不安な状態へ迷い込んだかのようでした。人生で初めて、自分自身の癒やしにすべての注意を払うべきなのだと自覚しました。私のマインド・トレーニングが始まりました。

今回、実家に戻ってきて、いまだにみんなを助け、直し、関係を癒やすことで、彼らへの愛を保証していたいと思っていました。つながりたいという衝動に応えないでいると、見捨てられることへの悲痛を感じました。けれど「癒やされていない癒やし手」であるよりも、祈りやコースのレッスン、そして第十六章の「真の共感（T-16.I）」へ向き直ることにしました。

特別性の取り消しが起こりつつありましたが、私はイエスを完全に信頼していました。自分で人間関係から解かれる方法を指示することはとうていできません。だって、私自身がもつれから解かれている最中なのですから！　私は体験に身をゆだね、いつ部屋を出るかも、いつ誰かと関わるかも、スピリットからの一つ一つの合図にただ従うシンプルさの中に留まりました。

ちょうどこのとき、弟が実家に戻り住んでいて、ときおり、ガールフレンドが泊まりにきました。彼らの関係は嵐のようで、毎週もしくは二週間ごとに別れていました。朝早くに、彼女のスポーツカーが空ぶかしして車道から走り出て、道を飛ばしていく音を、私たちは何度も聞きました。弟は、彼女の反応に責任を感じる気持ちと、彼女の子どもっぽさに怒る気持ちのあいだで揺れ、感情的になっていました。ロジャーとジャッキーは、弟に別れるようアドバイスしていました。そして「なぜ彼は、自分自身をこんな目にあわせつづけるのか」と頭を抱えていました。しかし、ガールフレンドが妊娠したと分かると、このゲームの形勢が変わりました。

弟とガールフレンドの状況が手に負えなくなり、そこに自分たちの未来の孫まで絡んできて、ロジャーとジャッキーはとても感情的になっていました。そして彼らの仲違いに不安になり、私の部屋をノックしたのです。

私は瞑想中でした。ドアを開くと、優しく、オープンマインドで心が開いた歓迎を感じました。「カースティン、動揺していないのはあなただけよ。助けてちょうだい」。ジャッキーの言葉に、ロジャーも完全に同意していました。私は感謝の気持ちでいっぱいでした。祈りへの答えがここにあったのです。妥協することなく、ホーリースピリットの目的を最優先にすることで、私は今、真の助けになることができたのです。

私はロジャーとジャッキーと、「父」「母」といった概念や、その役割の一部である責任や罪悪感、そして痛みについて素晴らしい話をしました。彼らは、こうした感情から自由になることにとても意欲的でした。結局のところ、弟はもう二十七歳だったのですから！　その週の後半、私は弟とガールフレンドと一緒に座っていました。そして「正しいマインド」と「間違ったマインド」と紙に書き、それぞれどういう感じがするか見極める手助けをしました。このときの私たちの集いは、のちにコースグループのワークショップでもシェアすることになりました。またもや、神の計画がどれほど愛にあふれたものであるか、示してもらったのです。

ストップ・ドロップ・アンド・ロール

繰り返される思考パターンをどうすればよいのか、分からなくなってしまうことがありました。ときにそれは無意味な雑念のように感じられ、別のときには、自問自答することで、本当の癒しへと導かれることもありました。友人たちがこのことについて私にアドバイスを求めました。しかし、あらゆる状況に当てはまる答えを見つけるのは難しいと思いました。

すると、ホーリースピリットが「ストップ・ドロップ・アンド・ロール（止まって、倒れて、転がれ）」という素晴らしいキャッチフレーズを教えてくれたのです。これは消防士が、身体に火がついたり、煙に囲まれて前が見えなくなったりするときに行うことです。緊急事態にするにはもってこいですね！

1、その思考を追うのをストップ。
2、祈ることができる場所にドロップ。
3、ホーリースピリットとロール——平安を感じて導きを求める。

これ以上の助けが必要な場合は次のようにします。どうしてこんな気分なのか分からない。けれど、今、何を言い、何をすべきなのか導いてもらう意欲はある。この二つを認めましょう。ひとり静かにする時間があるときに、ホーリースピリットとともに感情に触れ、それについて尋ねてください。怒りはいつもその瞬間には正当に見えます。けれど、より深くたどってみると、その下には常に傷ついた思いがあり、あらわにする必要がある信念があるのです。

ビザの奇跡

オークランド市にあるアメリカ大使館で、私はビザ申請のために面会予約を取っていました。ラッシュアワーの渋滞でも余裕を持てるように、前日に目覚まし時計をセットして準備しました。翌朝目覚めたとき、ショックを受けました。目覚まし時計が鳴らなかったのです。一緒に行く予定のジャッキーも寝坊していました。信じられませんでした。すぐに車に乗った私たちたちは一緒に祈りはじめました。私は恐れが湧き上がってくるのを感じました。予定より一時間遅れて出発したのです。大使館に時間通りに到着するには、奇跡が必要です！

疑っている余裕さえありませんでした。私たちはマインドをすべて奇跡に集中し、この状況を丸ごとイエスにゆだねました。めずらしく、道路が空いていることに私たちは気づきました。けれど、いつ渋滞に巻き込まれるか分からないので、引き続き祈りました。私は自分の日記を読み返しました。そして、この面会予約は単に、また一つの聖なる出会いの機会であることを思い出しました。私は正しいことを言う必要もなければ、誰かに何かを説得する必要もないのです。

角を曲がったり坂を登ったりするたびに、ブレーキランプの赤い光の海に遭遇するかもしれないと、覚悟しました。けれど、そんなことは一度も起こりませんでした！　どちらかというと、映画『バニラ・スカイ』で、トム・クルーズが人っ子一人いない街路を車で走るシーンに似ていました。

高速道路から降りて街に近づくと、私たちは喜んで歓声を上げました。奇跡そのものでした！二十分も早く到着したのです！　ジャッキーは輝く笑顔で約束の時間までに私を送り届けてくれました。これは単なる交通状況の奇跡というより、もっと大きな出来事でした。これは、私たちのすべての目覚めの道の確証そのものでした。このとき、私はこのビザを申請し、アメリカを拠点にすることになるとはっきりと分かりました。

大使館にいるすべての人が、私の奇跡的なマインドの状態を反映していました。勤務中の警備員は幸せそうで、面接をしてくれた人たちは親切でした。そして、両親と一緒に待っている子どもたちは、歌いながら手を叩くゲームで私を楽しませてくれました。十分もしないうちに、宗教ビザ付きのパスポートが二、三日中に自宅に送付されます、と言われました。このビザで、私は最長五年間アメリカに滞在することができるようになりました。あとになって、その日の朝、たまたまタイガー・ウッズがオークランドでゴルフをしていたと聞きました。オークランドの人口の半分は、彼のゴルフを観るために家にいたようです！

私は愛の翼に乗ってピースハウスへ戻りました。家族は私にニュージーランドに留まってほしい、もしくはすぐに帰ってきてほしいと思っていました。しかし、アメリカへ戻ることが私の進む道だと、みんなははっきり分かっていました。

アメリカに戻ってすぐ、デイヴィッドと私は、カリフォルニアのオンライン・コースグループの友人から招待を受けました。そこで私は、自分の中のとある中毒症状に気づくことになるのです！

第七章　睡眠対神

二〇〇五年　夏

「この世界は奇跡に満ちています。すべての苦痛、苦悩、罪や罪悪感の夢のかたわらで、奇跡は静けさの中に輝き立っています。奇跡はすべての夢の代わりとなる選択であり、夢を作り上げる積極的な役割を否定するよりも、夢を見る者であることを選択することです。奇跡は、病の結果をその原因へ戻すことで得られる喜ばしい結果です。身体が解放されるのは、『これは私に対して為されたのではなく、私自身がやっているのだ』とマインドが認めるからです。それゆえに、マインドは別の選択を自由にすることができるようになります（T-28.II.12）」

睡眠中毒

デイヴィッドと私は、コース学習者の友人から、いくつかのコースの集いを開くためにカリフォルニアへ招待されました。一日目の夜、友人の飼っている犬が吠えて、何度か目を覚ましました。翌日のエネルギー状態がどうなるのか心配になりました。必要なら午後にいつでも昼寝ができるから、と私は自分を慰めました。次の夜、疲れていると思ったのですが、逆に眠れない自分がそこにいました。そういえば、ランチタイムに一杯の珈琲を飲んだのでした。どうりで眠れないわけです！　昼過ぎにカフェインを摂ると、私は眠れなくなるのです。その夜は瞑想し、あの珈琲を飲まなければよかったと思いながら過ごしました。

次の夜、今にも眠りに落ちそうだったので、すぐに眠れると思いました。夜の十時でした。このまま朝までぐっすり眠れたら、何時間の睡眠が取れるだろうと数えていました。夜にしっかりと眠れると考えるだけで、とても嬉しくなりました。それなのに、同じゲストルームのツインベッドで寝ているデイヴィッドが、枕に頭が触れた途端にいびきをかきはじめたのです！　それは静かないびきでした。私は耳栓をして音を締め出そうとしましたが、まったく効果がありませんでした。この時点で私は、二日間連続でよく眠れていないことがとても心配になってきました。時が経過するとともに、時間を数え、次の日に苦しむことになるかもしれないと、気に病みました。

夜明けごろ、ようやく眠りに落ちました。デイヴィッドはいつも通り早起きで、彼の動きで起こされてしまいました。まだ起きられる状態ではなかったので、必死になって眠りに戻ろうとしました。でも、うまくいきませんでした。デイヴィッドに対して、憤りを感じました。

次の夜、犬がまた吠えていました。そして、家の盗難警報器が鳴りはじめ、そのまま鳴りつづけました。毎晩私は耳栓をして、敵対する外の世界から自分を守ろうとしました。どうしようもない状況に陥り、疲れ果てた犠牲者のような気分でした。攻撃的な思いがますます湧き出てきました。「どうしてあの人たちは、こんなにたくさんの犬を飼ってるの？　バカみたい。犬をレスキューしているって言うけど、犬は裏庭に閉じ込められて、動くものすべてに吠えてるだけじゃない。残酷よ！　優しさじゃないわ！」。私はすっかり罠にはまったように感じていました。自分のマインドの中に、この部屋に、自分で選ばなかった状況に、囚われてしまった気分でした。うるさい世界に囚われた気持ちになるのは、これが初めてではありませんでした。ジャッキーとロジャーの家で頭部の怪我から回復しているころ、私は音に対して極端に敏感になっていました。芝刈り機、飛行機、車のドアを閉める音まで、ありとあらゆる音が私を煩わせました。

初めて『奇跡のコース』を開いたときのことを思い出しました。ランダムに本をぱっと開いて、初めて読んだ言葉は、私の世界を揺さぶりました。これこそが、私のもっとも深い、心からの祈りへの答えだとすぐに分かりました――それは、自由を求める祈りです。そこには次のように書いてありました。「……あなた自身が作り出した世界をあなたはコントロールできません。それはあなたが望まないものから作り上げられたものだからです（T-12.III.9）」。それに続いて、世界はすべて自分のマインドの中にあり、私が唯一コントロールできるのは、どのように知覚するかだけだとも書いてありました。

今までずっと、私は自分の人生や世界を管理しようと頑張ってきました。そして、それこそがうまくいかない理由だったという圧倒的な気づきを得ました。私は自分の思考の方向に注意を払いはじめました。すると、ベッドに横になり、何が自分の邪魔をするかを「聞いて」いたことに気がつきました！　私はレーダーを高く上げて待ち、案の定、いつも自分が聞きたくないことばかり拾い上げていたのです！

カリフォルニアで横になりながら、このことを思い出しました。そして突然、ベッドの上で身を起こしました。眠りたいという欲求の中で私は自分を見失い、目覚めのことを完全に忘れていたのです！　私は自分の日記とペンをつかみ、スピリットとの仕事に取りかかりました。自分が眠れないことを、過労や疲労不足、いびき、犬、カフェインなど、いろいろなもののせいにしてきました。けれど今、これらすべての中にあるたった一つの一定した要因が明らかになりました。私です！　正直になるときが来ました！　さらなる深みへ降りてゆく準備が整いました。

私は祈るために座り、自分のマインドを完全にスピリットに明け渡しました。もう一週間以上感じていなかった、優しい穏やかさが私を包むのを感じました。私はこれまで何をしていたのでしょう？　助けを求めることを、どうして忘れられたのでしょうか？

ジャーナリング

カースティン：ホーリースピリット、一体何が起こっているのか、理解するのを助けて。睡眠について、私は何を信じているの？

私は書きはじめました。一つ一つの信念がマインドの中に明白に現れ、はっきりと見ることができました。そのたびに、ペンの先から文章が流れ出てきました。

• 私は、自分には一定量の睡眠が必要だと信じています。
• 私は、自分には一定の眠りの質が必要だと信じています。
• 私は、ほどよい質と量の睡眠が取れないと、次の日に疲れ、頭痛に悩まされる可能性があり、活力や幸福を感じることができなくなると信じています。別の言葉で言えば、私の健康は睡眠に依存しています。
• 私は、眠っているときこそ自分は平安の内にあると信じています。
• 私は、自分の眠りは世界で起こっているように見える出来事に邪魔され得ると信じています。

・私は、ずっと起きていなくてはならず、自分の貴重な睡眠は定期的に邪魔され、奪われると信じています。

驚いた！　睡眠について何かあるとは思っていたけれど、これほど強烈な特別な関係にあったとは思ってもいなかった！　**私は本気で自分の健康が睡眠に依存すると信じているのね。**

ホーリースピリット、健康って何なの？

ホーリースピリット：健康はマインドの中にあり、身体にあるのではありません。身体のレベルで問題を解決しようとすると、問題をリアルにしてしまいます。形の中に解決を求める限り、自分は無力で傷つきやすく、外の世界に振り回されるという感覚が常に出てきます。

カースティン：健康と幸せのために、ほどよい睡眠の量と質が必要だと信じることが、攻撃されているという感じや、平安が妨害されるといった思いを引き起こしていたのね。耳栓を頻繁に使う習慣があるのだけど、これも攻撃的な思いに見えるわ！　邪魔してくる世界から、耳栓が自分を守ってくれると期待して使っていたのね。効果があることもあれば、ないこともあった。

ホーリースピリット：あらゆる魔術の形態は「ときどき」効果があります。癒やしが魔術の中にあるのではありません。あなたがいかなる形であれ魔術に頼るとき、あなたは知覚した問題をリアルにしてしまいます。

カースティン：これはすべて夢で、起きているときの夢と寝ているときの夢に違いはないと、コースに書いてあるのを読んだわ。そう信じたいのは山々だけれど、まだしっかりと理解できていないの。コースは、私たちが悪夢から幸せな夢へと移行していると言っている。ということは、この世界の睡眠から「起こされる」というアイディアは、私にとっては待ち望むことで、邪魔されるようなことではないはずよね。ああ……エゴだけがそれを邪魔されたと思うのね。スピリットに眠りは必要ないもの。

オッケー、分かったわ。邪魔するように見えるものはすべて、エゴの錯覚なのね。私は被害者ではない。この世界に振り回される存在ではない。このゲームをこれ以上続けるつもりはない。睡眠の必要性よ、さようなら。もうあなたに用はないわ。これをあなたに渡します、ホーリースピリット。完璧な健康はマインドの状態なのだということが分かったわ。不可侵であるべき睡眠の信念が、私を長い間牢獄に閉じ込めていたのね。ドアの錠は開けられた。私は自由よ！

［スピリットとしての私は、決して睡眠を必要としません。そのことが、マインドの中で少しずつ明らかになっていきました。私は重大な変化を感じました。それは、睡眠を必要として外のホーリースピリットに助けを求める自分から、今現在の体験として内のホーリースピリットを知る自分への、アイデンティティのシフトでした。午前四時半に、ついに深い眠りに落ちました。次の日、本格的なインフルエンザの症状とともに目覚めました。症状は二十四時間以内に消えました。私は驚きませんでした。なにせ、自分をずっと暗闇に閉じ込めていた信念を暴いたのですから。］

続・睡眠中毒

ジャーナリング

カースティン：おはよう、ホーリースピリット。またぜんぜん眠れなかったわ。前に書いたような信念はもう手放したと思っていた。けれど、いまだに眠れないし、準備ができていないのに起こされているような気がするの。それで、ほとんど全部デイヴィッドのせいにしているわ。この投影から私を助けて。いまだに悩まされているのだから、まだ自分が犠牲者だという信念にしがみついているに違いないわ。

ホーリースピリット：あなたは、この世界の中に本当の原因と結果があると信じています。あなたは「目を覚ましたまま」ベッドに横になり、それからあなたが経験していると信じている結果の原因を探しているのです。

カースティン：私がどんな目的をこの世界に与えているのか、理解するのを助けて。

ホーリースピリット：苦しみとは、兄弟があなたに為したとあなたが信じていることについて、あなたの兄弟を非難する体験のことです。苦しみと罪は、偽の原因の反映です。つまり、分離です。あなたは、兄弟があなたから分離していると信じています。そして外に世界があり、世界の中にはあなたの平和を乱す数々の原因があると信じています。このことはあなたを、あなたのマインドから分離した世界に振り回される立場に置きます。そうではないのです。あなたは夢を夢見る者です。あなたの兄弟は、彼の父なる神、あなたの父なる神を表しているのです。

カースティン：そうね。「あなたが彼を見るように、あなたはあなた自身を見ます。彼の中にあなたは自分自身を見つけるか、自分自身を見失うかなのです（T-8.III.4）」。

ホーリースピリット：あなたの兄弟が、生命を差し出しているのか、死を差し出しているのか、どちらを知覚するかあなたは選ぶことができます。まるで、神が生命か死を差し出しているかのようにです。いつも覚えていてください。神は生命のみを与えます。

カースティン：眠れないままベッドに横たわっているとき、苦痛を感じ、邪魔されたと思い、動揺の原因に注意を払って、こうでなければよかったのにと望んでいるとき――私は単純に分離の信念を目撃しているだけなのね。生命の代わりに死を選択している。喜びの代わりに苦痛を夢見ている。自分のために作った戦争にしがみついている。そうすることで、エゴがこの世界に与えた目的が成就される。結局のところ、自分に尋ねるべき質問は「私は正しくありたいのか？　平和でありたいのか？」なのね。

ホーリースピリット：悪夢を手放しなさい。私の中で安らいでください。あなたの兄弟があなたに生命を差し出してくれたことに、感謝してください。彼の中に、あなたは苦痛か平安、死か生命、そして天国か地獄を見出します。もうあなたは分かっているのですから、選択することはシンプルで簡単です。分離の夢を、私の赦しの夢で置き換えましょう。罪悪の夢を、幸せな夢で置き換えましょう。悪夢があなたの自覚から姿を消すにつれ、平和な夢があなたのマインドを優しく抱きしめるにまかせましょう。神は、あなたが彼の愛に満ちた腕から決して離れなかったという自覚へと、優しく目覚めていくことを意志しています。

ワークブックレッスン351を読んでください。「罪のない兄弟は、平和へのガイドです。罪深い兄弟は、苦痛へのガイドです。そして、私は自分が見ると選択したほうを見ることになります」。

神の思い出し方

ジャーナリング

カースティン：どうして私は記憶を捏造するの？

ホーリースピリット：神があなたに与えた場所に取って代わるためです。あなたは、父なる神を殺し、彼から分離したと本気で信じています。家という偽りの安全な場所を、再創造しようと試みるときに記憶が使われます。それは単純なもう一つの層です。真理を覆い隠すもう一つの覆い、本当のあなたを否定するもう一つの断片です。あなたの記憶を私に渡してください。そしてあなたのために再解釈させてください。

カースティン：どうして私は神を思い出すことができないのかしら？　心の中でイメージしようとするのだけど、気づきからはほど遠いように思えるの。

ホーリースピリット：形の世界を信じているあいだ、神を思い出すことに一番近いのは、感じること、もしくは神を体験することです。この世界のすべての記憶は、映像、形、物体のイメージ、人びと、場所、時間、出来事から成っています。このような観点から神を思い出すことはできません。神は形に制限されていないからです。あなたが愛しているとき、あなたが兄弟姉妹と一緒に真理の瞬間の中で私に加わるとき、あなたの意識が愛で満ちあふれるとき、あなたが感じるすべてが、喜び、一体性、完全であるとき――このときあなたが体験する感覚は、神の愛の反映のようなものです。

カースティン：あなたの言う反映ってどういう意味なの？　知っていると思うけど、この世界で言うところの反映の意味はちゃんと分かっているわ。

ホーリースピリット：神の愛の反映とは、体験のことです。イメージや映像の観点から考えないようにしてください。その観点は体験的ではなく知覚的なものだからです。

カースティン：瞑想しているときはどうなのかしら？　よく平和やワンネス、静けさの感覚を体験するわ。

ホーリースピリット：瞑想は、イメージや形の世界から立ち去る機会をあなたに与えてくれます。今この瞬間からあなたの気を逸らす、すべての思考や忙しさでいっぱいのマインドを空にすることです。瞑想は、あなたをマインドの深く安らげる場所へ沈み込ませてくれます。そこで私、つまり神の声とのコミュニケーションが可能になります。言葉は、この形の世界での象徴として使われています。そのため、多くの場合、ここでのコミュニケーションには言葉を使いません。平和やワンネス、そして静けさの体験がコミュニケーションです。

カースティン：私、ときどき瞑想中に、まるで本当に神の腕の中で休んでいるように感じることがあるわ。私が真理を思い出すのを助けるために、あなたはよく言葉を使うわね。

ホーリースピリット：はい。言葉は象徴であることを忘れないでください。神に腕はありません。しかし、あなたがそれを信じ、形のあるイメージを見ているあいだは、神の愛する腕の中にいるという象徴は、あなたを安心させてくれるでしょう。私はあなたの慰め手としてここにいます。あなたを神の自覚へと導き、帰還させるため、あなたが親しんでいるすべての象徴を道しるべや隠喩として使います。

原因と結果

今朝はホーリースピリットと一緒に勉強をするモードになり、コースのテキストの二十八章「恐れの取り消し」を読んだりノートを取ったりしていました。

ジャーナリング

カースティン：コースでは、夢は私が神から分離したという信念を反映していると教えているわ。そして、私が神を恐れているから夢が恐ろしく見えると言っているわね。これについて、何か教えてもらえる？

ホーリースピリット：あなたは夢を見る人であり、積極的に夢を夢見ていることを知ってください。この世界は、あなたのマインドの中にある思いや信念を反映しています。私をいつも思い出してください。すべての瞬間で、私があなたのマインドの中の導く光であるとき、あなたは神を思い出しています。なぜなら、私は常に、神の記憶を保持しているからです。恐れから神に背を向けたという意味で、あなたは眠り込んでいます。神に対する恐れがすべて、あなたのマインドを去ったとき、あなたは目覚めるでしょう。

カーステイン：自分が神を恐れているとはとても思えないの。この人生では、二年前まで神のことを知りさえしなかったのよ。あなたはどうして私が神を恐れていると言うの？　この世界で、それはどんなふうに見えるのかしら？　［緊張と恐れの感覚が湧き上がってきました。］

ホーリースピリット：この世界、あなたが夢見ている夢は、あなたの恐れを形として表します。あなたが、あなたの父なる神から彼の息子を奪ったと信じる、または夢見るので、あなたは剥奪と分離の夢を見るのです。この世界は、その恐れを展開しています。あなたは、あなた自身が存在の原因だと思っています。自分自身の人生を創造することが可能で、この世界の中でさまざまな体験をすると思っています。ときにその体験は自分で選び、ときには降りかかってくるかのようです。これは、逆さまで完全に誤った知覚です。

カースティン：今朝はどうにもうまくいかないみたい。文章を書いたり消したりしているの。どうしてなのかしら？

ホーリースピリット：あなたの抵抗が強いからです。あなたが本当に原因と結果の概念を理解したとき、つまり、真の原因と結果と、偽の原因と結果について理解したとき、あなたはこの世界をありのままに見るようになります。今あなたはそれを垣間見ているところです。混乱がこの夢を作り出しました。あなたがすべての混乱を、あなたのマインドからクリアにしたとき、あなたは夢から自由になります。

カースティン：この先も学び実践しつづけるにあたって、今、何を覚えておくと役に立つ？

ホーリースピリット：神があなたを愛していることを覚えていてください！

カースティン：ありがとう、ホーリースピリット。私はあなたの優しく愛に満ちた導きに永遠に感謝します。

ランチタイムの神秘体験

デイヴィッドと私は、旅に出ることが多くなりました。私たちはサポートを求める祈りを沈黙の内に解き放ちました。すると、レジーナが連絡してきました。彼女はインターネットでデイヴィッドの教えを見つけ、旅に出ているあいだ、私たちの司牧の家の面倒を見るようにと、具体的な導きをスピリットから聞いたと言います。これはスピリットがすべての面倒を見てくれているという、新たな奇跡の証拠でした！

私たちは、ノースカロライナ州にあるレジーナの家までドライブしました。そして彼女の家に数日間滞在し、ピースハウスでの司牧の職務の引き継ぎのために彼女をトレーニングしました。レジーナと私は、数百枚の新しいＣＤやＤＶＤをリズムよく作っていきました。この先数カ月間、彼女が自分で発送できるようにするためです。

ここ数日間、ほとんど睡眠を取っていませんでしたが、機敏なままの自分を感じていました。夜中ずっと、私は自分が瞑想しているのか、眠っているのか、起きているのかよく分かりませんでした。でも、そんなことどうでもよかったのです。私は判断するのをやめて、素晴らしい気分でした。一日中エネルギーに満ちあふれていました。ディヴィッドに、これまで深い平安や気持ちのよい眠気の感覚を、眠りに落ちることと結びつけて考えていたことをシェアしました。深い平安や眠気の感覚を、私はいままで渇望していたのです。今なら、その感覚が眠りの概念に対して私が抱いていた特別な関係の一部だったことが分かります。何の意味もなかったのです。デイヴィッドはその発見に喜び、私の洞察を聞いて顔を輝かせました。

ある日、レジーナと一緒に仕事をしていると、「無心」の体験の中にいることに気づきました。自分たちをスピリットの目的の中に浸し、努力する必要のない喜びの流れを感じていました。ランチタイムになり、テーブルにつきました。次の瞬間、すべての「隔たり」の感覚が完全に消え失せました。私はワンネスの体験の中にいました。すべてはつながっていました。愛だけが存在するすべてだという体験の真っ只中にいました。愛の臨在《プレゼンス》はあらゆる場所へ拡長していき、あらゆるものを包み込みました。すべては一なる自己でした。

すべてが明るく生き生きとしていました。特に私のお皿の上の食べ物がそうでした。下に目を向けると、そこにはこれまで見たことがないほど美しい赤いトマトがありました。私は自分のサインドイッチを手に取りました。けれど、それをどうやって口に入れるのか、理解ができませんでした。目の前にある腕は、自分の一部のようにはとても見えません。そして、食べ物を受け入れる胃があるようには感じられませんでした。私はサンドイッチを下ろし、お皿へ戻しました。愛の自覚、白い雲のようなそれは、部屋を満たし廊下へとあふれ出ていきました。それは家の他の部分のすみずみまで拡長し、外へ出て、あらゆるもの、あらゆる場所に広がっていくのを感じることができました。

デイヴィッドとレジーナがそばにいました。体験していることを言葉少なに話すと、頬に涙が流れはじめました。彼らはそこに座って目を輝かせ、うなずいてくれました。私は自分が小さな子どものように感じました。ほとんど喋ることができず、どんなふうに見えて、どんなふうに聞こえるか、あるいは自分が理解されたかどうかも分かりませんでした。私は優しく傷つきやすい状態にありました。けれど、同時にこの体験はあまりに美しく、とても安全なものでした。

その日の午後、私たちはアイスクリームを食べに出かけました。そのとき、もう一度同じ体験をしました。私は「私」とアイスクリームを食べていました。けれど、デイヴィッド、レジーナ、そしてレジーナの娘のジャスミンの形の中にいるのも私でした。私は、自分がどれほど愛らしいかに気づいて大喜びしました。

第八章

闇から光へ運ばれて

二〇〇五年　夏

「あなたが見ている夢の中に、救いはありません。……幼子よ、光はそこにあります。あなたは夢を見ているに過ぎないのです。偶像とは、あなたが遊んでいると夢に見ている玩具です。子ども以外の誰に、玩具が必要でしょうか？　子どもたちは世界を支配するふりをして、動き回り、話し、考え、感じ、自分たちを代弁する力を玩具に与えます。しかし、彼らの玩具がしているように見えることはすべて、玩具で遊んでいる者たちのマインドの中にあるのです（T-29.IX.4）」

「赦しの夢が、存続する必要はほとんどありません。……これらの夢の中では、時の始まりからずっと聞かれることがなかったものの、誰もが覚えている旋律が聞こえます（T-29.IX.8）」

恐ろしい夢を手放す

今朝、私はコースにある「赦された夢（T-29.IX）」を読んでいました。読み進めると、テレビ番組を観ているような気がしてきました。子どもたちがゲームの中の玩具で遊んでいるのですが、それが恐ろしく間違った方向へ進むのです。子どもを愛している両親の視点から見ると、それは単なる子どものゲームでしかありません。しかし、ゲームとその中で味わう恐れはあまりにリアルなので、遊んでいる子どもはどうやってゲームを止めて立ち去ればよいのか、分からないのです。

自分はただ夢を夢見る人で、ゲームの制作者であることが分かれば、もう怖いことはありません。このゲームは、ただ自分がゲームを続けたいという、それだけの理由で続けられているのです――そして、これは完全に別の視点を与えてくれます。これを思い出せば、私はもう外の世界に翻弄される存在ではありません。遊ぶことを拒否し、立ち去ることで、このゲームをいつでも終わらせることを選べるのです。

私は、今こそ子ども時代を過ぎ去らせるときだと決断しました。自分の夢を、私自身を赦します。私は安全です。

私は神のマインドの中の一つの思い

ジャーナリング

カースティン：おはよう、ホーリースピリット。テキストの「真理のために決断すれば、すべてはあなたのものになります」と「偶像のために決断すれば、あなたは喪失を求めることになります（T-30.III.1）」を読んでいるの。これについてもっと説明してもらえる？　それで、これがどのように、私が神のマインドの中の一つの思いだということに結びついているのか、教えてほしいの。

ホーリースピリット：神のマインドは限りなく、すべてを含み、完成しています。あなたは、神のマインドの中の一つの思いです――限りなく、すべてを含み、完成しています。アイディアはその源を離れないゆえに、神の思いを含むあなたの思いは、永遠にあなたのマインドの中にあります。あなたの自覚から神の思いを見えなくすることもできます。しかし、それは何かが変わったという意味ではありません。神の愛は永遠で、変化することはありません。そして、あなたの忘却に影響されることはありません。

愛はいつも今ここにあります。しかし、愛の臨在《プレゼンス》についてのあなたの自覚はそうではありません。放蕩息子の寓話の中で、父は「走り出して、彼を抱きしめました（ルカ 15:20）」。これは、神の子が方向転換し永遠の真理を思い出すことの隠喩です。神在り。これが変わることはないし、変わることは不可能です。神が立ち去ることなどできないのです。神が我が子を忘れることはできません。一体性と完成が、どうすれば離れられるでしょうか？　彼らが他に行けるところはどこにもないのです！　永遠はすべてであり、あらゆるところなのです。

神の聖なる子が、自分がすべてを含み完成しているというシンプルな事実を忘れたとき、彼は一体性と完成を、それらが存在していないところで求めがちです。

カースティン：偶像、もしくは神の愛の代用品が死ぬとき――自分が一体で完成していると信じている関係が終わったときも含めて――自分の一部が死んだように感じるわ。私の喪失の信念がリアルになる。苦しみがリアルになって、私の世界は苦痛でしかなくなる。そんなときは、まるで愛に苦痛と喪失が伴っているように見える。

結局、いつも「あなたの外を探さないでください（T-29.VII）」に戻るのね。特別な関係を手放していく過程は、私がしがみついているものすべて、そして失うことを恐れているものすべてを、ひとかけらも残さずに取り除いていくことだった。私のすべての関係をあなたに渡すわ、ホーリースピリット。私は愛のみを望みます。苦痛や喪失の可能性があるものに、一切しがみつきたくない。それこそが、私に未来を恐れさせ、今この瞬間——神を思い出せる唯一の場所——に完全に浸ることをできなくしてしまうから。

ホーリースピリット：アーメン。

観察者になって、芝居を楽しむ

レジーナと時を過ごし、司牧の職務をレジーナに渡したあと、デイヴィッドと私はピースハウスに戻りました。数週間休息し、次の旅の準備をするためです。

ジャーナリング

カースティン：おはよう、ホーリースピリット。昨晩観た映画『地球は女で回っている』〔原題：*Deconstructing Harry*（ハリーの解体）、一九九七年〕はとても面白かったわ。主人公が、自分の知覚にもとづいて、人生に現れるすべての人びとを作り出したことを、はっきりと見せてくれた。私もまた、自分の人生に現れる人びと全部を作り出しているのが分かる。そして、彼らに対する私の知覚こそが、彼らが私から分離しているように見せていることも分かるわ。彼らに何かを期待するとき、私は赦し以外の目的を彼らに与えているのね。そうして、自分自身を私の信念やこの世界に縛りつけている。「カースティンの解体」過程で、自分自身を含め、すべての人に与えたアイデンティティの信念を、私は認めて手放さなければならない。それは明らかね。昨晩、訪ねてきてくれた新しい友人が、自分が「観察者」でいた体験をシェアしてくれたの。「どうすればこの体験の中に留まることができるのだろう？」と質問していたわ。

ホーリースピリット：「誰が、何を、いつ、どこで、なぜ」と質問して時間を費やす代わりに、このすべては捏造されたものであるという単純な事実をただ受け入れてみてください。それほどシンプルなことなのです。あなたは、自分が見るすべてのもの——あなた自身、あなたの周りにいるすべての人——に役割やアイデンティティを与えています。このことについてのあなたの考えをすべて私に渡してください。そうすれば、私はあなたのために、それらを解釈し直しましょう。ここへ来て私と一緒にこの芝居を観ましょう。一番いい席が用意してあります！　舞台より高みにある安全な場所から観ると、芝居はとても楽しいものです。登場人物たちを、あなたはよく知っています。俳優たちを、あなたは親しく知っています。

あなたが愛する人たちが、まるでオープニングナイトのように、あなたのために演じてくれるのを観るのです。

ときには、登場人物は悲しみに泣き暮れます。その後、笑ったり、抑えきれずに歌い出したりします。芝居が終わると、登場人物はお辞儀をします。喪失し嘆いているように見えた人も、喜び歌っていた人と一緒にお辞儀をしています。俳優たちは愛に瞳を輝かせ、あなたを見上げます。あなたが高みから眺めていたので、彼らはあなたに与えられた役割をまっとうすることができました。だから彼らは感謝の中であなたに拍手喝采を贈ります。

あなたは、自分が脚本家で彼らに役を振り当てたことをすっかり忘れてしまっていました。あなたは忘却の中で、登場人物とともに舞台へ上がりました。そして、懸念と絶望の立ち位置からこの芝居を監督しようと、むだな努力を重ねていたのです。これをしたとき、あなたは登場人物にリアリティを与え、結果、舞台を恐ろしい戦場にしたのです。あなた自身の真実を思い出すにつれ、これが本当は何であったのかが見えるようになります――つまり、芝居です。

俳優たちが本当に楽しんでいるように、あなたもあなたの自由を楽しんでください。彼らは自分が誰であるか思い出すことができて、一時はリアルだとされた演劇にもう囚われていません。そして、彼らはそのことに永遠に感謝しています。登場人物を戸惑わせた疑問は、消えてなくなりました。真理が現れはじめた今、そうした疑問は無意味となったのです。

幸福な役者の前で、最後の幕が下りました。そして、ふたたび幕が上がると、舞台は空っぽで、荘厳な平和が空気を満たしています。登場人物は彼らの役柄をまっとうしました。俳優たちはあなたの元に来て一緒に座っています。あなたの真の姿を思い出すことで、彼らは癒やされ完全になります。完成の喜びに浴し、あなたがたは一つのものとして座ります。それは、成し遂げられました。

誤った赦し

ジャーナリング

カースティン：おはよう、ホーリースピリット。恐れが湧き上がってきたの。テキストの中の、真の赦しと誤った赦しについての部分を読んだので、自分がどうして恐れを抱いているのか、理由は分かると思うわ。恐れを超えていけるように、何か助けになる言葉はあるかしら？

ホーリースピリット：次のように言いなさい。「恐れているとき、私は攻撃を知覚していいます。攻撃は不可能です。だから、私は間違って知覚しているに違いありません。誰が私を攻撃しているのでしょう？　私自身です。自分の外には誰もいません。ゆえに、私を攻撃する人はいません。私はこの攻撃が本物に見えるようにしました。私には真の赦しを実践する意志があります。なぜなら、私は平安だけを望んでいるからです」。

カースティン：ありがとう。

ホーリースピリット：あなたの恐れを私に渡してください。

カースティン：もう渡したと思ったのだけど、まだストレスを感じているの。なぜかしら？

ホーリースピリット：あなたは誤った赦しを与えようとしました。その出来事を思い出せますか？　あなたは、兄弟があなたにしたと信じていることについて、あなたの兄弟を大目にみました。これこそが恐れを隠しつづけ、さらけ出すことが難しいように見せているのです。

あなたの兄弟があなたを傷つけたり、押しやったり、不快にさせた出来事について、あなたが話したことを思い出してください。

カーステイン：なるほど、分かったわ！　最近もあったのだけど、デイヴィッドが私を安全地帯から押し出そうとしていると知覚したときのことを思い出したわ。私はまだ準備ができていないと思っているのに、彼は私をある状況に直面させ、それを体験させたの。今もまた、同じことが起こっているのよ。この知覚が間違っていることを望むわ。この攻撃をリアルにしたのは私。私がほしいのは平和だけ。

ホーリースピリット：デイヴィッドはあなたのマインドの一部を反映しているのです。それだけです。彼の思いはあなたの思いを反映しています。しかし、あなたはしばしばこれを認めようとしませんね。手放して前進するための準備や意欲は、あなたの平安なマインドの状態をまっすぐに反映しています。あなたが何であれ偶像にしがみつくのは、あなたのための神の意志に抵抗しているのと同じです。

カーステイン：私のやり方で、私の時間に、私の状態がよくて準備が整ったときにやろうとするのはエゴだと分かっている。「デイヴィッドに言われたから」やりたくないという思いには、分離の感覚が伴っているわ。まるで「彼」が「私」から分離しているように。彼の思いは私自身の思いだと分かっているわ。彼が口にする前から、その思いを持っている。それなのに、私が抑圧している言葉を彼が話すと、まだ防衛反応を起こしてしまうの。狂っているわね。

ホーリースピリット：今はどう感じていますか？

カースティン：恐れは去りました！　デイヴィッドは無垢よ。ありがとう、ありがとう、ありがとう！　これで、平和でリラックスした一日を過ごせるわ。

ホーリースピリット：素晴らしい。

怒りと間違ったマインド

一九九〇年代のデイヴィッドの講義「ゴーイング・ディーパー（さらなる深みへ）」を聞きながら、郵便局まで歩いていくように導かれました。聞いてみると、私がちょうど体験していることを、デイヴィッドと、彼と対話している生徒のビバリーが説明していることに気がつきました。

彼らは、外の環境を、マインドの平和を邪魔するものと知覚することについて話していました。そのとき、私は、通り過ぎていくうるさい車に邪魔されたように思ったのです！　実際、二人の対話が聞こえないのでオーディオを一時停止して巻き戻さなければなりませんでした。彼らがこの誤った知覚について話を進めるにつれ、私はますますイライラしてきました。うるさい車はひっきりなしに通り過ぎ、太陽はますます暑くなり、ものすごく長い電車が轟音を立てて通り過ぎていきました。ガルルルル……

デイヴィッドは、主観と客観の分裂について話していました。まさに！　私のマインドの中で、主観と客観の分裂が現在進行形で起こっているのは明らかでした。それを自覚するにつれ、苛立ちがピークに達していきました。私は暑さにやられ、MP3プレーヤーはフックから外れて歩道に激突しました。うるさい車が通り過ぎるのを待つために、オーディオをひっきりなしに一時停止しなければなりませんでした。何が起こっているか信じられませんでした。持てるすべてを使って、私は自分のマインドをデイヴィッドの言葉に集中させなければなりませんでした。しかし、ビバリーが、自分を妨害できるのは自分の考えだけなのだと講義の中で気づいた途端、世界が私のために優しく休止したように見えたのです。

私は立ち止まって、すべてをホーリースピリットに渡しました。視覚が変化し、数秒間、周りのすべてとのワンネスを体験しました。マインドの外に、私を邪魔できるものなど何一つないのだという自覚があふれ出し、平和な静寂が世界を包みました。ピースハウスへ戻るまでずっと、涼しい日陰を歩いていたことに気がついた私は、とても嬉しく思いました。なんと素晴らしい癒やしでしょう！

闇から光へ運ばれて

ジャーナリング

カースティン：おはよう、ホーリースピリット。今朝、疲れてイライラしながら起きたの。助けて！

ホーリースピリット：レッスン6の「私はそこにないものを見ているので、動揺しています」を読んでください。

カースティン：ええ、そうね。自分を苛立たせる原因が何か、まったく分からないの。それでも腹が立つのよ。肩こりはあるし、胃の調子も悪いわ。**私は目を閉じました。平和が私を洗い流し、ホーリースピリットがセレナーデを歌ってくれました。**

ホーリースピリット：［器楽音楽とともに美しいバリトンで歌いながら］「私があたりを見回すたび、愛は空中に、すべての光景に、すべての音の中に漂っている。それは、私が信じなければならないこと。そして、あなたの瞳を見つめるとき、それはそこにある……」

カースティン：［涙ぐみながら］ああ、私はとても愛されているのね。前に「小さな動揺というものはありません。それらはすべて等しく、私のマインドの平安の妨げになります（W-5.4）」を読んだわ。私はこの動揺を、他のすべての動揺と同じと見なして手放すわ。今朝はこんなマインドの状態で、デイヴィッドとトライポッドから分離していると感じたの。おはようとさえも言いたくなかったから言わなかったの。私は頑固な感じで、**私は自分のことをやっているんだから、邪魔しないでよ**という思いを持っていた。座って落ち着く前に、猫に食事はあげたけれど、地下室に遊びにいきたいというトライポッドのリクエストは無視したわ。彼女はただ待つことができると決めつけたの。うーん。これは全部エゴね。分離。間違ったマインド。それがすべてだわ。他に何かある？　ホーリースピリット？

ホーリースピリット：このすべてが、あなたの自由意志によるものであることを思い出してください。あなたは何を「する」必要もないのです。エゴは、あなたにはしなければならないことが山積みになっているのに、十分な時間がないと思わせます。そして、あなたにプレッシャーや疲れを感じさせます。これには、犠牲感が伴います。そしてあなたは、別のところに行きたいとか、別のことをしたいと望むのです。

カースティン：そうね。それに、比較と未来への抵抗を加えてちょうだい。私は、今を、前に一日中瞑想したり休めたりしていたときと比較しているわ。そして、まず休んでからじゃないと旅に出たくないの。私にはたくさんのやることリストがあるわ。電話をかけたり、備品をチェックして整理したり、他にもたくさんあるわ。

ホーリースピリット：あなたのやることリストを私に渡してください。私があなたにさせたいことは何なのか、尋ねてください。私は、あなたにとって何が最善なのか知っています。あなたの一日が流れに乗るように、あなたを案内します。成さなければならないことは、あなたの一切の努力なしで成されます。あなたがやっていることが大変だと知覚するのは、あなたがそれを間違ったマインドの立ち位置から振り返ったときなのです。次に、その信念は今日という日に投影され、負担という感覚を作り出します。

カースティン：そうね。その立ち位置にいるとき、私はシンプルに真理を見ることができない。昨日、正しいマインドにいるとき、すべては奇跡のように流れていったわ。とてもたくさんのことを達成した。「エゴの中」にいると、何もかもがどれほどねじ曲げられてしまうことか。本当にびっくりするわ。

ホーリースピリット：今、あなたはどう感じていますか？

カースティン：ずっといい気分だわ。今ちょうど、あの植物の赤く美しい新芽に気がついたところよ。

ホーリースピリット：あなたの日へようこそ。

カースティン：私が過ごす一日のトーンを設定すべきことを思い出したわ。私は幸せで楽しくて平和な一日を送ることに決めるわ。もう一度、自分がクリアになったことを感じる。とーっても感謝しています！　ありがとう、ホーリースピリット、本当にありがとう。

平安へのガイド

「罪のない兄弟は、平和へのガイドです。罪深い兄弟は、苦痛へのガイドです。そして、私は自分が見ると選択したほうを見ることになります（W-351）」

今朝はテキストの「変化しない実在（T-30.VIII）」の一節を読みました。そして、文章を書くインスピレーションを受けました。

ジャーナリング

私のマインドの外には何も存在しない
私の兄弟を裁くことは、私自身を裁くこと
私の兄弟を愛し、彼の無垢性を見ることは、
私自身を知ること

この世界は、恐怖の思考を隠すため、
罪を兄弟に投影するため、
罪の信念にしがみつくことでエゴを保護するために投影された

ホーリースピリットはいつも私と一緒にいる

彼の声を、
彼の声だけを聞くことを選ぶ
それが神の声だから

ここ数カ月のあいだ、かすかな緊張、犠牲の感覚とともに過ごしていました。まるで何かを諦めたかのようです。デイヴィッドは、神のみを選ぶ決断を常に私に思い出させてくれる存在でした。だから、ただ彼のそばにいるだけで、緊張が増すことがときどきありました。昨晩、そのすべてが吐き出されました。とても変な感じがしました。頬を涙が流れ落ちているのに、泣いているようには感じられなかったのです。それはまるで、私がカースティンというキャラクターを観察しているようでした。

デイヴィッドとは距離を置き、別の部屋で過ごしていました。けれど、感情が湧き上がってきたタイミングでデイヴィッドが現れ、私を抱きしめてくれたのです。私は、感じているすべてを意識に上らせ、声に出して話すことを自分に許しました。悲しみや喪失の感覚。自分が誰なのか、そして家族に何と言えばよいのか分からないという思いなどです。

それは、自己概念の完全な解体のように感じられました。私は深いところで、自分の人生はもう自分のものではないことに気がつきました。これとは別の人生を持つことはできません。私はもう今までの私ではありませんでした。けれど、どうやって他の誰かになれるのか、私には分からなかったのです。

私は針の穴から絞り出されているように感じ、涙が流れました。しかし、状況を理解する暇もなく、あれよあれよという間に、クスクス笑いが込み上げ、悲しみと置き換わりました。私は、反対側に出たのです。

第九章　賢い選択をする

二〇〇五年　夏

「救済とはなんと単純なことでしょう！　それは、一度も真実でなかったことは今も真実ではないし、決して真実になることもない、とだけ言います。不可能なことは起こらなかったし、どんな結果ももたらしませんでした。それだけです（T-31.I.1）」

私はすべての生きとし生けるもの

今朝はコースにある「最後のヴィジョン（T-31）」の救済についての部分を読みました。

ジャーナリング

カースティン：おはよう、ホーリースピリット。簡単に言うと、罪悪感と無垢性という二つのレッスンがあるのね。もし私が自分に、神の子は有罪だと教えれば、その結果は苦痛と分離の世界。そして、神の子は無垢だと教えれば、それは実在の世界になる。この中で、私は生きとし生けるものが一体になるのを見る。そして、一つ一つの愛を求める呼び声を、ありのままに認識することになる。世界を見る方法は二つある――罪悪か無垢か――そして世界はそれぞれの知覚から現れる。

ホーリースピリット：そうです。とても単純なのです。

カースティン：ということは、やらなければならないのは一つね。兄弟と私が無垢だと知ること。そして「形」を超えて、その背後にある愛を見ること。その上で反応すること。これでいいかしら？

ホーリースピリット：そうです。

カースティン：そして、偶像に誘惑されるとき、私はエゴのレッスンを選んでいる。すると、十中八九、絶望と死の世界を見ることになる。

ホーリースピリット：そうです。

カースティン：すべてのジャッジメントと過去から学んだことが、洗い流されるようにしなければならないわ。実在の世界を体験するためには、ストーリーを手放し、まるで初めて出会うように私の兄弟を迎えることが必要なのね。

ホーリースピリット：その通りです。過去のストーリーに固執するのは、あなたがもう望まない世界に固執することと同じです。

カースティン：それは、誤った共感よね？　兄弟に彼自身のストーリーを思い出させることは、まるでそのストーリーが彼のリアルであるかのようにしてしまう。

ホーリースピリット：あなたの兄弟を過去に縛りつけることは、彼に死刑を宣告することです。彼を束縛から解放すると、彼についての誤った知覚からあなたが解放されます。あなたはこの世界を、神の子は有罪であるという信念から作り上げました。

カースティン：どうりでむだなおしゃべりが死のように感じられるわけね。ちょっと別のことが気になっているの。「一体になりたいという宇宙の意志を分かち合わない生き物はいない……（T-31.I.9)」。この文について説明してもらえるかしら？　生き物って何なの？　人びとや動物たちのことが頭に浮かんだけれど、それ以上のものがある気がするの。

ホーリースピリット：神は生命です。生命は生命に似せて創造されました。あなたが考えるこの世界のすべての「もの」は、形です。それ自体生命ではありません。神の愛は永遠であり、すべてを包含しています。罪悪感とともに知覚された宇宙は、死の世界として経験されます。無垢性と愛とともに知覚されると、死の存在しない世界として知覚されます。宇宙は一体です。すべての生き物は一つです。分離の世界を見るのは、分裂した知覚、引き裂かれたマインド、あるいは間違った信念だけです。

［今書いたホーリースピリットからの返事を受け取るのが難しいことに気がつきました。分裂していてまとまりのない感じがしたのです。私はさっき書いた返事の上に線を引いて消しました。それがホーリースピリットからのものかどうか、確信が持てなかったからです。あ

とで、デイヴィッドと一緒に読み直してみました。そして、それはスピリットからのものだったと気づきました。ただ、私が分裂したマインドで受け取っていたのです。」

カースティン：私はすべての生きとし生けるもの！

工場労働者になった私！

「あなたは何事にも直接反応しているのではなく、それについてのあなたの解釈に反応していることを理解してください。あなたの解釈は、結果として、反応を正当化するものになります。だからこそ、他者の動機を分析することが、あなたにとって有害になるのです。もしあなたが、誰かが本当にあなたを攻撃したり、見捨てたり、奴隷にしようとしていると決めるのなら、あなたはまるでその人が本当にそうしたかのように反応します。その人の間違いを、あなたにとってリアルなものにしてしまったからです。間違いを解釈することは、それに力を与えることです。そうすることで、あなたは真理を見過ごしてしまうのです（T-12.I.1）」

旅支度のために、事務所でＣＤにスタンプを押していると、エゴが頭をもたげてきました。この仕事は、私にはふさわしくないと思ったのです。CDを焼き、ラベルをプリントして貼りつけ、封筒に入れ、数枚のCDをセットして次々と輪ゴムをかける作業は退屈に感じました。あああ！　このプロジェクトへの軽蔑感とともに、プライドが顔を出しました。私は前は重要な人だったのよ！　デイヴィッドは、私が誰で、何ができるのか、少しでも知っているのかしら？　私が階下の部屋で、工場労働者のようにひたすらCDにスタンプしているあいだ、デイヴィッドは階上の部屋で高等な伝道者としての役割をやれるのです！　私はこのプロジェクトに憤慨し、ひどい気分でした。だから私はデイヴィッドに会いにいきました。

彼の返答ですか？「すべては自発的に行われるものだ。君がこの仕事をしなくてはならないということは一切ないいんだよ」。これはエゴが期待していた答えとは正反対のものでした。私はデイヴィッドに権力者としての役を与え、自身はただ命令に従って懸命に働くしかない労働者を演じていたのです。マインドにヒビが入り、穴が開いたのを感じました。それはまるで、わずかな光が闇に入ってこられるように、重いカーテンが開けられたかのようでした。私は、自ら進んでこのプロジェクトを引き受けたことを思い出しました！　ああ、そうでした！　私はすべてにどっぷり身を投じると自ら決意して、このピースハウスに来たのでした！

この気づきがあって、デイヴィッドに、どうしてCDにスタンプすることが自分に「ふさわしくない」と思ったのか、尋ねることができました。私たちは、やるべき仕事は、自己概念を解体する目的だけのために使われるという有意義な話をしました。プライドや比較の感情についても話しました。デイヴィッドは、もっと他に何かやりたいことがあるのかと私に尋ねました。私は祈りました。そして、よく知る平安がマインドに戻るのを感じました。「いいえ！」。私は幸せな気分の中で気づきました。「CDにスタンプする以外にやりたいことはないわ！」。私はマインドのとても深いところで解体を経験しているところでした。だから、考えることが必要な仕事は何もできなかったのです。CDのプロジェクトはとても単調で単純だったので、そのときの私にとっては完璧な仕事でした！

階下に戻ると、大きな感謝を感じました。この仕事のたった一つの目的は、私のマインドの癒やし――私と神との関係のためだったのです。そして、人びとが手に入れることができるように、私が手伝っているこのCDの内容は、とても明瞭で奥深いものでした。感謝の気持ちに圧倒されて、階上まで走っていき、デイヴィッドをぎゅっと抱きしめました！

賢い選択をする

「あなたは、あなたの弱さ、もしくは、あなたの内にあるキリストの強さをいつでも選ぶことができます。そしてあなたが選ぶのは、あなたがリアルだと思うほうです。単純に、あなたが弱さを行動の指針にしないことで、あなたは弱さに力を与えないことになります。そして、あなたの内にあるキリストの光に、あなたの行動のすべてをゆだねたことになります。

（T-31.VIII.2）」

デイヴィッドに会う二年前、私はニュージーランドで小さな家を買うように導かれました。そして今、その家を持ちつづける目的を問うときが来たようです。家を所有することが、イエスの教える神の摂理に則《のっと》ったものなのかどうか、私は自問していました。特にイエスのこの質問に対してです。「神の教師は、彼が与えられないものを望むことはありません。……何のために彼はそれを望むというのでしょう？（M-4.VII.2）」。

数日のあいだ、まるでジェットコースターに乗ったかのように、私の気分は激しく浮き沈みしました。未来の保証、ニュージーランド、そして家族の反応、それらが私のマインドの中で渦巻いていました。今朝はコースのテキストの最後にある「もう一度、選ぶ」を読むように導かれました。読んでいるあいだ、イエスが直接私に話しかけているのを感じました。

ジャーナリング

カースティン：ありがとう、イエス。私はあなたを否定しない。私は強さだけに自分の行動を指示してもらうわ。私は神の力に、私の行動、私の思い、私の言葉を指示してもらう。私は、兄弟たちとキリストのヴィジョンのみを分かち合う。なぜなら、私の強さは彼らの強さだから。今日は平和な気分よ。けれど、家のことがマインドに浮かぶの。これについて、何か話してもらえる?

イエス：あなたは仮定について心配している。もし……したらどうなる? ……するべき? ……したほうがいい? ジャッキーはどう思うだろう? もっと他によい結果があるかも?

私は両方の世界を得ることができる?

家は私に渡して、成りゆきにまかせなさい。疑いながら、あなたの行動に従ってはならない。形の上でどんな結果になるか分からないことに根差した、無意味な考えを追ってはならない。あなたのアイデンティティを疑ってはならない。あなたの兄弟のアイデンティティを疑ってはならない。私の導きを疑ってはならない。すべてを私に渡し、信頼と確信を持ってこの行動に従いなさい。疑いの立ち位置にいるがゆえに、あなたには考えもつかない方法で、私がすべての世話をしている。あなたは、関わるすべての人びとにとって最高の結果になることを望んでいると思っているが、実際のところ、あなたは恐れから行動している。

あなたの思考が、あなたを神の意志から隔てている。私を否定してはならない。あなたが私の導きを疑うたびに、あなたは神の平安という贈り物を拒んでいる。あなたが持つすべての信頼を私に置き、そのままにしなさい。信頼を奪い返し、あなたの卑小な恐れや不足の考えに置き直してはならない。あなたが何より望んでいるものをそれらがもたらすことはない。あなたの手の中に、決断の力はある。賢く使いなさい。天国を選びなさい。そうすればそれは与えられるだろう。

本当に恐れていることは何だろう？

家を売るというアイディアを見つめてみると、今私が置かれた状況には不釣り合いなほどの恐れを感じました。まるで死に直面しているような、腹の底から湧いてくる恐れです。私は祈りに入り、その理由を尋ねました。結局のところ、家を買う前も大丈夫だったのですから、家を売ったとしても、私の身に何か起こるわけではありません。パラシュートなしのスカイダイビングを検討しているのではないのですから！

マインドの静寂の中、私は家族が話していた恐れの思考が、実際は私自身のものだったことに気づきました。彼らに投影することで、私は自立を失うことを恐れているのは自分自身だという気づきから目を逸らしていたのです。家は私にとって、安全、保証、そしてよい投資の象徴でした。

さらに深くマインドの中に沈んでいくと、私は前代未聞のとんでもない間違いを犯すことが可能だという信念に直面しました。それはまるで、一番最初の信念にまで波紋のように伝わりながら戻る、一つの信念に触れているようでした。私は神から去ることができる。我が家から去ることができる。そして、たった一つの大切なこと、「私の本当の安全」を失ってしまう——。

私のリアルな恐れは、自分は取り返しのつかない間違いを犯すことができて、その悲惨な結末を生きなければならない、というものでした。

今、私があの家に対して持っている目的が、偽の安心感以外の何ものでもないということが分かりました。ありがとう、イエス。とても感謝しています。私の真の家は神の内にあるということが知りたい。あなたを信頼します。

先延ばしは防衛

私は家を手放すということを、はっきりと感じていました。それにもかかわらず、それを家族に知らせることをためらっている自分に気がつきました。デイヴィッドとの結婚を家族に報告するのが怖かったときと、同じ感じがしました。それは大きな一歩を踏み出すことでした。同時に、私たちの誰もがまったく予想しなかった方向へ、私の人生が向かっていることの明らかなサインでもあったのです。

私は、怒ったり傷ついたりする反応に直面するのが不安だったのを覚えています。家族に伝えるのを先延ばしにすることは、私たちみんなを「保護する」ためでした。あとになって気がつきましたが、私が自分の感じていることをすぐに伝えていれば、彼らと一緒に冒険に出ることもできたかもしれません。恐れから本心を隠していた私は、さらなる罪悪感や緊張感を体験することになりました。そして、自分がまるで二つの世界のあいだに挟まって、身動きが取れなくなっているように感じました。コミュニケーションを取らずにいたぶん、ますます大きなリスクがあるような気がしました。

避けられない報告を遅らせるための、私の言い訳はこんな感じでした。「どうせ理解してもらえないに決まってる。理解できるわけないわ。特にロジャー、彼は理解しないわ。たくさん質問して、私を疑ってくるわ」。私はマインドの中でロジャーの声を想像しました。それは、私の疑いの思いをすべて言葉にし、私が受け取った導きを、彼はサポートする気がないことを裏づける声でした。

家族に結婚を報告することへの恐れは、デイヴィッドと私の関係にまで広がったことを思い出します。私はまるで、デイヴィッドが家族への報告を強要しているかのように、疑いの思いを彼に投影しました。家族は私が進む次の段階について聞く準備ができていないのだと、自分に言い聞かせました。

今ならはっきりと分かります。今がコミュニケーションを取るのに適した時ではないという考えは、分離の感覚を作り出します。そして、私が待てば待つほど、それは大きくなっていきました。そうした考えは、疑いがマインドに浸透することを許します。そして、スピリットへの信頼の欠如が育ちはじめるのです。先延ばしにすることなく、直接コミュニケーションを取ることの大切さが、今ならよく分かります。神と私の関係と、私のスピリチュアルジャーニーのすべては、これにかかっているのです。

第十章　一つのレッスン――一つのマインド

二〇〇五年　夏

ワンネスはただそうあるのみ
あなたのアイディアを手放して
あなたである体験に沈み込みなさい
あなたが神と分かち合う体験に

この体験を教わることはできない
学ぶこともできない
すべての信念を手放しなさい
あなたの兄弟からあなたを隔てる信念を

彼の中にあなたはあなた自身を見つけるのだから
彼の中に、あなたは神を見出す
あなたとあなたの兄弟は一つ
神の子は一人

真の代替

ジャーナリング

カースティン：おはよう、イエス。家族について、ちょっとした懸念があるの。

イエス：具体的に。

カースティン：私のことを心配しないでもらいたいの。彼らには幸せであってほしい。そして、私を導いているのはあなただと信じてほしいの。

イエス：あなたは、あなたの幸せとあなたの信頼について話している。

カースティン：その通りね！　真理に妥協はないけれど、いくつかの事柄に関して、私は目的を選ぶことを先延ばしにしているわ。「正しいタイミングだ！」と感じるまで、もうすこし待っていたいの。

イエス：あなたは、片足ずつを、それぞれの世界に置いていたい。もし、あなたが幻想の真の代替手段が目的を選ぶことだと分かっているのなら、あなたはタイミングを真理に対する防御として使っている。タイミングという概念を見てみよう。

カースティン：存在するのは今だけ。けれど、だったら物事に対する神の秩序はどうなるの？　シンクロニシティは？

イエス：アブラハムが生まれる前より、私は在る。時間が始まる前、生命は永遠だった。今、あなたが何にしがみついているのかを、自分自身に尋ねなさい。それが、天国の自覚へあなたが戻ることを妨げている。この世界のすべての道は、あなたを死へ導く。たった今、あなたはあなたがいたい場所にいる。たった今が、あなたが触れることのできる天国のすべて。たった今が、あなたがあなたの内に望んだすべて。そして、あなたがこの世界でしがみついているものすべては、その自覚を妨げる。あなたがそのように使うと選択するなら、タイミングは一つの妨げとなる。

カースティン：「私は気づきとともに笑いました。」あぁ、ものすごく助けになるわ！

イエス：天国は、今ここにあなたとともにあり、あなたの喜ばしい帰還を待っている。あなたはまず天の王国を求めている。質問しつづけなさい、私の無垢なる子。これが我が家へと続くあなたの道だ。

自己概念の仮面

今朝、サンクチュアリに座り、静寂と平安が内深くから広がるのを感じていました。すべてがそこに含まれており、そこから部屋へ、近隣へ、そして宇宙へと、すみずみにまで広がっていきました。猫のエンジェルが、いつものソファの上で大の字になって寝そべり、静かにいびきをかいていました。冷蔵庫が背後でささやくように優しく歌っていました。ドナ・マリー・キャリーの「サイレンス」という歌が、私のマインドの中に響いていました。

ジャーナリング

カースティン：おはよう、ホーリースピリット。何かメッセージはあるかしら？

ホーリースピリット：この考えを一日中持っていてください。「私はスピリットです。私はスピリットを認識することを選びます。私にはその価値があるので、私の意志は成されます」。

カーステイン：ああ、ありがとう。また別の歌がマインドを漂っているわ。カレン・ドラッカーの「ホーリー」よ。「あなたは、ホーリー、ホーリー、ホーリー、ホーリー、ホーリー……私たちはホーリー、ホーリー、ホーリー……私たちは一つ……」。神々しいわ。

私はコースの第三十一章「救済者のヴィジョン」と「自己概念 対 自己」を読むように導かれました。とても奥深い節でした。読むことで湧き上がってきた気づきは次のようなものでした。誰しも自分自身の概念を持ち、真理の前でそれは盾のように働きます。表面上、この自己概念は「よい」とされています。無垢性の顔であり、望まない事情に翻弄される犠牲者です。けれど、表面下には自己の別の部分があります。誰もがそこにあると認めたがらない、暗い転位〔抑圧された感情や態度が、他の対象に向けられること〕の感覚です。次の文が、心の中に深く響きました。「救済者のヴィジョンは、あなた自身に下されたいかなる裁きからも自由であるのと同じように、あなたの兄弟が何であるかについて関知することはありません。誰の中にも、一切過去を見ません。こうして、救済者のヴィジョンは、完全に開かれたマインドに仕えるのです。古い概念に曇らされることなく、今この瞬間にあるものだけを見る準備が整っています（T-31.VII.13）」。

お祝いをしたい気分でした！　何もかも、捏造されたものだったのです！　なんて素晴らしい！　なんて自由なの！　この気づきの奥深さが心を打ちました。**ああ、神様。すべては捏造されたものなのね。**突然、私は今までに出会ったすべての人が、概念であることを理解しました。信じられないような気分でした。世界がまるごと解体されたかのように感じました。ああ、神様。私はデイヴィッドに話しにいきました。

カースティン：［涙が流れはじめました。］デイヴィッド、驚くべきことだわ。私が出会ったすべての人たち――父、兄、みんな――は、表面上はみんな無垢性の顔なの。そして、彼らこそ表面下にある恐れの状態が転位されたものなのよ。このことをテキストで読んだあと、人びとがお互いを信じられなくて当然な理由が分かったわ。みんな無垢性の顔を見て、その下に別の何かがある、何かが隠されているということが分かるのよ。悲しんでいる人たちはどうなのかしら？　人生が違っていたらいいのにと願っている人は？　虐待され犠牲になったと信じている人は？　彼らのことを思うと悲しいわ。

デイヴィッド：もしそれが本当なら、もどかしくて悲しいだろうね。だからこそ、彼らが個別の分離した人びとではないということが素晴らしいんだ。悟りは個別的ではなく、包含的なんだよ。君が自分のために贖罪を受け入れるとき、すべての人は君とともにいる。イエスは、群衆に次ぐ群衆があなたとともに立ち上がるだろうと言っている。これは、たった一つの経験――たった一つのマインドしかないからなんだよ。ワークブックレッスンで、イエスは分離した兄弟姉妹の概念を遥かに超えてゆく。「私が癒やされるとき、私一人が癒やされるわけではない（W-137）」。そして、「私は自分自身のために贖罪を受け入れる（W-139）」。

カースティン：けれど、悲しみや孤独にあるように見える人たちはどうなの？　私が正しいマインドにいるときは、こんなこと経験しないと思うけれど。今朝、勉強するために座ったときは、私は完全に平安だった。私が宇宙全体で経験したのは平安と静けさだけだった。分離した人びとを、分離したマインドを持つ分離した身体だと見ると、ある人に対しては悲しみを感じるけれど、他の人は大丈夫そうに見えたりするのね。

デイヴィッド：悲しむことなど何もないんだ。君が子どものころに救おうとした動物たちは、君の自己概念の一部だったんだよ。君は何の罪もない動物たちや、罪のない環境、そして殺戮者である人間を見たんだ。

カースティン：その通りよ！　無垢な顔、無垢な動物たち……勝ち目のない戦いだったわ。ああ、これがずっとマインドの中だけのことだったと知ってほっとしたわ。私の頭はまだ少しぐるぐるしているけれど。

次に書くのは、この二日間で読んだところから私が理解したことです。仮面を見透かし、そこにある真のアイデンティティ、内なるキリスト、その光を見ることは、自由そのものです。これが私の目的です。私は救いのために必要とされています。自分の自己概念を脇に置き、何も判断することなく、過去を見ることなく、兄弟を見る。そうやって私はキリストの顔を見るのです。覆い隠すベールは神への恐れ、兄弟と私自身のあいだには隔たりがあるという信念です。このように知覚するということは、私は分離した自己であると信じているに違いありません。兄弟と私自身をどのように見るかによって、私は天国もしくは地獄を選択します。私はスピリットです。私はスピリットを認識することを選びます。私は天国を望んでいます。そして、私にはその価値があるので、私の意志は成されます。

訓練転移

また真夜中に起こされました。そのとき、私は邪魔されたり動揺したりは感じていないと思っていました。けれど、起こすことは不必要だし、避けられたのではないか、という考えがありました。

ジャーナリング

カースティン：おはよう、ホーリースピリット。今、私が邪魔されたと感じていることについて、何か教えてくれることはある？

ホーリースピリット：コースのテキストから「もう一度、選び直す（T-31.VIII）」と、教師のためのマニュアルの「犠牲の真の意味とは何か（M-13）」を読んでください。

カースティン：ふたたびこれを読むように導いてくれてありがとう。私だけが私の平安を妨げることができるのは分かっているわ。けれど、また眠りの問題が出てきたわね。何か賢い教えはあるかしら？　これを本当に終わりにする準備はできているわ！

ホーリースピリット：分かりました。あなたが偶像にうんざりし、支持するのをやめたとき、それは消えます。偶像を支持することが、それに力を与えるのですから。

カースティン：それほどシンプルなことなのね。

ホーリースピリット：はい。すべての緊張感は、過去や未来の連想からもたらされます。眠りに関するレッスンが再度もたらされたのは、あなたがそれを赦し、手放すことができるようにです。

カースティン：他に私が気がついていないことはある？　今まで、睡眠を構成している信念を、掘って、掘って、たくさん明らかにしてきたと思っているわ。でも、起きる準備が整う前に起こされると、邪魔されたと感じるの。いつも私は、眠りが足りない、もっと眠りたいと思っている。

ホーリースピリット：訓練を転移〔470ページ参照〕しましょう。「準備ができていること」「迫られていると感じること」そして「タイミング」。これらから学んだことを、この構成にも当てはめましょう。

カースティン：時間という構成概念はものすごく深いということを、理解しはじめたの。二日前にあなたは教えてくれた。「時間が始まる前、生命は永遠だった。たった今、あなたはあなたがいたい場所にいる。たった今が、あなたが触れることのできる天国のすべて。たった今が、あなたがあなたの内に望んだすべて。そして、あなたがこの世界でしがみついているものすべては、その自覚を妨げる。あなたがそのように使うと選択するなら、タイミング／時間は一つの妨げとなる」。

睡眠という幻想への私の欲求が、それを謎に包まれたままにするのね。ある程度の量と質の睡眠を期待するのは、当たり前のように思うけれど、両方とも私が捏造した信念なのね。それよりも、私は平安を切望するわ。他の人たちが、私と同じように睡眠を気にしているわけではない。これは私のレッスンだということは分かっている。動揺の原因を、デイヴィッドや時間に投影する誘惑にかられたら、このことを思い出すわ。他に何かあるかしら？

ホーリースピリット：どのようにであれ、あなたの平安が乱されたと感じるときは、私に導かれるまま、一番助けになることをしてください。私はいつでも、あなたが兄弟、そして真理とつながるように導きます。いつでも私に頼ることを覚えていてください。私を否定しないように。あなたが平安と幸せに戻る機会を、あなた自身に否定しないでください。

カースティン：ありがとう。愛しています。

永遠性の贈り物

「……時間には終わりがあります。そして神の教師はそれをもたらすように任ぜられています。時間は彼らの手の中にあるからです（M-1.4）」

デイヴィッドと私は、コースの集いを開催してほしいという招待をたくさん受け取りました。それらを全部つなぎ合わせたとき、私たちは、なんと七カ月間にもわたる旅に乗り出そうとしていることに気づいたのです！　ウィスコンシン州、バーモント州、フロリダ州、カリフォルニア州、コロンビア州、南アメリカのベネズエラ、そしてニュージーランドのいろいろな場所と、オーストラリアです。

ジャーナリング

カースティン：おはよう、ホーリースピリット。旅立つ前に、何か私に言っておきたいことはある？

ホーリースピリット：真実、愛、ワンネス、あなたが誰なのか、何を知っているのかを、行動で示してください。教師のためのマニュアルにある「神の教師とは誰のことか？」を読んでください。

カースティン：切迫感、ストレス、疲労を感じるときは、いつも時間が関わっているわ。時間の概念から自分自身を解き放つことについて、何か教えはあるかしら？　そして、教師のためのマニュアルにある、私の手中に時間があるということについても聞きたいわ。

ホーリースピリット：あなたの手中に時間があるというのは、隠喩です。真理において、聖なる瞬間だけが存在します。永遠は時間を知りません。時間は構成されたものです。エゴが作り上げた幻想です。時間はこの世界のものです。それを信じるすべての者の、身体の目で知覚され、身体で経験されます。時間の影響は、生きているもの死んでいるものによって、何度も何度も証明されています。時間の中で生まれたものは、時間の中で終わります。時間の終わりは、まったくもって嬉しい知らせに違いありません！　神の子が死ぬことはありえないのです！　あなたが示すあなたの本当の姿、潔白で恐れを知らず罪のない姿、平和、優しさ、信頼、そして開かれたマインド。これらはすべての人に、愛、そしてこの世界のものではない命を思い起こさせるでしょう。

この聖なる瞬間に、神は思い出される
この聖なる瞬間に、時間の世界は忘れ去られる
この聖なる瞬間に、真理が現れる
あなたは永遠という贈り物を携えていく

教師と生徒についての真実

「生徒と教師が一緒になるとき、教えて学ぶ状況が始まります。実際に教えるのは、その教師ではないからです。学びの目的のためにつながるどの二人に対しても、神の教師は語りかけます。その目的がゆえに、その関係は聖なるものなのです。そして神は、彼のスピリットをどの聖なる関係にも送ると約束しました。教えて学ぶ状況では、それぞれの者が与えることと受け取ることは同じだと学びます（M-2.5）」

北へ向かってドライブしはじめたころ、私は教師のためのマニュアルにある、教師と生徒についていて読んだり質問したりしていました。

ジャーナリング

カーステイン：おはよう、ホーリースピリット。「それぞれの神の教師には、特定の生徒が割り当てられています。教師が呼び声に応えるとすぐに、生徒は教師を探しはじめます（M-2.1）」。これを説明してほしいの。もし、マインドが一つしかなくて、私の兄弟が私自身の反映なのだとしたら、どうやって彼らは私を待つことができるの？

ホーリースピリット：あなたはワンネスを経験しているのです。実際には、教師を待っている生徒はいません。神の子のマインドに分離の考えが入った瞬間、ホーリースピリットが与えられました。もう終わったことなのです。神の子は分離の夢を見ています。生徒が教師を待っているというのは、役に立つ隠喩です。眠っているマインドのための象徴です。生徒は、教師の意欲、準備の状態、そして信頼を反映します。光はすべての人の中にあります。マインドは、ただそれ自身にたどり着くだけです。疑い——闇——が輝きによって払われると、今までよりも、ずっと眩しく輝く光が見えるようになります。

与えることと学ぶことは同じです。どんな二人でも、共有する癒やしへの欲求の内でつながるとき、スピリットはそのマインドの中に入ります。時間は、それが始まったように見える大昔へと逆さまに流れます。

教師と生徒は、現在にて合流するように見えます。比喩的な話をすると、生徒が真理や聖なる導きを望むとき、同じように真実を受け取り伝えることに心を開いている者へ導かれます。質問をしている側が「生徒」と呼ばれます。彼らが集まることによって、彼らの開かれたマインドを光が照らします。そして、英知、真理、聖なる導きとして認識されます。

贖罪は、幻想を瞬時に訂正しました。時間の中では、これは遥か昔に起こったことのように見えるでしょう。しかし、真理において、それは決して起こらなかったのです。

カースティン：ということは、このカリキュラムをいつ学ぶか、私が自分で決めたのね。私が受け入れるたびに、それは学ばれる。分かったわ！　天国も、リアリティも、内深くにあるのね。私はマインドの中で時間の世界から一歩下がり、真理に向かうのだわ。すごく明快ね。その通りだわ！　全部分かったわ。開かれたところにスピリットは流れ込む。だって、スピリットはあらゆるところにいるのだから。

あなたが出会うすべての人は救世主

引き続き、私は教師のためのマニュアルを読んでいました。イエスは、「教えることのレベル」を、三つのカテゴリーのどれか一つに当てはまる、異なる関係との出会いとして説明しています。

1、つかの間の出会い。エレベーターの中で一緒になるなど。
2、しばらく持続する関係。一時的に割り当てられ、関係の癒やしや学びが完了すると最大限になり解消される。
3、一生の関係。レッスンの機会が無限に提供される。レッスンに気づかない場合は、敵意を持つ場合がある。

ジャーナリング

カースティン：このレッスンは、赦しのことかしら？

ホーリースピリット：はい。

カースティン：ということは、一生の関係においては、二人がお互いの地雷を踏んで、エゴをさらけ出すのを助け合うのね。けれど、これに気づいて赦しを実践しない限り、この関係性はとんでもないものに見える。今しかないから、救済は常にここにあるということを、私は理解しているわ。実際、異なるレベルというものは、単に私自身なのね。神の子が「新しい」レッスンではないわ。レッスンを学ぶために、違う関係性を結ぶように見える。けれど、実際それは新しいレッスンはいつでも赦し。私はいつも自分自身の反映に出会うのよ。すべての出会いは、キリストを見る機会。分離した利害関係を忘れて、代わりに同じであることを見る機会なのね。

それぞれの神の教師のための特定のつながりが、どのように計画の中に含まれているのか説明してもらえるかしら？

「私は、スピリットから来た完全な理解を体験しました。そのコミュニケーションは言葉ではありません。それは体験でした。私がノートに書き留めたものを要約して記します。」

存在するマインドは、たった一つ

すべてのことは、神が私に学ぶようにと与えてくれたレッスン
すべての出会いは神聖
決断することは、たった一つ
私はあなたの導きを求め、兄弟と結びつき、学びのための完璧な状況に置かれた　すべての出会いは、赦しの機会　物事を別の見方で見るため、キリストを見るため
あなたの声に耳を傾け従うことで、私は導かれる　どこへ行くのか、誰と話すのか、そして、何を言うのか
それぞれの出会いは神聖　それは教えて学ぶ状況で、救済がそこにある
聖なる瞬間は、この目的の中で体験することができ、リアルな世界を見ることができる

ホーリースピリット：その通りです。あなたは正しいときに正しい場所にいる他はないのです。あなたが出会うすべての人は、あなたに救済を差し出しています。そして、あなたはすべての出会いや体験する関係性に、救済の贈り物を持っていくのです。このことを決して忘れないでください。

第十一章　神の摂理

二〇〇五年　夏

「……信頼することが、今、すべての問題を解決する（T-26.VIII.2）」

愛を感じる

デイヴィッドと私は北へドライブし、ウィスコンシン州へ向かいました。車のトランクには、私が作ったたくさんのデイヴィッドの講話CDやDVDが入った箱、そして、コースの集いで音楽をかけるための携帯用のステレオシステムが入っていました。その前の晩、私たちは小さなコースの集いを、友人の家で開いていました。そのとき、ステレオシステムや教材を運ぶのに、車と会場を何度も往復するのは面倒だと感じました。全部の荷物を中に運んだあと、教材を置くテーブルやステレオを準備するのは私の仕事でした。そして、当然ですが、私はホストに挨拶したいと思っていました。つながりを求める人びとが時間よりも早く到着したので、私は圧倒されました。その慌ただしい気分が好きではなかったし、集まりの前に新しい友人たちとともに時間を過ごすこともできなかったのです。

私たちの夜の集まりは、ユニティ教会で開催される予定でした。私たちは教会の近所に午後の早いうちに到着しました。そして、お腹が空いていたので、マクドナルドの近くにある駐車場に車を停めました。すると、かばん屋のすぐ目の前に駐車したことに気がつきました。デイヴィッドが突然顔を輝かせて言いました。「もしかすると、教材を入れるスーツケースが見つかるかもしれないね」。**まあ！　なんていい考えなの！**　と思いました。私たちは、優しくて軽やかなスピリットの導きを感じて、意気揚々と店に入りました。

笑顔の店員さんが出迎えてくれました。そして、店に入った私たちの目の前には、車輪と調節できるハンドルが付いた、二つのキャリーオンサイズのスーツケースが佇んでいました。この店にある唯一のサイズのスーツケースで、しかもセールになっていました！　車のトランクに入っているステレオシステムを試しに入れてみると、スーツケースの一つにぴったり収まったのです。もう一つのスーツケースは、いくつかの集まりに持っていく教材を入れるのに理想的なサイズでした。

もう段ボールを何度も車から運び出したり積み直したりしなくていいのです！　私たちはこの単純な解決法が与えられたことに感激しました！　とっても簡単なことでした！　店員さんに、

スーツケースを何に使うのか話しました。そして、愛いっぱいにホーリースピリットから与えられ、とても感謝していることを分かち合いました。彼女はすっかり同意して、私たちと一緒に輝きました。この奇跡に参加したことが幸せだったのです。

車のトランクに新しいスーツケースを入れた私たちは、喜びに輝きながらマクドナルドに入りました。すると、驚いたことに中に入った瞬間、店の奥から声が鳴り響いたのです。「愛を感じるぞーーー！　なんてこった！　愛を感じる！」。私たちが声のほうに顔を向けると、そこには、美しくて大きな男の人が輝く笑顔でこちらを見ていました。私たちは顔を見合わせてにっこりすると、彼のところまで歩いていきました。私たちが近づくにつれ、彼は身震いしました。「ワオ！」。彼は言いました。「君たち！　何をしているんだい？　ジーザス！　君たちから愛を感じるんだーーー！」。私たちは声に出して笑い、彼との素晴らしい出会いを果たしました。私たちがともに持っているイエスへの愛と、この人生がどれほど素晴らしいかについて、一緒に大喜びしました！　その出会いのあと、私たちはユニティ教会に余裕を持って到着しました。集まりの準備をする時間は十分にあり、新しいスーツケースは見事な働きを見せてくれました！

巨大なシャベル

コースの集いの始まりに流す曲、そして時間があれば終わりに流す曲をインスピレーションによって選ぶ役割に、私はとてもワクワクしていました。教材が並べてあるテーブルの案内と寄付金についてのお知らせも、私の役割でした。その夜、デイヴィッドは美しく深い集いを開いていました。終わりが近づくと、私は緊張しながらマインドの中でスピーチの準備をしていました。しかし、私が口を開く前に、デイヴィッドが喋りはじめました。彼は、教材を本当にたくさん用意してきており、それを無料で配るのが私たちの喜びなんだ、とみんなに話していました。彼の一言一句をそのまま書くとこうでした。「だから、どうぞ自由に好きなだけ持っていってください。もしあなたが寄付したいのならば、寄付を置いていってください」。

すぐに、満面の笑みを浮かべた女性がテーブルに走っていきました。彼女は手をスコップの形にして下ろし、（ブルドーザーの前についているような形です）、たったひとすくいで二十枚ぐらいのCDを取りました。そして、有頂天で「やったぁ！　ありがとう！」と言うと、さっさとドアから出ていったのです。

信じられませんでした！　私はデイヴィッドを見て、どうしてあんなことが言えたの！　と思いました。ぜんぶ「私」が頑張ってやった仕事なのに、寄付用のバスケットの中には一ドルだって入っていません！　デイヴィッドはきらめく大きな瞳で、ただ私を見ていました。長年の英知は、舞台裏で静かに面白がっていました。私はテーブルに向かいました。これが一体何のために起こったのかを見せてもらうことを、静かに意図して。

そして、分かりました。私は、自分が神の摂理をほとんど分かっていないことを見せられていたのです。寄付によって自分たちの活動が支えられていることを話すとき、毎回私は半信半疑な自分がそこにいることを感じていました。私が知っていたのは、相互利益だけでした。つまり、何かを与える見返りに何かを受け取ることです。そして、もし受け取らなければ、何も手にはいりません。寄付で支えられていると言ったときの自信のなさから、私の言葉には経験によって支えられる説得力がないことを知りました。

巨大なスコップを持った女性への反応は、私という個人がCDを作っていて、活動を支えてもらうためには、そのCDから特定の額の現金が入る必要があると、私が信じていることを教えてくれました。この後、祈りの中で、私は、人びとがCDに同じ額を払うことを期待しているのだと気がつきました。まるでCDに代償があるかのように考え、支払いの期待が応えられることで、神の摂理がきちんと働いていることを知ることができると思っていたのです。

ガタガタの家とアイスクリームの奇跡

次の日、私たちは旅を続けました。友人のボブとキャシーの「ガタガタの家」に着くまで、丸一日ドライブしました。「ガタガタ」する車道を車で登っていくと、キャシーとボブが外へ出てきました。そして、ドアの前に置かれたピクニックテーブルの上に立って歌いはじめ、私たちを歓迎してくれたのです！　彼らはとても愛らしく、大きな喜びの中にいました。ボブは白くて長いポニーテール、キャシーはライトブルーの瞳と優しい顔で、二人とも「ドアはいつでも開いているよ。だからノックしなくていいんだよ」と歌っていました。彼らの歌っている一言一句が彼らの本心であることが分かり、私はすぐに歓迎されていると感じました。

その夜、私たちは落ち着いて過ごしました。これから二日間、移動も集まりもないことに、私は感謝していました。まるまる二日間です！　めったにないことでした。私はこの広い敷地の中で、デイヴィッドや新しい友人たちと一緒に、リラックスして休むのを楽しみにしていました。

次の日、私は限界に達したという気分とともに目覚めました。どうしてなのか分かりません。でも、私の存在すべてが重く感じました。まるでスピリットが、私をゴムバンドのように引っ張って伸ばしているようでした。そして、もうこれ以上、私には伸びる余地がなかったのです。

デイヴィッドは、しばらく私を腕の中に抱いていてくれました。そして、何が湧き上がってこようと、それがどう見えようと批判しないことについて、安心できる言葉をかけてくれました。私は少し泣きました。何が自分の助けになるか想像もできず、何をすればいいのかまったく分からなかったのです。

デイヴィッドは、ドライブに行こうと提案してくれました。近くの小さな町まで出ると、町の中心にある公園に出くわしました。私たちは散歩をして、公園のベンチに座りました。私は、知らない人たちから離れて、デイヴィッドと二人で過ごせたことに感謝しました。新しく出会った人たちとずっと一緒にいるのは厳しいと感じていたし、エゴの憂鬱の中にいる自分の姿を、誰にも見られたくありませんでした。どうにもこの気分は変わりませんでした。デイヴィッドは愛情深く、私を支えてくれました。そして、私が身を置く闇には一切影響されませんでした。彼はいつも通り幸せそうでした。急に彼は顔を上げて言いました。「見てごらん！　デイリークイーンがあるよ！」。デイヴィッドは「アイスクリーム屋さんだよ」と説明してくれました。私はそれが何なのか分かりませんでしたが、それが顔に出ていたに違いありません。私は自分が何を望んでいるか分かりませんでしたが、特にアイスクリームの気分ではありませんでした。「デイリークイーンに行こう」。まるで、それが完璧な答えだと言わんばかりの笑顔で、デイヴィッドが言いました。絶望的な気分で、私は素直に立ち上がり、デイヴィッドが差し出した手を取って、彼と店まで歩きました。

店に入ると、ピンストライプの洋服を着て、それにぴったりの赤と白の帽子をかぶった小さな男の人が、私たちに挨拶してくれました。デイヴィッドが、まるでスローモーションで再生されているように、言いました。「ここにいるカースティンは、ニュウウウウジィイイイランドから来たんだ」。小さな男の人は、私を見て、それからまた話しはじめたデイヴィッドのほうに向き直りました。「彼女、デイリークイーンに来たことがないんだ。デイリークイーンが何なのかも知らないんだよ！」。

デイヴィッドが話すにつれ、小さな男の人は背筋を伸ばして胸を張りました。そしてデイヴィッドが話し終わるころには、彼は生き生きしはじめていました。彼は私を見て言いました。「デイリークイーンに一度もいらっしゃったことがないのですか？　それでは、何があるか私に説明させてください！」。彼には活気があり、ブリザードやサンデー、アイスクリームコーンについて話せることを喜んでいました。彼がブリザードのリストの半分ぐらいまで説明しおえると、私の気分は完全に変わっていたのです！　アイスクリームを買って店のドアから出るころには、私は癒やされていました。彼が彼の役割をまっとうし、心を分かち合う様子を見る喜びは、とてもすてきでした。

デイヴィッドがこの寓話をいろいろなところで話したので、私はアイスクリーム好きだということになったのです！　どこへ行っても、ホストたちは私のために喜んでアイスクリームを持ってきてくれました。贈り物を渡すことに大喜びで！　ときどき、私はまったくアイスクリームの気分ではなかったりします。けれど、彼らの愛を分かち合う友人たちの喜ぶ顔は、いつでも私の心に触れます。私は、自分が望むか望まないかという、その瞬間の個人的な願望にかかわらず、愛の贈り物を受け取ることを学びました。その贈り物の一部になれたことが、とても幸せだったのです！

神の摂理のさらなるレッスン

ガタガタの家で、私たちは三日間のコースの集いを開催する予定でした。ウィスコンシン州のあらゆるところから人がやってきましたが、一日目が終わったとき、寄付バスケットの中には何も入っていませんでした。その夜、私はそれをデイヴィッドに伝えました。彼は「まぁ、人はただそうしようと思うときに与えるものだからね」と言いました。次の日、私は自分が何度も空っぽのバスケットを見ていることに気がつきました。これは一体どんな神の摂理の証拠なの?! 二日目の八時間後になっても、まだ何も入っていませんでした。一ドルもバスケットには入っていなかったのです。

けっこうな数の人びとがボブとキャシーの家に泊まっていたので、彼らは宿泊費としては寄付をしていました。しかし、私たちの教えには何も入ってきませんでした。

その夜、怒りと恨みが湧き上がるのを感じたので、私は参加者へ投影された自分の思いを見つめました。**もしあの人たちが支援しないなら、それは彼らに私たちが与えているものの価値が分からないからだわ。奥深さに価値を置く人はいない。どうでもいいんだわ。タダで持っていっているだけよ。**「出し惜しみ」という言葉が私のマインドの中に何度も現れました。私はそれを祈りの中深くに持っていきました。どうやって出し惜しんでいるのか見たい、という願望とともに。

すぐに、ニュージーランドと私の車が脳裏にさっと浮かびました。私はまだ車をスピリットに渡していませんでした。次に、銀行口座のことを思い出しました。私はスピリットに渡すことを差し控えている銀行口座を持っていました。それから、まだ完全にスピリットに渡していないニュージーランドの家のことも思い出しました。これらの所有物はすべて、アメリカでうまくいかなかったときのための保険でした。私は、自分のための神の計画がうまくいかなかったときに使う代替案を持っていました。

その夜はほとんど、マインドの中の代替案に関する思いを次々と見つめ、祈りの中でスピリットに渡して過ごしました。そして、イエスの手の中にいる赤ちゃんのように、まっさらになった気分で、それらを渡してしまうことへの恐れが上がってくることを許しました。

次の日のランチタイムに、私は一度も寄付のバスケットを見なかったことに気がつきました。意識からすっかり消えていたのです。私はほとんど何も言うこともなく、謙虚で静かな空間にいました。私のマインドは、恨みと不足から、深い尊敬と感謝の感覚へとシフトしていました。すべての出来事は、私のマインド、私の信念、そして私が明らかに何をまだ手放す必要があるのか、それらを見るのを助けてくれていることを思い出しました。私のマインドには、もうお金の考えはありませんでした！

最後の午後の集まりで、デイヴィッドが、すべてにおいてスピリットを信頼することについて話していると、参加者の一人が資金について質問しました。「そうですね、あなたにとっては大丈夫かもしれない。寄付もあるし、あなたにお金をくれる人と付き合いがある。ガソリンを入れてくれたり、あなたを招待して泊まらせてくれたり。あなたは完全に『他の人たち』によって支えられている。その上、代金を支払ってもらえる。なのに、どうしてスピリットを信頼することだと言えるのですか？」。

空っぽの寄付バスケットは、神の摂理を証明するのに完璧な小道具でした！　デイヴィッドは、バスケットを持ち上げて答えました。「決して寄付をする義務もないし、誰かにお金を入れてもらう期待もしていないよ。すべてはスピリットから無料で与えられる。スピリットからの促しを感じる人たちを通して与えられる。すべてスピリットから来るんだ」。デイヴィッドは、神の摂理とそれがどのように働くのかについて、とても深くインスピレーションに満ちた美しい話を続けました。その話がすべて私のためであることを、私は知っていました。私は深い理解に輝き、完璧に自分の役目を果たしているすべての人と恋に落ちた気分でした。最後の集まりが終わると、「与える」というインスピレーションをみんなが受け取り、バスケットはあふれました。

まだまだ先は長いようです。けれど、私の一歩一歩は感謝と豊かさでものすごく強化されていたので、見逃すことはありません。私は、恐れとこの世界を必要とすることを手放す過程で、平安という真の贈り物と、本当の安全への気づきを経験をしていたのです。

第十二章　我が家に帰りたい

二〇〇五年　夏・秋

愛が存在するすべて
記憶への帰り道は
愛ではないすべてを手放すこと
愛が存在するすべてだと思い出すこと
それは神を思い出すこと
シンプルな事実を信頼しよう
あなたが探し求めているのはあなた
愛が存在するすべて

天国に帰る

ある夜、ガタガタの家で「天国に帰りたい欲求」というテーマが持ち上がり、活発な議論が交わされました。これは、次の日に書いたホーリースピリットとのジャーナリングです。

ジャーナリング

カースティン：おはよう、ホーリースピリット。昨日の夜、友人が「いつその日が来るのだろう？　私は我が家に帰りたい。天国にいたい」と尋ねていたわ。まるでどこか他に行く場所があるみたいに。これについて、何か話せることはある？

ホーリースピリット：今、あなたが感じていること――平安で、落ち着いて、ここに存在している――これは天国の戸口に立っているのと同じです。この世界は捏造されたものです。世界のさまざまな法則は捏造されています。それらがとてもリアルに見え、克服したり逃げ出したりする必要があると思う原因は、この世界を深刻にとらえているからです。この世界がリアルで本物だと信じるのをやめたマインドは、そこから自由です。ジャッジするマインドは、時間と空間に囚われたように感じます。

カーステイン：神の王国は内にある。

ホーリースピリット：はい。あなたがたが体験して話していた、光のフラッシュや他の視覚効果は、この世界は見かけとは違う、ということを思い出させてくれる象徴です。

カーステイン：ということは、特殊効果を求めるのは時間のむだということね。それよりも、すべての判断を脇に置いて、訓練転移が行われるのを許すほうがいいのね。

ホーリースピリット：そうです。この世界を解放する方法は、手放すことです。この世界の中や、この世界から、特定の体験をすることを願ったり、ほしがったりすることが、この世界をリアルに見せるのです。世界から逃れる必要はありません。世界がリアルだという信念から逃れるのです。

カーステイン：このことについてもっと知りたいという、強い必要性は感じないわ。ここからどこへ向かうのかには興味がある。けれど、それについて考えると、私のたった一つのゴール、つまり神の平安から遠のく気がする。他の場所にいたり、今ここに在ること以外の体験を想像したりすることが、助けになるとは思えない。そうすると時間をリアルにしてしまう。まるで、天国への障害物や、私がいるところといたいところの間に存在するリアルな問題みたいにね。私にする必要があるのはたった一つ。リラックスしてこの瞬間に沈み込み、平安を経験すること。この瞬間が天国の状態の反映ね。私はそれを感じることができる。

神に対する怒り

引き続きガタガタの家の友人たちと一緒にいた私は、昼寝をしようとしていました。廊下の先でデイヴィッドが歯を磨いている音が耳に入りました。その途端、イライラして腹を立てはじめた自分に気がつきました。私が思うに、彼は歯を磨くとき、大きくて不必要な音を立てていました。いくつもの思いがマインドを駆けめぐりました。**普通、あんな音は立てないわよ。彼はいつもやってる。うんざりするわ。どうして私があれを我慢しないといけないの?**

何も知らないデイヴィッドが、部屋に入ってきて横になりました。私はデイヴィッドに（これが初めてではありませんでしたが）自分がどう感じているのか言いました。「デイヴィッド、私、あなたが唾を吐く音を立てるから、怒っているのよ」。デイヴィッドは答えました。「君は僕に怒っているのではないよ。君は神に怒っているんだ」。そう言うと彼は後ろを向いて寝てしまいました。

私はこれを受け止め、取り組みはじめました。**私が神に怒ってるですって?　どうしてかし**

ら？　なぜなら私は苦痛の中にいるから。この世界は辛い場所だわ。どこが痛い？　私の頭、首、肩。ここ二日間ずっと痛むわ。今、目まで痛くなってきた。もし、すべての苦痛が身体に投影された決断で、すべて私のマインドの問題なのだとしたら、痛みの思いはどこから来ているの？

最近どこで痛みや苦しみを目撃したか、頭の中で見直してみました。するとここ数日間、毎日のように痛みを知覚していることに気がつきました。一つ一つ、私は自分が痛みを知覚した人や状況を見ていきました。人生に悪戦苦闘している人や、癒やしを求めているのに「まだそこへ到達できていない人」などです。そんな記憶を見つけるたびに、自分にこう言いました。「私は痛みをこの人の中に知覚しました。そして、痛みを自分の身体に投影しました」。マインドと身体の痛みを解き放つために、何度もこれを繰り返しました。見直しが終わるころには、すべての痛みは去っていきました。なぜか悲しみが湧き上がり、私は少し涙を流しました。けれど、しばらくすると平安を感じました。その夜、私はデイヴィッドや友人たちと映画を観に出かけるかどうか迷っていたのですが、起き上がりシャワーを浴びて、彼らと一緒に町に繰り出しました。

映画に向かう途中、車の中でこの体験を話しました。それからすぐに、私たちはキャンディショップで子どものように笑っていました。

夢

ジャーナリング

カースティン：おはよう、ホーリースピリット。今日という日をありがとう。昨日見た夢は、ごちゃごちゃしていたわ。夢の中の別々なシナリオの中心的な共通テーマは「コントロールできない」だった。

ホーリースピリット：あなたのマインドは、あなたの願望が成就した状態を展開します。あなたの夢は、あなたの思いと、日常生活の中で起こった出来事に対する、あなたの仮定的な代替案を象徴しています。

カースティン：私は眠りの夢の中でさえ、自分の態度や立ち振る舞い、そして自分自身を裁いていると感じたわ。夢の中で自分の犬を罵ったことに、罪悪感を感じながら起きたのよ！

ホーリースピリット：すべてはマインドです。すべては思いです。すべては夢です。すべて私に渡してください。あなた自身と、登場人物と彼らの行動を含め、起こったこととあなたが知覚したことを赦しましょう。目的がなければ、この世界のすべてが無意味であるように、彼らも無意味です。彼らを赦し、あなたの祝福を与え、彼らが何であるかというあなたの考えから、彼らを解放するのです。

［私は瞑想しながら腰を落ち着け、最近の夜に見た夢と日常の経験が、赦しに洗い流されることを歓迎しました。優しい平安が、私のマインドの中で四方に広がり、すべての人と物事を祝福しました。］

カースティン：ああ、ありがとう、ホーリースピリット。私が知覚するすべては、私自身の意識だということが今なら分かるわ。なんというか、何か間違った、不正直だったというかすかな感覚があるの。改心して、それぞれの夢のシナリオの中で「今度こそ」きちんと理解したい。私は、この世界に私のやり方で回ってほしい。そして登場人物が私の期待通りに動かないと、彼らを責めるの。すべて間違ったマインドの考えだわ。分離という信念に従って、それが私や登場人物たちによって演じられているのね。私は、罪悪感と制御の欠如に対する恐れにもとづいて、この世界をコントロールしようとしているのだわ。他に何かつけ加えたいことはある？

ホーリースピリット：あなた自身を愛するように、あなたの兄弟を愛しましょう。あなたが夜に見る夢の中の登場人物も含めてです。あなたは無垢です。あなた自身を愛してください。あなたが夜に見る夢の中の「あなた」も含めて。

カースティン：じゃあ、一日を設定することはどうなのかしら？　どんな一日を送りたいか私が決定する。私は平安と愛を選ぶ。そして、私の夢がそれに応じて展開されるように、癒やしのために上がってきたすべてを赦す意欲がある。夜の夢の中で、私は自分のコントロールの問題に気づいた。おそらく、私は昼の夢でもコントロールしようとしているのかもしれないわ。

ホーリースピリット：エゴはコントロールの欠如や、コントロールの必要性を永続させます。エゴだけが、何を求めているのか分かっていないのです。エゴは、不足や恐れにもとづいて何がほしいかを決めます。そして、エゴの目的を果たすために、あらゆる状況と結果をコントロールしようとします。しかし、ほしいものを手に入れてもエゴは満足しません。エゴは決して主導権を握っているとも安全だとも感じません。だからこそ、エゴは形もしくは幻想の中に安全を見つけられると信じて、コントロールを切望するのです。

あなたが神を選ぶとき、あなたは私の導きを聞き、それに従うことを選んだのです。あなたは、唯一リアルな結果が得られる決断を下したのです。天国に不足はありません。それゆえに、必要性もありません。何も不足していないし、何かを求めて努力する必要もありません。あなたを妨げるものも限界もありません。だから、コントロールは無意味なのです。

この世界は舞台で、セットは小道具にあふれています。小道具が、永遠の平安と幸福をもたらすことはありません。できるはずがないですよね？　だって小道具なのですから！　小道具を求めることで、登場人物は舞台をコントロールする必要があると信じることになります。彼らは、虚しいものを獲得し保持するという狂った欲求を、他の誰かに邪魔されるかもしれないと恐れています。

あなたが、私の導きを聞いて従おうという全面的な意欲とともに、あなたの一日と人生を私に捧げるのなら、私はこの実在しない小道具やシーンの迷路を通して、あなたを導きます。小道具は、あなたに道を示す象徴として使うことができます。あなたの仲間である登場人物は、あなたの愛、幸福、平安への願望の証人となるでしょう。あなたの意志が、私のそれに加わるとき、あなたの演劇は、奇跡と愛と笑いに満ちて楽しめるものになるでしょう。

カースティン：ありがとう、ホーリースピリット。

神の愛

今朝、教師のためのマニュアルにある癒やしについての部分を読んだあとに私が経験したことは、まさに神の生きた体験でした。すべてを包含する神の愛が、私を抱きしめ包み込んだのです。今朝ガタガタの家で、この経験をデイヴィッド、キャシー、そしてボブと分かち合いました。私は、愛である彼らと、私たちが分かち合っている目的からもたらされた、支え育んでくれる環境こそが、闇を払いのける光であることを説明しようとしました。この二週間で、私にはたくさんの癒やしがありました。癒やしは迅速に、そして簡単に起こりました。なぜなら、すべての瞬間において、私に愛が降り注がれていたからです。

ジャーナリング

カースティン：おはよう、ホーリースピリット。今朝読んだところに、癒やしは確実だけれど、直ちに受け入れられるとは限らない、と書いてあったの。ということは、仮に疑っていたとしても、信頼と結果への確信を持って私は与えるのね。これこそが真に与えることなんだわ。受け取り手のマインドの中のスピリットは、贈り物を求めている。そして、与え手のマインドの中のスピリットがそれを与えるのね。神から神へと贈られるのだわ。だから、むだになったり、失われたり、効果がなかったりということは絶対にない。他に何かつけ加えることはあるかしら？

ホーリースピリット：あなたは、ただあなたであることで、あなたの兄弟に生命の贈り物を与えるのです。兄弟の中にいるキリストに話しかけなさい。彼が彼自身だと思っている、外見や一時的な幻想を見ないようにしなさい。

カースティン：「神によって神に与えられた」ということを、説明してくれるかしら？

ホーリースピリット：神在り。幻想は無です。光、癒やし、愛、真理、そしてあなたの内に存在する私。あなたの兄弟が癒やしを求め、それが差し出されるとき、これらのものがその人とつながるように見えます。真理において、癒やすものなど何もありません。この投影された世界とそのイメージは、癒やしの対象ではありません。マインドが癒やしの対象です。真理において、マインドは癒やされ完全です。

分離したように見える二つのマインドのあいだに光が差すとき、癒やしがすでに完了していることへの気づきがあります。本当は癒やすものなど何もなかったと気づくのです。どうしてすでに完全なものが癒やしを必要とするでしょうか？　神在り、なぜなら、神はあらゆるところに在るからです。この投影された幻想の中で、神を感じ、体験することはできます。しかし、見ることはできません。強烈な愛や啓示の瞬間は、この世界を超えたところにあるものを垣間見ているのです。

カーステイン：ということは、癒やしとはただ単に、この世界が本当であるという信念を全部手放すことなのね。神を思い出して体験することが癒やし。なぜなら、それが真理だから。癒やすものは何もない。

ホーリースピリット：そうです。

カーステイン：今、私は神の存在を感じることができる。まるでハミングのようだわ。優しくて、でも力強い、厳かな十全が、私を包み込んで抱きしめている。我が家はどこにでもあるわ。たくさんの感謝と、たくさんの愛を感じる。

真理だけが真理

「難しさに序列があるという信念は、この世界の知覚の土台をなしています。それはさまざまな違いにもとづいています。起伏のある背景や変化する前景……さまざまな度合いの闇と光、そして、見えるもの一つ一つが認識されるために他のすべてと競い合う何千もの対比にもとづいています。……身体の目が注視するのは葛藤だけです。それらのものに平安と理解を見出そうとしないでください。……すべての幻想に対するたった一つの答えは真理です（M-8.1-6）」

今朝、教師のためのマニュアルで読んだのは、知覚についての箇所でした。私はそれなりに理解していましたが、疑問に思っていることがありました。

ジャーナリング

カーステイン：おはよう、ホーリースピリット。真理だけが真理であり、愛だけがリアルであるという、コースの究極的な教えは理解しているわ。統一された知覚を持つには、虚偽は例外なくすべて同じカテゴリーに入れなければならない。たった一つの幻想でも、他の幻想から引き離して保持するのは、幻想自体を保持していることと同じだわ。この夢から目覚めるということは、この世界を完全に手放すという意味よね。どうすればこれを実践できるのかしら？

ホーリースピリット：このレッスンを今日一日やってみてください。あなたが目にするすべてを、真か偽か、リアルか非リアルか、という二つのカテゴリーのどちらかに入れてください。

カーステイン：じゃあ、私が愛を経験したとき、兄弟の中にキリストを見たとき、猫を撫でて、猫が幸せそうに喉を鳴らしたとき、これはリアルを目撃したということ？

ホーリースピリット：キリストを見るシナリオを考えてみましょう。身体の目は、形、サイズ、行動などの違いを報告してくるかもしれません。だから、このような報告は、偽、あるいは、非リアルのカテゴリーに入れましょう。そのときの経験——キリストを見る、兄弟とあなたのあいだにあるつながりや愛を感じる——これらは、真、あるいは、リアルのカテゴリーに入れます。

カーステイン：猫も同じなの？　彼女の身体のサイズ、いろんな動き、声のボリュームなど、違いとして見ているから非リアルに入れられるわね。そして、そのときの至福を一緒に楽しむのは、リアルでいい？

ホーリースピリット：そうです。たとえば、あなたが店に入って、カートや照明やさまざまな外見の人たちを見るとします。それは非リアルのカテゴリーに入ります。あなたのマインドの状態——今この瞬間にいて、兄弟たちとつながり、彼らの本当の姿を見る——これは、リアルのカテゴリーに入ります。

カースティン：素晴らしいわ！　課題をもらった。楽しそうだし、ガタガタの家で最後の日を過ごすのには完璧な方法ね。

その日は一日中、静かに自分の思いを、真、偽のどちらかのカテゴリーに入れていきました。外を歩いていると、大きくて高い木に気づいて、幸せのため息をつきました。けれど「大きな」「高い」そして「木々が私を幸せにした」これらすべては、偽のカテゴリーに入りました。とすると、何が私を幸せにしたのでしょう？　私は立ち止まり、感じてみました——この瞬間にいることは、真、です。

私は、枝のあいだの木漏れ日が輝いていることに気づきました。そして感謝の気持ちの中で、それを感じつづけました。太陽の光が幸福の原因となることはないと、私はなぜか知っていました。けれど、これを偽と呼ぶのは違うと感じました。暖かさや光をありがたく思うことの何かが、とても心地よく感じました。さらに歩きつづけると、ケージが目に入りました。私の脳裏に最初に浮かんだのは、ジャッジメントでした。私は、動物がケージに閉じ込められていませんようにと祈りました。**もし動物がケージに閉じ込められていたら、私はホストを好きになれないわ。**すぐに、私はケージに閉じ込められた動物を偽のカテゴリーに入れました。すると、マインドが、危惧から探究心へシフトしたことに気づきました。もしかしたら、参加者の誰かと一緒に来た動物がいたのかもしれない！

家に戻った私は、会話、人びと、音、状況に対する自分の反応を観察し、自分の思いのほとんどすべてが、偽のカテゴリーに入ることに気がつきました。私の思いのほぼすべては、とてもすばやく為されたジャッジメントでした。心の中でそれらの思いを偽と見なすにつれ、私のマインドは探究心を持ち、次に何が起こるか見ていよう、という経験に開かれていきました。覚えのある「私は知っている」という感覚で心が重くなるよりも、私はむしろ幸せと自由を感じていました。そのことに気がついて、とても嬉しくなりました。

その夜、デイヴィッドと私は荷物をまとめ、翌朝出発するための準備を整えました。私たちは、キャシーとボブ、そして、私たちとキリストの愛を分かち合うために訪れてくれたすべての人と過ごした時間に、感謝の気持ちでいっぱいでした。

第十三章　決断の力

二〇〇五年　秋

「恐れを抱くことは、無意識に行われ、あなたのコントロールの及ばないことのように見えます。……もしあなたが選ぶのなら、重要でないことすべては私がコントロールし、重要なことは私の導きにより指揮することができます。……恐れの存在は、あなたが身体の思いをマインドのレベルまで引き上げたことを示しています。

恐れの訂正は、あなたの責任です。……恐れをもたらした状況に対し、あなたは助けを求めるべきです。そのような状況は、分離することへの意欲を引き起こします。……何かをすることを選ぶ前には必ず、あなたの選択が私のものと同調しているかどうか尋ねてください。同調している確信があなたにあるならば、恐れはなくなるでしょう（T-2.VI.1-4）」

捨てなさい！

これから記す議論は、デイヴィッドと次の目的地へ向かう車の中で、ホーリースピリットと交わされたものです。私は前の夜に、一晩中夢を見つづけ、朝ジャーナリングをする時間が取れませんでした。なので、少しイライラしていました。何かを逃したように感じたのですが、車の中で読んだり書いたりするのは嫌でした。

ジャーナリング

カースティン：おはよう、ホーリースピリット。私のイライラについて何かあるかしら？

ホーリースピリット：捨てなさい。

カースティン：オッケー！　他には？　［笑みが広がりました。］

ホーリースピリット：素晴らしい一日を過ごしてください。

私は素晴らしい一日を過ごしました。笑い声とワンネスの体験にあふれていました。エゴは笑えるもので、どんな状況であっても、決して真剣に受け取るものではありません。

世界に平安を

ジャーナリング

カーステイン：おはよう、ホーリースピリット。何をすればいい？　何か読む？

ホーリースピリット：教師のためのマニュアルの「どうすればこの世界で平和が可能になるのか（M-11）」を読んでください。

［深遠さを感じました。このセクションを読んでいる間、私は何度か泣きました。そして、次の文章がペン先から流れ出てきました。］

世界に平安を、主が来られた
私は神を思い出す

彼の愛、彼の平安、彼の存在を感じる
私は彼を連れていく　私は神の思いを携えていく
私は聖なる神の子、兄弟たちと平安と愛を分かち合う
もし死の思いが私のマインドに入ることがあったなら、私は神の平安へ救いを求める
私の神の記憶が、地上に天国をもたらす
神の思いは平安
私は神の思い、だから私は永遠に平安である
そして、私の存在そのものにより、私は地上に天国をもたらす
私は愛だけを選ぶ
私は平安だけを選ぶ
私は神の声を聞くことを選び、それゆえに地上に天国をもたらす
アーメン

神の愛に抱かれて

デイヴィッドと私は、ジョージア州へ行くため、南へ向かってドライブしていました。親しい友人の家で、週末にコースの集いを開く予定があったのです。

ジャーナリング

カースティン：おはよう、ホーリースピリット。素晴らしい週末だったわ！　ずっと宙に浮いているような気分だった。霧のような白い光が、皆も何もかもを抱きしめているようだった。集まりを囲む木々たちの周りで、金色の光が明るく輝いていた。私が話しているとき、自分が身体だという自覚がまったくなかったわ。メッセージやたとえ話は、私を通してただ流れ出ていた。この週末は、美しい瞑想そのものだったわ。音楽、話し合い、分かち合われた食事、笑い声、そして沈黙から成る瞑想よ。

［次の文章がマインドとペン先から流れ出し、私は深い静けさの中に沈んでいきました。］

私は神の子　私は神の愛を映し出す
もう私は信じない　私が身体であることを
もう私は制限されない　私は解放されている

世界の終わり

今日、私の意識の中で世界が終わりました。神の子は無垢である――この智識の中で洗い流されました。それほどにシンプルなのです。この気づきが私に訪れているあいだ、私たちのホストは彼女のマインドの奥深くを見つめ、どうしてこの世界はこんなに苦しい場所のように思えるんだろうと質問していました。神の子はいかにして無垢であるのか。私がそのことを書き留めていると、彼女はすべての痛み、苦しみ、そして恐れのただ一つの原因が、罪という根深い信念なのだと気がついたのです。

私は教師のためのマニュアルにある「この世界はどのようにして終わるのか?（M-14）」を読みました。深い祈りの中で、私は真理に気づきました。その思いと気づきがマインドに満ちると、深遠な平安が私の存在すべてを通して放たれました。

神の子は無垢
この祈りとともに、裁きは終わった
神の子は無垢!
この声明とともに、すべては善きことのために働くという認識が、世界に終わりをもたらす

そのような世界であるという私の信念から、世界は救われた
今、私が感じていることを表現できる言葉はない　世界は終わった　私は私の役割を果たした
私の役割は赦し　そして世界は赦された
神の子は無垢！
この世界で何が起こっているように見えようとも構わない――もう二度と、私は騙されない
今まで経験したすべてが、私をこの瞬間に、この気づきに連れてきてくれた　私は祝福されている

身体の思いとマインドの力

ジャーナリング

カースティン：おはよう、ホーリースピリット。次の課題を始めたいわ。身体に痛みを感じたとき、私のマインドは即座に治す方法を考えて、いっぱいになるの。「恐れの存在は、あなたが身体の思いをマインドのレベルまで引き上げたことを示しています（T-2.VI.1）」。こ

の深いコースの教えに焦点を当てたいと思っているわ。これは、あなたとつながっている感覚から外れ、つい夢中になってしまう「身体の思い」を手放すのに役立つと思うの。このアイディアどう思う？

ホーリースピリット：素晴らしいです！

カースティン：少しでも身体が痛くなったり限界を感じたりするときに、否定に陥ることなく、自分に教えられることはあるかしら？

ホーリースピリット：あなたのゴールを繰り返してください。そして変わりゆくマインドを意識するのです。「私は、身体の痛みを経験しているようです。けれど、身体も環境も原因ではありません。私はこの思いを完全に手放すことを望みます」。このように言いましょう。

カースティン：ありがとう。完璧ね！　まず、思いを認め、それを意識に上らせる。それから、その思いが間違っていることを喜ぶ気持ちとともに、あなたに渡せばよいのね。そうすることで、身体やその限界、そして行動や環境が身体に及ぼす影響について、結論づけるのを止められるのね。他に何かある？

［私は、首にお馴染みの強張りを感じました。］

カースティン：オッケー、ホーリースピリット。今がそのときね。首がこっているの。カイロプラクターに行くと、その痛みが消えるようだわ。カイロプラクターに行きたい。これをあなたに渡すわ。今、私は「身体の思い」をマインドのレベルに引き上げているのね。それが分かる。

私は祈りに入りました。そして、身体の痛みの原因となる私の知覚が、とても深く根ざしていることを感じました。**私は身体であり、私の首はこっており、それが私に影響している。これじゃ平安ではいられない。**私は、自分の身体の痛みの原因と、どうすればそれが癒やされるのかについて結論づけ、そこにずっと執着していたのです。そうすることで、私は何度も何度も、身体の思いがリアルであると自分に証明しつづけてきたのです。

カースティン：すごいわ！　これを練習することで、身体の制限から完全に自由になることができるのね！　そうでしょう？

ホーリースピリット：すべては思いなのです。痛み、うずき、筋肉、痛みの原因、などなど。これらはすべて思いです。世界と宇宙のすべては、重なる思いの層によって構成されています。思いの連鎖を解放することで、あなたは、マインドが今この瞬間に在るように自由にしているのです。すると、あなたは身体を、神の子の一時的な聖なる家として知覚し、抜け出せない牢獄として見ることはなくなります。あなたのマインドを解放しなさい。糸を切りなさい。あなたは身体に翻弄される操り人形ではありません。あなたはスピリット――聖なるマインドなのです。

あなたはまずゴールを決めてから、その達成に取りかかります。身体の痛みを感じているときなど、ゴールが役に立たないと気づいたときは、ゴールを変えます。聖なるマインドと同調していないゴールを、あなたはたくさん持っています。それらを、喜んで手放す準備と意欲とともに、私のところへ持ってくるとき、あなたは自分自身が不自由だという信念から自由になるのです。

カースティン：すごくワクワクするわ！

ホーリースピリット：素晴らしい。

暑い思い

デイヴィッドと私は、フロリダへ向かうために車で南下していました。友人たちが、さまざまなユニティ教会やコースグループで、コースの集いを十回開催する計画を立ててくれたのです。私たちはとても楽しみにしていましたが、フロリダ州に入ったところで、車のエアコンが故障しました。デイヴィッドに修理するかどうか尋ねると、修理は高くつくかもしれないから、疑う余地がないぐらい明らかな形でエアコンを修理してくれる店が自然と目の前に現れるのを待つ、と言いました。

攻撃的な思いと不満がマインドを駆けめぐりました。どうしてすぐに修理できないの？　デイヴィッドは私と同じ気持ちじゃない。私は、修理することが導きかどうかはっきりするまで待つのには同意できない。私にはエアコンが必要なの！　どうして私はこんな国にいるのかしら？　ニュージーランドとは全然違う。デイヴィッドはお金にケチケチしている。私だったらすぐに修理するのに！

私は、この不快な思いと感覚を、静かにホーリースピリットに渡し、赦そうと試みました。けれど、私は暑さとマインドの中の深い抵抗にもがいていました。道路が渋滞しはじめるにつれ、私は、自分のマインドの中の暑さについての攻撃的な思いを手放すよりも、不快な思いをしていてエアコンを修理する必要があることを、デイヴィッドに知らしめたいと感じていることに気がつきました。私は、どれほど暑いか、どれほど風が来ないか、そしてどれほどエアコンの修理を望んでいるかを、一言二言話しました。

渋滞で車が動かなくなると、レストランに寄って冷たい飲み物を飲むのを想像しはじめました。デイヴィッドの意見は私と違うようでした。私は彼から分離していると感じていました。そして、レストランに寄ることが「導き」ではない可能性と、自分が間違うリスクを恐れて、それを提案することができませんでした。どうすればよいのか分からなくなった私は、そのとき、ただ「すごく暑いわ」としか言えませんでした。

ダッシュボードに足を上げた私のTシャツの中は、汗でびっしょりでした。デイヴィッドは、鋭く光る青い目で私をまっすぐに見ると、暑さについてこう答えました。「ああ、君は暑いと思っているんだよ!」。すぐさま、不信の思いにかられました。信じられない! からかっているの? 暑いと思っているに決まってるじゃないの! この人誰よ? どうしてこのうだるような暑さに影響されないの? 人間じゃないわ! ここまで思ったとき、パズルのピースがはまりました……彼は人間ではなかったのです。語っている存在は、人間の視点からのものではありませんでした。

暑さにやられ、ぼんやりとした不幸なマインドを通して、私はどうにか遠い記憶のかけらのようなものをつかみました。まともにつかむことはできませんでしたが、それはまるで、風に吹かれている細い糸のようでした。私は、できる限りすべての願望を集め、この不満な思いから気を逸らせ、助けを受け取ることにマインドを集中しました。細い糸はロープに変容し、私はそれをしっかりとつかみました。私は被害者意識を見ないようにし、目を閉じました。この下にどんな信念があるのか見せてほしいと祈ると、次のような信念が意識に上がってきました。それらがマインドから取り去られるために、私は一つ一つの信念について、自分が間違っていることを喜んで認めるつもりでした。

私は、焼けつくような太陽に車が照らされているから暑い、ということを信じています。私はこのことについて、自分が間違っていることを望みます！「自分が間違っていると言ったところで、一体何が違うのかまったく分かりませんでした。なぜなら、暑いのは紛れもない事実だったからです！」

私は、熱波のフロリダにエアコンなしでいるから暑い、と信じています。ホーリースピリット、私はこれについて自分が間違っていることを望みます！　私はまだ信じていませんでした。

私は、自分の身体から汗が流れ落ちているから暑い、と信じています。

私たちは、渋滞にはまり込んでいます。アスファルトが溶け、熱波が車から立ち上っているのが見えます。「私は、自分が感じていることに深く入り込み、恐れに触れました。」

私は、熱が私を傷つけダメージを与えることを恐れています。私はこれを別の見方で見たいです。

私は、まだこの世界に影響されています。頭痛もするし、自分のことも守りたい。ホーリースピリット、私はこの信念をあなたに渡します。

マインドから緊張が取り去られるのを感じました。最後の思いをホーリースピリットに渡した途端、開いた窓から冷たい風が吹き込んで、私の頬にキスしたのです！　私は、嬉しくて大声で笑い出しました。「冷たい風よ！」と私は叫びました。「デイヴィッド、最後の暑い思いをホーリースピリットに渡した途端、冷たい風が吹いたの！」。デイヴィッドは私と同じぐらい嬉しそうでした。いかに私たちが愛されているか、そして、いかにすべては善きことのために一体となって働くかということをふたたび思い出させてもらって、私たちは喜びに輝きました。マインドの中にある炎を通り抜け、その反対側から飛び出す強烈さは、私にとってものすごいことでした！

まさに奇跡です！

数分後に渋滞は消え、私たちは空っぽの高速道路を走っていました。窓を全開にし、音楽のボリュームを上げて、幸せな気分で一緒に歌い、残りのドライブを楽しみました。

これが私の人生？

目的地に到着すると、ワクワクした様子のホストと主催者のみんなが私たちを温かく迎えてくれました。そこで出会った人たちを、私はすぐに大好きになりました。しかし、平均年齢が七十歳ぐらいだと気がついて、少し心配になりました。新しく友達になった人たちは、みんな白髪でゆっくりと運転しました。彼らは、メガネを失くしたとか、もう時間が残されていないとか話しています。犠牲者意識が上がってきました。**ああ、なんてことかしら。これが私の人生？　もう二度とテクノミュージックで踊ったりできないのかしら？　長い散歩に早歩きで一緒に出かけられる友人はもうできないの？**　自分の人生を、私はもうどうすることもできないようでした。そうです。私は人生のすべてをスピリットに渡す意志がありました。その上、実際はテクノミュージックで踊ることを望んでいませんでした。けれど、私はマインドが分裂する強烈さを感じていました。私は、自分の「スピリチュアルでない」考えを隠しました。そして秘密裏に、自分と同じ年ごろの人が現れてくれるように祈っていたことに気がつきました。

私は祈りに入り、年齢に関する考えをスピリットに渡しました。私は、年齢に意味がないこと、そして、本当は犠牲などないことを見せてください、と祈りました。私は、デイヴィッドが疲れなど知らないように、次々とワクワクしているコース学習者に会う様子をじっと見ていました。そのグループの中で一番若いのは私でしたが、自分のほうが遅れを取っていることに気がつきました。三十歳以上離れている人もいるのに、昼寝のために抜け出したのは私だけだったのです！

デイヴィッドは愛を込めて、友人たちを「輝くお年寄り」と呼びました。光と喜びを放射する、七十五歳以上のコース学習者という意味です！　彼らは、もう世界をよくすることへの個人的な責任感は持っていませんでした。それに、未来のゴールに向けての努力に興味はなく、ファッションも気にしていませんでした！　彼らは幸せだったのです！

私たちは、シニアタウンにある友人の家に滞在していました。そこでの制限速度は時速八キロです。住人たちは大きな三輪車を乗り回し、食べ物を贈ったり贈られたりしていました。フロリダを離れるころには、私はここでずっと幸せに暮らせると思いました。

キリストの中に浮かぶ

私は解き放たれようとしていました。七カ月の旅の三分の一まで来ていましたが、私は最後までやり遂げられるかどうか分かりませんでした。何を書くかも、何を食べるかも、どこへ行くかも、エクササイズするか否かも、私には選ぶことができませんでした。まるで、ボール状に束ねられた糸が解かれていくようでした。私は恐れていました。この調子で解かれていけば、私というものがすっかりなくなってしまう！

コースの集いの合間の三日間、私たちがゆっくり休めるようにと、友人たちが海辺のコンドミニアムを貸してくれました。ある日、プールに泳ぎに行ったとき、私は感情的な気分になっていました。水の中でデイヴィッドが近づいてくると、兄弟たちと海に行ったことを思い出しました。ときおり、彼らは私を水の下に沈めて遊びました。弱々しい気分だった私は、デイヴィッドが同じことをするのではないかと怖くなりました。腕を伸ばして近づいてきたデイヴィッドは足を止めると、私に大丈夫かと聞きました。「私を水の中に沈めるつもり？」。私はか弱い声で尋ねました。彼は大きな愛と優しさに満ちた目で「まさか、僕は絶対にそんなことしないよ」と言いました。デイヴィッドはプールの中で私を抱きしめてくれました。私は涙がこぼれるままにしました。神の腕に抱かれているようでした。

私の涙が収まると、デイヴィッドは私をプールに浮かべて、長い間ゆっくりと漂わせてくれました。私の世界は、衝撃と予期せぬ驚きの世界から、優しく最大限に世話をしてくれる世界へ生まれ変わっていました。知覚が大きくシフトする経験をするたびに、マインドの深いレベルにある影響を感じました。この世界との関係性で自分自身が誰かを知るということから、私は解かれはじめていました。

第十四章　死と疑いと大きな緑の怪物

二〇〇五年　秋

「あなたが選んだ道を誰がともに歩むのか、もしあなたが知っているなら、恐れは不可能です（T-18.III.3）」

死の恐れ

飛行機の座席に座るまで、私は南アフリカのコロンビアへ行くことに何の恐れも感じていませんでした。けれど、いつの間にか、誘拐され、首を切り落とされることを考えはじめ、ひどい気分になりました。スピリットに向かいつづけましたが、その考えは続きました。青ざめる私に、デイヴィッドが大丈夫かと声をかけてくれました。私は、首を切り落とされるという考えを、デイヴィッドに話しました。彼は私の手を握り、そんなことはスピリットの計画にはないよ、と保証してくれました。しかし、死への恐れは、私のマインドに引き続き上がってきました。私は祈り、その考えが去ってくれるように願いました。ここへ来て、私は、世界は信念を映し出すので、自分にそんな経験を引き寄せてしまうのではないかと恐れはじめました。私のマインドはパワフルなのです。この認識は、早く自分の考えが癒やされてほしいという望みにプレッシャーを加えました。

数時間して二回目の乗り継ぎのあと、私たちはカリ〔コロンビア西部の都市〕行きの飛行機に乗るため、トランジットラウンジで待っていました。恐怖は鎮まらず、私の頬に涙が流れつづけました。もう一刻の猶予もないと感じました。とあるアイディアがマインドをよぎりました。私はスピリットに言いました。「いいわ、もし私が打ち首を体験したり、この目で見たりしなければならないのであれば、お願いだからテレビで見せてもらえる？　私は本気でそんなことをこの身体で体験したくないわ。あまりにも度が過ぎているわ」。

私はデイヴィッドに抱きつき少し泣きました。顔を上げたとき、小さなテレビが壁にかかっていることに気がつきました。見たことのない映画が映っていました。キム・ベイシンガーが、超能力を持っている少女を守ろうとする映画です。それを見て、自分の目を疑いました。少女はギャングに地下鉄の駅まで追い詰められてしまい、キムが駅に着くと、壁にもたれている少女を見つけます。彼女が優しく少女の肩に触れ、大丈夫？　と聞くと、少女の首がぽろっと落ちたのです！

ショックでした！　映画に夢中になっていた私の最初の反応は、動揺と投影でした！「こんな映画をどうして空港のラウンジで流せるのかしら？　子どもだっているのに！」。私はデイヴィッドに言いました。彼は大きな青い目で私を見て言いました。「ぜんぶ君のためなんだよ、カースティン」。この映画が、私の祈りへの答えだということが、腑に落ちてきました。このフライトを予約し、この空港で、この時間にラウンジにいる。本当に、すべてが私のためだったのです。世界のすべてが、私の目覚めを助けるためにありました。マインドを癒やすためのスピリットの計画に、また驚かされました！

ああ、ありがとう、スピリット！　私は感謝と喜びの涙を流しながら、デイヴィッドをぎゅっと抱きしめました。とても奥深い体験だと感じました。カリに到着した私は、コロンビアの大切なコースの仲間たちの大きな愛に包まれました。傷つけられるかもしれないという疑いや恐れは、小さなものまですっかり洗い流されました。

比較と自己不信

私たちは、リリーという若くて活気あふれる魅力的な女性の家に滞在していました。彼女には心穏やかな十代の娘がいました。リリーはその日暮らしで、生活費もままならないぐらいでした。

彼女のコースグループが、私たちの一カ月にわたるコースの集いの開催場所を検討しました。そして、街の真ん中にあって一番便利な彼女のアパートに決まったのです。

リリーは、コロンビアで私たちを一カ月間ホストすることに大喜びしていました。「自由なスピリット」であるリリー。笑い、愛し、気ままに生きる。そんな彼女のそばにいることで、私の中にあらゆる感情が湧き起こりました。インスピレーションや歓喜、そして比較や自己不信。私は心の奥底で、本当に自由に、結果を恐れずに生きたいと思っていました。リリーのそばにいるだけで、私の考えがどれほど制限され抑制されているのかが、比較によってあらわになりました。デイヴィッドもまた、リリーの自由なスピリットの本質にインスピレーションを感じていました。嫉妬と独占欲、これらの癒やしの領域に、私が深く沈んでいくのに時間はかかりませんでした。

リリーと指輪

リリーのお母さんが、私たちを訪ねてきました。デイヴィッドの指輪に気づいた彼女は、彼の交際関係について質問しはじめました。デイヴィッドは彼女に、指輪は神との融合の象徴だと話しました。確かにその通りで、私は静かに同意しました。デイヴィッドは指輪を外すと、楽しそうにそれを振りながら「指輪には始まりも終わりもない。これは結婚、融合の象徴だ。この指輪自体は重要ではないよ」と語り、リリーに指輪を差し出して言いました。「君にあげてもいいんだ」。彼は彼女の母親にも指輪を差し出しました。「あなたでもね！」。そして説明を続けました。「人との結婚の象徴ではないんだ。これは神との結婚の象徴だ。聖なる愛との結婚の象徴なんだよ」。

結婚指輪が神との結婚の象徴だと話すのはいいのですが、彼が指輪を他の人に差し出したとき、私は胃のあたりがギュッと収縮するのを感じました。それは、大きくて暗い空っぽの穴のようでした。恐れの思考が湧き上がりました。**どうしてあんなことが言えるの！　本気で言ってたわよね！**

とは言っても、私たちはお互いに深くコミットしていました。デイヴィッドが私を愛していることは分かっていました。安全を求めて、私のマインドは緊急発進しました。デイヴィッドは本当は指輪を誰かにあげたりしない、と自分に言い聞かせようとしました。**デイヴィッドは絶対に、私に断りなくそんなことするはずないわ！**　誰もあの指輪を受け取ったりしない、と私は自分に約束しました。みんな、デイヴィッドが私と結婚して一緒に旅していることを知っているのです。

でも、正当化と自己防衛の思いの下にある問題の真相を、私は分かっていました。デイヴィッドは指輪を渡してしまえるのです！　それも喜んで！　目覚めのためのスピリットの計画に対する彼のコミットメントは、私を含んだこの世界のコミットメントを遥かに凌駕しているのです。デイヴィッドは指輪にも、指輪がどういうわけか私たちをつないでいるという概念にも、一切愛着を抱いていませんでした。

安全への欲求をイエスに向け直す以外に、私に選択肢はありませんでした。

もう何も分からない

足下から私の世界が崩れていきました。私をつなぎ止めようとせず、私を失うことを恐れず、私が特別だとある程度でも安心させてくれない相手と付き合うのは初めてでした。今、私は自分が特別でないばかりか、「私のもの」であるすべてが、他の人に差し出される可能性に直面していました。私は芯まで打ちのめされました。真面目に働いて、地位、安全、何らかの保証、これらを得るために頑張ってきた私の中枢が打ちのめされたのです。そんなものは、スピリットにとって何の意味もありませんでした。私の人生がお膳立てされ、他の誰かに差し出されているように感じました。

コロンビアに来るまで、私はデイヴィッドに執着し、彼とともにある人生に投資していたとは知りませんでした。今、私がその両方のために苦しんでいることは、どうしようもなく明らかでした。

リリーと競争することの醜さを感じていました。私は、彼女を心に招き入れ、彼女が考えている人生の罠から抜け出すサポートをすることができませんでした。こんな状態では、デイヴィッドと心を通わせることもできません。カリの街を歩きながら、私はエニグマの「リターン・トゥ・イノセンス（無垢性に帰る）」を何度も何度も聞きました。そして、強烈な感情が通り抜け、涙が流れるままにしました。

しばらくすると、小さな公園にたどり着きました。そこでは、公園に住んでいる人びとが、持っているすべてを分かち合って暮らしていました。私の思いは鎮まりました。スピリットが何かを見せようとしていることに気がついたのです。どういうわけか、マインドの中にヒビが入り、光が差し込みはじめました。そして、そこにある防御の思いを見ました。**今、彼らから離れてきたのだから、しばらくデイヴィッドに近づかないわ。そうすれば、彼からもっと自分を守ることができる。数時間近づかなければ、私がどれほど傷ついたか彼にも分かるでしょう。**けれど、エゴの支配は弱まっていました。私が感謝を覚えるまで、光は徐々に強くなっていきました。小さな疑いの波が起こりました。分離の感覚を保つように私を誘惑する声です。私は、アパートメントに帰るようにという強い促しを感じました。そして公園をあとにしました。

彼らから離れたことに罪悪感を覚えながら、私はドアを開けました。すると『50回目のファーストキス』を一緒に観ようという、デイヴィッドとリリーの温かい誘いが待っていました。この映画は、過去がすっかり拭い去られ、毎日同じ人と初めて出会い、恋に落ちる映画でした。

もし私が「エゴ」だったら？

ジャーナリング

カースティン：おはよう、ホーリースピリット。私はまだ自分の役割やデイヴィッドとの関係において、他の人に取って代わられる考えや、独占欲を持っているの。お願い、助けて。

ホーリースピリット：あなたの心がその中にいるか否か、そのどちらかです。

カースティン：今はその中にいないわ。もうこの関係は止めたい。辛すぎるわ。

ホーリースピリット：すべては考えです。デイヴィッドがあなたの代わりに他の誰かと旅に出るという考え。未来の考え。関係性の考え。すべて私に渡しなさい。そして私を信頼してください。私があなたを導きます。

カースティン：オッケー。ぜんぶエゴだというのは分かってるの。安全だと感じたり、脆《もろ》く感じたり、信頼したり、疑ったり。感じ方がころころ変わるから。デイヴィッドに捨てられるのが怖いわ。私がエゴだと分かったら、彼はそうするに決まってる！　エゴだけが嫉妬したり、憤慨したりするのよ。私は愛の存在じゃない。今は二つに引き裂かれたような気分だわ。

ホーリースピリット：あなたの望みは？

カースティン：神の平安……そして別の人生。

ホーリースピリット：それが問題なのです。あなたは二つの世界を同時に持つことはできない。

カースティン：私とデイヴィッドとの関係を教えて。

ホーリースピリット：あなたは聖なる関係を望みました。そして神の平安を祈りました。全一で癒やされたマインドを欲しました。それらへの答えとして、すでに進歩していて、あなたの進む道であなたを助けられる人が与えられたのです。あなたがたの関係はこの世界のものではありません。あなたが比較したり、何かを変えたりしようとするとき、葛藤したり混乱したりするのです。

カースティン：「私は安堵し、ほっと息をつきました。」ありがとう。嫉妬はどうなのかしら？

ホーリースピリット：同じことです。心の中では、あなたは同じ目的を分かち合っているのを知っています。愛を所有したり、占有したり、制限したりすることはできないのです。そうしようとしたときに、あなたは自分の考えによって傷ついたように感じるのです。

私の人生！　私の神秘家！

ジャーナリング

カースティン：おはよう、ホーリースピリット。助けて！　まだデイヴィッドがリリーにすべてを差し出したことに怒りを感じるの。私の結婚はすべての人を含んでいるけれど、自分の代わりがいるとは思いたくない。特別だと感じたいのよ！　安全を感じるためにすべてがほしい。こんな考えを持っていること自体、気分が悪いわ。私のほうがリリーより多く持つべき理由がある？　私は、歓迎され、面倒を見てもらい、食べるものや寝る場所の世話もしてもらっているのに、リリーはダメなんてことはないわ。間違っている。これは独占欲だわ。

こんなふうに感じたくない。でも私は特別でありたい。自分が価値ある人だと知っていたいの。独占欲と関係性について教えてもらえる？　デイヴィッドがリリーに愛情のこもった態度で接するとき、私が苛立つことについて。

［スピリットからのはっきりとした教えは聞こえませんでした。けれど、私はしばらくのあいだ、静けさの中に座りたくなりました。座っていると、ぞっとするような嫉妬心が私の内に湧き上がってきました。酷い気分でした。「緑の目の怪物」〔嫉妬の象徴。シェイクスピアの戯曲『オセロー』より〕と人びとが言うとき、何を指しているのかやっと分かりました。その感覚に吐きそうになりました。しかし、私はそれが強くなるにまかせ、悪魔祓いのように表に出てくるのを許しました。私はじっとしていました。できることは何もありません。そしてついに、それは解けて消えました。「私は自分を知ることを意志するので、私はあなたを神の子、そして私の兄弟として見ます（T-9.II.12）」。これを読むようにスピリットが導いてくれました。ようやく、私はマインドの中でリリーとデイヴィッドを無垢な存在と見ることができるようになりました。］

私はリリーもデイヴィッドも心から愛していました。彼らから分離したくありません。私は神の平安がほしい。兄弟を自分自身として見たい。ありがとう、ホーリースピリット。闇はさらけ出され、解放されました。終わってよかった！

所有することはアイデンティティの混乱

ジャーナリング

カースティン：おはよう、ホーリースピリット。昨晩の集まりは素晴らしかったわ。とてもクリアで平安よ。これから何をすればいい？　何か読む？

ホーリースピリット：平安を満喫してください。レッスン52の復習を読みましょう。「私が動揺しているのは、そこにないものを見ているからです。私は過去だけを見ています。私のマインドは過去の考えでいっぱいです。私は今のありのままを見ていません。私の考えには何の意味もありません」。

カースティン：「私はその箇所を読み、いくつかメモをとりました。」徹底的な復習のレッスンね。何か加えることはある？

ホーリースピリット：この世界であなたが知覚するすべてと、あなたのマインドの考えは同じものです。そこには、すべてのイメージ、世界や人びとや関係性についてあなたが下す結論も含まれています。それらは存在しない世界にもとづくものです。それらは私的な思いにもとづき、それらを知覚することであなたは分離していると感じ、それがあなたの動揺の「原因」となるのです。あなたが幻想に置いている信頼を取り下げてください。この世界は捏造されたもので、現実とは何の関係もないという気づきを保ちましょう。

カースティン：じゃあ、私の人生と、デイヴィッドと一緒にいることの安心さが、他の誰かに差し出されて脅かされるという信念。これはそのこととどう関係しているのかしら？

ホーリースピリット：あなたが持つすべては内にあります。あなたが持つすべては私が与えたものです。あなたが私を失えるとしたら、私を意識からブロックしたときだけです。恐れがブロックするのです。昨日、あなたが恐れ、怒り、嫉妬していたとき、あなたは私を見失いました。どうすれば、誰かがあなたの人生を譲り渡せるでしょう？　何が与えられたとあなたは知覚しているのですか？　誰から誰に？　あなたが誰なのか、そしてあなたの兄弟が誰なのかを思い出してください。どうすれば、あなたの「自己」の一部から他の一部へ、あなた自身を渡せるのでしょう？

愛に喪失はありません。愛は、愛そのものに延長します。あなたが持っているすべてを兄弟に与えることは、あなたが持っているすべてを自分自身に与えていることになります。これが真に与えることです。あなたは、兄弟と分かち合いたくない何を取っておくつもりですか？　あなたは兄弟が苦しむのを見たいのですか？　あなたは兄弟にたくさん与えることができるのに、それを与えないままにするのですか？　あなた自身は、それなしではいられないのに？

カースティン：もちろん、そんなことないわ——そこに罪悪感が入り込むのね。だんだん分かってきた。三人のあいだにあるレッスンは、全世界のためなのね。所有や占有は、聖なる目的のために使われない限り何の価値もない。それとも、これもまだ所有になるのかしら？

ホーリースピリット：あなたが持つすべてを私に渡してください。あなたはすべてと、一体であることを知ってください。全体の一部を、与えずにおいたり所有したりすることは、葛藤とアイデンティティの混乱の原因になります。あなたのマインドからこの信念をクリアにするにつれ、あなたは物事を別の見方で見るようになります。あなたはすべてが、平等で二ユートラルであると見るでしょう。あなたはすべてを、あなたの目覚めを助けるために、私が用意した象徴や小道具として見るでしょう。あなたが所有を信じると、あなたは不平等を見ます。人びと、家、車、そして国。どれも「他者」に属しています。ワンネスが不可能な、分裂した世界です。

カースティン：本当にありがとう。とても深いわ。私は今まで一度も、人間関係で嫉妬や独占欲を感じたことがなかったの。今、それが何なのか完全に分かったわ。全世界は、所有と占有にもとづいているのね。

メアリー・ポピンズとヘソ出しルック

ある夜、コースの集いが終わったあとに、私の洋服が人びとの気を散らす原因となっていることに気がつきました。男性は、私の洋服の下にどんな女性らしい身体があるのだろうと想像し、集まりに来た若い女性は、私にまったく共感することができませんでした。フロリダの「輝くお年寄り」のみんなは、私のメアリー・ポピンズ風な服装を気に入ってくれました。それは、ボタンダウンのブラウスに、ゆったりとした膝下スカート、そして履きやすい靴で成り立っていました。美容整形のメッカであるコロンビアのカリでは、メアリー・ポピンズは明らかにお呼びではなかったのです！

このことについてデイヴィッドと一緒に模索しました。すると、集まりの最中、デイヴィッドから流れ出るメッセージの深みを、私の服装が邪魔していることがはっきりとしたのです。デイヴィッドはこう言いました。「君は、スピリットに洋服を選んでもらわないといけないね」。

リリーはモデルのような体型で、ミニスカートと厚底靴に、短いヘソ出しシャツを着ていました。彼女は、私をショッピングに連れていけることに大喜びしていました！　いつでも冒険好きなデイヴィッドは、私たちについてきました。そのとき、私のマインドは二つに割れていました。私は密かに「魅力的」に見られることを喜んでいました。けれど同時に、自分の身体に注目されることに対して、恐れと嫌悪を感じていました。古くからの「完璧主義」な思考が頭をもたげました。私は、頑張っているように見えず、さり気なく魅力的に見える完璧な洋服を求めました。ああ……エゴです！　明らかに、私には取り消されるべきプライドと身体との自己同一化がありました。

リリーは、どこへ私を連れていくべきかを心得ていました。行く先々の店で、彼女は私に完璧に似合う服を見つけました。長めのパンツには、「はい」と言いましたが、いくつかの短いトップスはやんわりと断りました。その中の一枚に対して「ダメよ！　こんなの着られないわ！」と言ったところ、リリーは興味津々で「どうしてダメなの？」と私に聞きました。「だって乳首が丸見えなのよ！」。リリーは面食らったようでした。明らかに、彼女はどうしてそれが問題なのかを理解できないようでした。

私は「コースの集いで、私の乳首は見せられないわ」と説明しました。けれど、リリーは困惑した顔で聞きます。「あなたの乳首に、何か問題でもあるの?」。デイヴィッドは嬉しそうにこのシナリオを見ていました。彼は、私の不適切な服装についての意見に対する、リリーの無邪気な反応を楽しんでいました。彼らの優しい笑い声が私を包み、私は降伏しました。リリーを通してショッピングするスピリットを信頼することにしたのです。彼女はコースの集いにふさわしい服が分かっていました。私が彼女に服を選んでもらうようにするのが早ければ早いほど、彼らと一緒にエゴの考えを笑うときが早く訪れたのです。

カリに住む若い女性の多くは、魅力的な身体であろうと常にプレッシャーを感じていました。これは、単純に男性にとって魅力的であるということを超えていました。コロンビアのほとんどの人口は、一日一ドルで生活しています。そのため、就職は競争率が高かったのです。競争はあまりに激しく、クビにならないために、美容整形することを要求される女性もいたほどです。

その夜、スピリットはデイヴィッドと私を通して、深い教えを十分に注ぎ込みました。私は久しぶりに自分の役割に、より深く根を下ろしていることを感じました。リリーはものすごく輝いていました。彼女はこの集まりで、スピリットの計画をサポートするために、必要不可欠な役割を担っていました。私たちのホストとなり、彼女の家でコースの集いを開催することが、リリーにとってどれほど大変で、信頼を必要としたのか、私はようやく気づきました。ずっと、自分のマインドの中の嫉妬と無価値感に集中していたので、私は彼女をサポートする余裕がなかったのです。

再度、私は、デイヴィッドのキリストを自覚している意識と、誰とどこにいるべきかに対して、常に妥協なくある姿勢に、深く心動かされました。彼は、最高の善に仕えることに、途切れることなく意識を合わせていました。それはときに、スピリットとともに向き合うべきことに向き合うように、私を一人にすることも含んでいました。ちなみに、私はリリーが選んだ服が大好きで、擦り切れるまで着倒しました！

探索し殲滅する

ジャーナリング

カースティン：おはよう、ホーリースピリット。嫉妬の感覚の余韻がまだあるの。どうすればいい？

ホーリースピリット：復習レッスン53を読んでください。「私の無意味な考えが、無意味な世界を見せています。私が動揺するのは、無意味な世界を見ているからです。無意味な世界は恐れを生じさせます。神は無意味な世界を創造しませんでした。私の考えは、私が作り上げたイメージです」。

カースティン：レッスンを読んだわ。他に何かつけ加えることはある？

ホーリースピリット：物事を見るために、あなたのリアルな考えを使いましょう。混乱が支配する、無意味で狂った世界に価値を置かないように。人生が絶望的で安全が欠如しているように見えてしまいます。

カースティン：私の狂った考えが、馬鹿げた感情の原因だというのが分かるわ。自分が正しいと証明して、デイヴィッドを責めたいという衝動があるから、それがエゴだと分かる。私のマインドは、探索して殲滅するミッションに出るのよ。もう一度私が正しくあるために、デイヴィッドに罪があると証明したくてたまらない。それで……それで何？　別れるの？　エゴはそんな先のことまで考えていないわ！　私はリアルな考えとともに見たい。

「私は静けさの中へ沈み込みました。ペン先から、真理を受け入れる祈りが流れ出てきました。私は、リアルを信頼する、と書きました。私は無意味な世界が存在しないことを認めます。そして、それを信頼することを止めると決心しました。私が見るものは、私の考えの反映です。喪失、苦しみ、そして死。これらは私の考えが描き出されたものです。私は、見るすべてを、真の考えに照らしてもらいます。神の方法は確かなものです。私のイメージが神に打ち勝つことはありません。なぜなら、それは私の意志ではないからです。私の意志は、神の意志です。神の前に、他の神を置くことはしません。私は、完璧な我が家に、神とともに留まります。ありがとう、ホーリースピリット。」

今日、何か課題はあるかしら？

ホーリースピリット：今あなたが書いたことを、読んでください。

カースティン：ありがとう、ホーリースピリット。今日一日、私の考えに真理を当てはめる機会がないかどうか注意を払うわ。

第十五章　カリでのグランドフィナーレ

二〇〇五年　秋

「あなたが何をしようと、永遠の愛を変えることはできません（C-5.6）」

「正しい」決断

デイヴィッドは、週末にコースの集いを開くため、コロンビアのマデリンに招待されていましたが、私はカリに滞在したいように感じていました。その週末に、別々な友人四人に招かれていたのですが、どうすればいいか分からず、正しい選択をしなければならないプレッシャーを感じていました。間違った選択をして、スピリットが私にいさせたい場所に行けない可能性を心配していたのです。私はホーリースピリットに頼ることにしました。

ジャーナリング

カースティン：おはよう、ホーリースピリット。何をすればいいかしら？

ホーリースピリット：私を思い出してください。あなたは、この世界に囚われています。まるで、それに意味があるかのように。物事、場所、出来事、夢の中に現れる形状、それ自体にまるで意味があるかのようにです。世界は舞台です。そして舞台の小道具は、あなたとコミュニケーションするために私に渡されない限り、何の意味もありません。

カースティン：いいわ。私が必要とされているという信念も含めて、すべてあなたに渡すわ。私はあなたに導かれる。私は平安だけがほしい。

［私は祈りはじめ、すぐに平安を感じました。それからすぐに電話が鳴りました。その連絡を受けて、私は荷造りをして、週末は友人たちと一緒に、パパヤンにある彼らの農場に行くべきであることが分かりました。］

天使たちとの週末

ジャーナリング

カースティン：おはよう、ホーリースピリット。昨晩のことを話してもらえるかしら？　私は、自分がいるべきときに、いるべきところにいることしかできないと知っているわ。けれどほんの少し、別の場所にいたい、この週末が違っていたらよかったのに、という衝動を感じたの。

ホーリースピリット：別なところで、別な人びとと週末を過ごすことはできたでしょう。しかし、実は、あなたがともにいる人びとは常に、学びと癒やしが起こるために最適なセッティングなのです。あなたは、もしかすると他の場所にいるべきだったかもしれないという疑いの中で、この週末を過ごすことも選べます。もしくは、一瞬一瞬を私と過ごし、神に献身することもできます。覚えていてください。私はあなたの周りにあるすべての象徴と小道具を使って、あなたを我が家へ導くことができます。しかし、それができるのは、あなたの意識が私とともにあるときだけです。疑いはエゴのものです。それはあなたの私への気づきを妨げます。

カースティン：ということは、すべては完璧ということ？

ホーリースピリット：あなたが一瞬一瞬を、私とともに過ごすときがそうです。

カースティン：ありがとう。クリアになったわ。何か読んだほうがいいかしら？

ホーリースピリット：レッスン291を読みましょう。「今日は、静けさと平安の日です」。あたかも私の手を握っているように、一瞬一瞬を私とともに過ごし、私を意識していてください。静けさと平安を覚えていてください。

私は新しい友人たちと、素晴らしい週末を過ごしました。その内の二人に、深淵な神秘体験と知覚の変化が訪れました。私たちは何時間も一緒に瞑想し、天使の音楽を聞き、昼寝をし、マッシュルームを焼き、キャンプファイヤーを囲んで歌いました。

渦中へ戻る

ジャーナリング

カースティン：おはよう、ホーリースピリット。自意識過剰になっているみたいなの。この都市では、身体をとても重視しているわ。身体への注目を拒絶する思いと、魅力的になりたい思いのあいだで引き裂かれそうよ。美しい女性がいたるところにいて、ほとんどの人が美容整形しているの。毎日、スーパーモデルとすれ違う感じよ。ニュージーランドでは、Tシャツとジーンズを着ていれば幸せだったのに。ピースハウスで、私は自分の見た目を気にすること、栄養に関する信念、ダイエット、エクササイズなどを手放すために、大変な道を通ってきたわ。なのに、今、私は自分や人を見た目で判断しているの。助けて！　もう抜け出したい。

ホーリースピリット：身体についての考えを私にすべて渡してください。身体はあなたではありません。あなたの家ではありません。あなたに対する神の愛とも関係ありません。身体の考えは、どのように脚色されていようと、すべてエゴに属しています。

カースティン：分かっているわ。もう耐えられないの。身体を褒められるのは好きではないの。男性からいやらしい目つきで見られるのも、批判されるのと同じぐらい嫌なの。私自身を含め、他の誰にも身体に注目してほしくない。身体に対する関心は、軽くごまかされていてもずっとある。だからここにいることがとても辛いわ。エゴは張り合いはじめ、あの人と「同じぐらい」よい外見がほしくなる。自分自身と他者を判断し、物体として見はじめ、いつの間にか地獄にいるのよ。

ホーリースピリット：すべて私に渡してください。それが意識に上がってきたのはよいことです。もうすでにマインドの中にあったのですから。今、解き放たれるために上がってきたのです。外見を変えたり、もっとよくしたりしなければならない。神が創造したままのあなたでは完璧ではない。このような考え方を、自分でどうにかしなければならないと思っているからこそ、あなたはプレッシャーを感じるのです。

カースティン：オッケー、ホーリースピリット。私は身体にまつわる考えを全部あなたに渡すわ。それらを、抑圧したり、拒絶したり、何とかしようとしたり、したくない。私は兄弟姉妹を、神が創造したありのままの姿で、知りたい。他に何かある？　まだ疲れているし、泣きたい気分なの。ここにいたくない。人のそばにいたくない。デイヴィッドのそばで休みたいわ。他の人のことを考えたくない。問題も、未来のことも、考えたくないの。

ホーリースピリット：すべての心配を、私に渡してください。

愛と理解のために、ホーリースピリットを頼みにする

マリアと私は、コロンビアで開催された集まりで出会いました。私たちはお互いに、一瞬でつながりを感じました。マリアは献身的なコース学習者でした。彼女は、スピリットが彼女のためだけに、私をコロンビアまで連れてきたと感じていたのです！　彼女の夫は、数年前に亡くなっていました。私は、リリーの家から五分のところにある、彼女の静かな２ＬＤＫのアパートメントに招かれました。

この二つの家は、夜と昼のように対照的でした。リリーの家は、面した通りから車のクラクションがひっきりなしに鳴り響いてくる、賑やかなところでした。リリー自身も、とてもエネルギッシュでのびのびとした人です。私たちのどちらかが、何かしらの感情的危機に直面していることが多々ありました。マリアの招待は、スピリットからの静かな休息の贈り物でした。私の迷いを感じ取ったデイヴィッドは、私に会いにマリアの家に遊びにいくし、リリーの家に戻りたかったらいつでも戻ってこれるよ、と言ってくれました。

小さな鞄を持ってマリアの家に行くと、すぐさま静けさの中に沈み込む自分がいました。これはどリラックスしたのは久しぶりでした。その夜、私はコースの集いに参加するよりも、静かな夜を過ごす必要を感じました。私はデイヴィッドに、終わったらここに来て一緒にいてくれるかどうか尋ねました。彼の答えはノーでした。リリーの家にいると言うのです。彼が来てくれることを、私がどれほど必要としているかを伝えました。でも彼は、朝早く起きてメールに返信するから、休む必要があると答えました。

マリアのアパートメントは、たった五分の距離です。どちらの家でもメールは見られるはずです。彼の答えは、私にとってまったく理屈が通っていませんでした。私は孤独を感じ、動揺しました。**私たち一緒にいることになっていると思っていたわ。私が必要なときには、デイヴィッドはここに来て一緒にいてくれるって。**次の朝、私はまだデイヴィッドと離れ離れになったことに苦悩していました。

ジャーナリング

カースティン：おはよう、ホーリースピリット。お願い、助けて。私はまだ、デイヴィッドは私と過ごすべきだったという思いを捨てられないの。

ホーリースピリット：ワークブックレッスン293「すべての恐れは過ぎ去り、愛だけがここにあります」を読みましょう。

[私はそれを読み、メモを取りました。「すべての恐れは過ぎ去り、愛だけがここにある。過去の間違いを手放す。今ここにある愛、赦された世界だけに目を向ける。愛とは異なるすべてのものを手放す」。]

ホーリースピリット：手放しましょう。私を信頼してください。いつも必ず、別の見方があります。過去の間違いと、あなたが知覚した兄弟の間違いを私に渡してください。それらを手放して、私とともに物事を見られるように頼んでください。あなたの兄弟を赦しなさい。

カースティン：手放したい。私はまだ、傷ついた思いと怒りを握りしめています。私は平安だけを求めます。すべてあなたに渡します。

ホーリースピリット：よくやりました、我が子よ。今なら私の声を聞くことができるでしょう。覚えていてください。私はいつもあなたとともにいます。あなたは決して一人ではありません。すべての経験は、癒やしを目的としています。あなたの安全と平安のために、形を頼ることがないようにしてください。そうでなければ、あなたは傷つき、失望することになります。

　昨晩、あなたは、あなたを愛している人と一緒に完璧な場所にいました。あなたの信頼の欠如だけが、あなたの平安を邪魔するのです。すべては善きことのために一体となって働きます。常に私を信頼してください。あなたは癒やしを求めました。そして、あなたは癒やしを経験しているのです。常にこのことを信頼してください。これはあなたが望んだことです。恐れを意識に上げてください。そして愛と理解については私に頼るように。あなたのこうあるべきという考えに頼ってはいけません。

カースティン：本当にそうね。物事はこうあるべきという、私の意見がいつも問題なのね。それはすべて仮説にもとづいていて、不公平感がつきまとい苦悩に至るんだわ。ふぅ、どうもありがとう。

ホーリースピリット：あなたを愛しています。

つながることへの欲求

ジャーナリング

カースティン：おはよう、ホーリースピリット。今日は私にどんなメッセージがあるの？

ホーリースピリット：すべてあなたのためです。今日という日の一瞬一瞬はあなたのためにあります。遥か昔に台本は書かれ、あなたは安全な場所からそれを眺めることができます。今日あなたが受け取るメッセージに注意を払ってください。偶然はありません。私があなたとともにいます。あなたが疑いの中にいるときはいつでも、明瞭さと正しい知覚のために私に頼ってください。

カースティン：昨日の夜、デイヴィッドが友人のカルロスと交わした会話を教えてくれたの。カルロスは、カリにはコースの学習グループがたくさんあるけれど、それぞれ分離しているように見えると言っていたみたい。彼はグループがつながり合うことを望んでいたの。今朝聞いたのだけれど、私たちの集まりに、三つのグループが来て、初めて合流するんですって。これは偶然ではないわね！

ホーリースピリット：完璧ですね。癒やしを求めて集まるマインドの力を、決して過小評価しないように。

カーステイン：本当にそうね。他に何かある？

ホーリースピリット：ワークブックレッスン36「私の聖性が、私が見るすべてを包み込みます」を読みましょう。

「私はレッスンを読み、素晴らしい一日を送りました。」

過去、ふたたび

数日後に、デイヴィッドと私は、車を停めていたフロリダ行きの飛行機に乗る予定でした。そこからまた、南大西洋方面へ旅を続けるのです。私はカリで、徹底した一カ月を過ごしました。鳴り響きつづける車のアラームや携帯電話と、大都市特有のハイテンションな雰囲気の中で、死への恐怖、嫉妬、所有欲、そして身体にまつわる考えに向き合いました。そして、揚げ句の果てに、元カレのサイモンからメールが届いたのです。

私たちは二年ほど連絡を取り合っていませんでした。けれど、過去に逃げたい思いを抱いているとき、彼は確かに私のマインドに登場していました。サイモンは、信じられないようなタイミングでメールを送ってきました。私が強烈な感情を通り抜け、この先どうするかを決めようとしていたときにです。サイモンとの関係は軽く、まだまだ発展途上でした。それに対して、デイヴィッドとの関係は、私のマインドの中のもっとも暗い闇に向き合うことを意味していました。それを自分のために意識して選ぶのは、狂っているように思いました。

そして、こんな疑いの思いを一体誰と分かち合えるでしょうか。独立性をなくし、あらゆる闇と向き合うためだけの関係を、誰も勧めたりしません。デイヴィッド以外に、誰も理解なんてできません。でも、デイヴィッドとの関係に悩んでいるとき、私のマインドは他に目を向けたくなっていました。

ジャーナリング

カースティン：おはよう、ホーリースピリット。すごく悲しいの。サイモンと付き合いたいわ。罠にかかった気分がする。もうここにはいたくないの。どんな計画であったとしても、もう前に進みたくない。でも、もう元にも戻れない。マイアミは災害地区で、竜巻があのあたりをなぎ払った。私たちの車はもう台無しになっているかもしれないわ。私のマインドの状態が反映されている感じがするの。イギリスにいるサイモンからさらに離れることになるから、ニュージーランドへ逃げるのも役に立たない。もし、サイモンと私が元サヤに戻る運命だったとしたら？　今の私はエゴについて知っている。付き合っているとき、私たちはまさにそれに直面していたわ。だから、何が上がってきても、私たちなら癒やせると思うの！

サイモンとの連絡は、初めはよい感じでした。彼がくれた最初のメールに返信するとき、私は過去二年間の人生で素晴らしい体験をしたことを、あふれんばかりに書き綴ったのです。でも、彼が返信してくれたとき、大きな悲しみが湧き上がってきました。

デイヴィッドに話さなければならないことは、分かっていました。たとえ私がサイモンに対する思いや感情を、デイヴィッドに言うのが怖くても、です。私は不誠実だと感じました。そして、デイヴィッドは、絶対私に出ていけと言うだろうと思いました。しかし、彼の対応は、エゴが私に言うこととは正反対でした。デイヴィッドはとても愛情深く、私を支えてくれました。彼は、無条件の愛の見本のようでした。彼は私たちの関係が癒やしのためにあり、それは完全に自由意志であることを思い出させてくれました。デイヴィッドが「イギリス行きの飛行機のチケットを見てみる？　それでサイモンに会いにいく？」と聞いたときは、信じられない思いでいっぱいになりました。他の癒やしのときとまったく同じように、彼は私の内的な探索に加わってくれたのです。

彼の寛容さに驚きました。彼は私をつなぎ止めようともしなければ、何かをコントロールしようともしなかったのです。実際、彼は私がここを離れられるように、大きな愛と優しさで助けてくれようとしていました。私は泣かずにはいられませんでした。自分は安全で無垢だと感じました。そして、スピリットと一緒に、私の思いを十分に探索することができる気がしました。それはまるで、この世界で一番優しいことのように感じられました。

デイヴィッドと私は、一緒に飛行機のチケットを予約するアイディアを探りました。航空会社のウェブサイトを開いたとき、私はサイモンと一緒にいることが本当のところどうだったのか、それを思い出しました。確かに、私がスピリチュアルな道を進みはじめたときは、私たちの関係は愛情に満ちて助けになっていました。しかし、もう完全に限界に達していたのです。サイモンの歩む道は、神秘主義ではありませんでした。私の道は、神秘主義でした。賞味期限の過ぎた関係にしがみつくのは、以前にもすでに試していたことでした。

大きなサポートがデイヴィッドから延長され、私は直感的に、ロンドンへ飛ぶことは自分の進む道ではないと感じました。広がりを感じなかったのです。それは卑小で「仮定」だらけだと感じました。

デイヴィッドとともに経験したことは、聖なる関係の目的に対する、より深い洞察そのものでした。この関係性の背景にあるのは、何が意識に上がってこようとも、スピリットとともにいる場所がもたらされる、ということでした。この意味において、癒やしのために何が上がってこようと私は無垢でした。その日、デイヴィッドと、目的に対する彼の献身への信頼が、私の中で深まりました。彼は、私の目覚めにとって最善のことを、本気で望んでくれていたのです。私は魂のすみずみでそう感じました。

愛を知るために、過去を手放す

ジャーナリング

カースティン：おはよう、ホーリースピリット。サイモンのことだけど、だんだんと落ち着いて平安になってきたわ。サイモンが、長いメールと一緒に、写真が載せてある彼のウェブサイトのリンクを送ってきたの。奥さんと一緒にとても幸せそうな彼を見ていると、心が温まったわ。私たちの人生はもう別の方向に向かったことが裏づけられた。もう、抵抗したり、拒絶したり、投影したりしたくない。あなただけを信頼したい。

ホーリースピリット：私とともにいなさい。ワークブックレッスン３４５「私は今日、奇跡だけを差し出します。奇跡が私の元に戻ってくるように」を読みましょう。それから「奇跡の原理」の23から25までを読んでください。

私はその節を読み、メモを取りました。何も隠さないこと。あなたはスピリチュアルな交流に加わり、平安と喜びを理解する意志がある。時間を前向きに使うこと。奇跡は、つなぎ合わさった一連の赦しの一部。それが完了したときが贖罪。

カースティン：私は真の助けになるためだけにここにいます。［立ち上がろうとしたら、何かが私をソファーに押し戻しました。まだ終わっていなかったようです！　突然、私はここ数カ月のあいだ、家族やサイモンについての過去の考えで、頭がいっぱいになっていたことを思い出しました。明らかに、まだ手放せていません。］他に何かあるかしら、ホーリースピリット？

ホーリースピリット：あなたは愛の延長です。あなたは在るものすべての延長です。何の期待も抱かずに与えなさい。そうすればあなたは神を知るでしょう。未来の見返りを何も考えずに与えなさい。そうすればあなたは神を知るでしょう。神を知るとは、神のようになるということです。神はすべてを無条件に与えます。サイモンやあなたの家族を含め、すべての兄弟との関係においても、この実践は例外ではありません。あなたは彼らに過去を投影しています。

あなたが過去を手放さない限り、あなたは彼らを真に知ることを望んでいるとはいえません。愛は過去を伴いません。関係が、神聖でも純粋な愛でもないときは、あなたのマインドがせわしなく妄想するので、それが分かるでしょう。サイモンは、赦しと癒やしの機会でした。愛は、度合いや特別な対象を持ちません。そして、愛は、ストレスや切迫感に続く未来へ導くことはありません。

カーステイン：今、平安で満たされているわ。私の心は感謝で満ちている。

あとになって、これほど深い癒やしを分かち合える人は他にはいないことに気がつきました。なぜなら、今現在、分かち合うことになっている人が他にはいなかったからです！　デイヴィッドこそ、スピリットから与えられた人でした。心を開いて、デイヴィッドを受け入れることで、私は思い切って、これらの感情を持つことさえ間違いだったという、罪悪感や恐れに向き合うことを選んだのです。この選択によって、手を握って一緒に闇を通り抜けてもらえるように、デイヴィッドが招き入れられたのです。最終的には、何もするべきことはなく、新しく踏み出すステップもありませんでした。癒やしは私のマインドの中で起こったのです。それは、過去とよく知った世界の「安全」を、マインドから完全に解き放ちたいという私の願望を容認することでした。

神秘の瞬間

私たちをコロンビアに招待した三人の主催者は、ジュアン・ヴェルデス・ナショナル・コーヒー公園に私たちを連れていけることを喜んでいました。その日一日、コースの集いはお休みで、日帰りの遠出には完璧なお天気でした。その公園は美しいボタニカルガーデンで、なだらかな小道や座れる場所に加えて、小さなカフェがいくつかありました。そのうちの一つに向かっているとき、私は神秘体験に入り込んでいきました。

私の知覚が変わりました。何もかもが、とてもやわらかくおぼろげになりました。庭は光を放っていました。それはまるで、海の中にいて、すべてが水の中に入っているのを見ているようでした。すべてはつながっていました。誰が何を言っても理解できず、人の声はまるで水の外から聞こえてくるようでした。私は水面下深くに落っこちて、すべてが一つで、すべてが知られているところにいたのです。デイヴィッドが、突然、私が子どものような好奇心でいっぱいになったことに気がつきました。直感的に何が起こっているか分かったデイヴィッドは、私の手を取りました。

メニューを読むことも、話すこともできませんでした。デイヴィッドは私にコーヒーを、そして自分のためにアイスクリームを注文しました。完璧でした！　すべては完璧でした。私は幸せな気持ちで静かにしていました。五歳ぐらいに見えたそうです。コーヒーショップを出たあと、デイヴィッドは私の手を取り、みんなのあとをついてゆっくりと庭を歩きました。

たった一瞬、私が恐れを経験したのは、友人の一人が私を見て何か質問し、答えを期待しているように見えたときでした。彼女の言葉は一言も理解できませんでした。けれど、デイヴィッドが私の代わりに答えてくれました。友人たちは幸せな小鳥のようにさえずりながら先へ進み、数時間というもの、私はデイヴィッドの手を握って、庭を幸せな気分で漂いました。みんな、庭や花々を指差したり、笑ったりしていました。なんて美しいのでしょう。

コースは万人のためのもの？

二日後、あるコース学習者の農場で、コロンビアで行われる最後の集まりがありました。彼女と彼女のグループは、コースを学ぶことにワクワクしていました。彼らは全世界にコースを知らせて、すべての人を一緒に連れていきたいという、初期の情熱的な段階にありました。

私たちのホストが、彼女の農場で働く従業員について話しはじめました。彼は六十代後半で、人生のすべてをこの農場で過ごしているということでした。敷地内で人びとと交流し、月に一度、備品の買い出しに、少しのあいだだけ町に出るそうです。彼女はデイヴィッドに、彼をコースの学習グループに招待するべきかどうか尋ねました。デイヴィッドは、その従業員のマインドの状態を説明してほしいと聞きました。

彼女はその人についての事実を話してくれました。彼はいつも幸せで感謝にあふれ、雨が降っても太陽が照らしても神に感謝しています。そして、彼はどんな仕事のどんな側面にも深く感謝し、この農場に住んでいることを愛しているということでした。

私たちのホストは、すべてが幻想であることに気づかなければ、彼は目覚めることができないと心配していました。形而上学を学ぶために、彼をグループに連れてきたほうがいいのではないかと、彼女は思ったのです。「ノー！」。これがデイヴィッドと、三週間一緒に過ごした友人たちの答えです。その内の一人が喜びとともに叫びました。「この本を彼に近づけるんじゃない！」。

私たちのホストは驚いていました。デイヴィッドは、赦しのカリキュラムはすべての人のためのものだけど、コース自体は数ある道の一つであることを話しました。『奇跡のコース』は、高度な教育を受けた心理学研究者二人が、仕事に満足できず、神との深いつながりを求めて祈った答えとして与えられたものです。彼らは知力で成り立っている人生から解き放たれるように、呼びかけられていました。そのような人生は、その従業員が送っているような、祈り、感謝、そして神の摂理を意識したシンプルな人生とは正反対のものだったのです。

笑顔の彼を、教育が必要な人ではなく、すでにその道にいる人の象徴として見るのは、なんと美しく安らげることでしょう。

第十六章　離さないで

二〇〇五年　秋

「それならば、あなた自身を弱くみじめだと知覚したくなるすべての誘惑に対し、次のように答える幸福な習慣を身につけてください。

私は、神が創造されたままの私です。

神の子は、何にも苦しむことはできません。

そして、私は神の子です（T-31.VIII.5）」

ベネズエラへ発つ

コロンビアの愛する友人たちの元を離れ、私たちはベネズエラへ向かいました。そこでは、キャロライナと彼女のコースの学習グループが、二週間にわたり私たちをホストすることになっていました。スピリットは、基本に立ち戻り、最初のほうにあるいくつかのワークブックレッスンを復習するように私を導いていました。自分の周りの世界はカオスだと信じて感情的になっているとき、最初のほうにあるレッスンは、考えを集中して、教えを当てはめるのにうってつけでした。何があろうとも、その日の私のレッスンは、すべての状況に対する完璧な答えでした。それは、初めてワークブックレッスンをしたときと同じでした。

私たちが訪れているあいだ、ベネズエラの大統領が、米国に対して軍事演習を行っていました。私にとってその出来事は、自分のマインドの不安定さを完璧に反映してくれるものでした！　この「ゲーム」の最中、コースを教えるためにこの国に招かれていた他の教師たちは、リスクの高さを理由に断ったようでした。けれど、デイヴィッドはいつも通りスピリットが導くところに赴きます。彼の出会いは、本質的にいつも奇跡に満ちていました。それは赤ちゃんを抱っこしている人とでも、機関銃を抱えた人とでも、変わりありませんでした。この旅が、私の目覚めのための大きな計画の一部なのは明らかでした。私たちがそこへ行くべきかどうかについて、議論の余地は一切ありませんでした。

私たちのホストは、飛行機代を捻出し、あらゆる種類のグループに知らせるためのプロモーションに心を尽くしてくれました。キャロライナは、デイヴィッドにテレビとラジオのインタビューを手配してくれました。この地域の人びとに、私たちの集まりについて知らせるためです。彼女はすべての人が目覚めを望んでいると信じていました。そして、来たるべきこの贈り物について、みんな知るべきだと思っていました。

私は、二つのラジオインタビューに参加しました。そして、スピリットがどんな話題でも語ることができるのを、目の当たりにしました。この番組のホストは、デイヴィッドの言葉を聞いて、自分の話を聞いてもらいサポートしてもらったと感じ、真摯なコース学習者にも負けないほど引き込まれていました。このスポーツ番組で、アナウンサーがサッカーのスコアを読み上げる合間に、デイヴィッドはマインド・トレーニングやチームワークの大切さ、そして「ゾーン」に入ることのパワーや栄光について話しました。デイヴィッドの話は深く、スポーツの怪我がマインドの中の罪悪感に関係しているというアイディアにまで及びました。『愛を求めて』という番組では、彼は聖なる関係や、私たち自身の心の中に聖なる愛を見つけることについて話しました。ベネズエラで有名なロマンスラジオのホストも、確かにそれこそがすべての人が本当に望んでいることだと、完全に賛同していました。

ベネズエラの人びとは、コロンビアの人びとと同じぐらいデイヴィッドと一緒にいることにワクワクしていました。デイヴィッドは、南米特有の夜十時スタートのディナーにも幸せそうに順応していました。そして、彼らの夜十一時からのエスプレッソコーヒーパーティも完全に受け入れて、みんなと夜遅くまで一緒に過ごし、質問に答える機会を最大限に使っていました。

信頼と自由

「癒やすための唯一の道は、癒やされることです。奇跡はあなたの助けなしに広がっていきます。しかし、奇跡が始まるためには、あなたが必要なのです。癒やしの奇跡を受け入れてください。すると奇跡はその本質のままに進んでいきます（T-27.V.1）」

ジャーナリング

カースティン：おはよう、ホーリースピリット。昨日のテレビ番組の収録では、緊張することがなくて幸せだったわ。でも、司会者が戦争について質問してきたの。もっとよい答え方はあったかしら？　あなたに波長を合わせて、私を通してもっとクリアに話してもらうためにはどうすればよいの？　そうすれば自分を疑わずに済むわ。

ホーリースピリット：あなたの話は完璧でした。あなたの返答が、他の人にどのような影響を及ぼすのかあなたには分かりません。私は、あなたの返答が完璧だったことを保証しましょう。神の秩序を信頼してください。あなたが疑うとき、あなたは私についての自覚をブロックしてしまいます。出来事が起こったあとに疑ったとしても、私への自覚をブロックします。あらゆる瞬間は、私に導きを求める機会です。すべては善きことのために一体となって働くということを信頼してください。

カースティン：今日は、ワークブックレッスン10「私の考えには何の意味もありません」を練習しているの。これについて何かあるかしら？

ホーリースピリット：あなたの考えが、あなたに世界を見せてくれます。あなたが知覚するものは、あなたの考えからもたらされます。ジャッジメントを一掃することでマインドを浄化したとき、あなたは赦された世界を見るでしょう。一瞬ごとに生まれ変わる、平和な世界、優しい世界です。あなたは過去の先入観にもとづいてこの世界を見ます。あなたは何かを見て、それを仮定し結論づけますが、それらは過去にもとづいています。マインドを空にするのは、世界をあなたの定義から解放するということです。これこそが自由です。自由とは、あなたのマインドの状態から来るものです。赦すとは、あなた自身を過去から解き放つことです。過去は単純にマインドの中にあるアイディアであり、そのすべてはあなたの知覚から来ています。

カースティン：じゃあ、何かを初めて体験していると感じることには、どう当てはまるのかしら？

ホーリースピリット：「初めて」という概念を見てみましょう。知覚体験を伴う初めての思考は、時間の内にあります。永遠は、時間を伴いません。スピリットは、時間の内で知覚体験を持つことはありません。エゴとは、時間と空間の信念です。あなたの気づきを、今この瞬間に持ってきましょう。それは、あなたが時間と空間を信じているあいだ、永遠に一番近づける位置です。そこでは、すべての経験が真新しく見えるでしょう。

カースティン：私が教師だったころの体験を思い返していたわ。たとえば、子どもに読み方を教えることについて。これは、エゴがエゴの概念についてエゴに教えているということなの？

ホーリースピリット：あらゆる瞬間は、今ある愛、つながり、喜びを経験する機会です。子どもに読み書きを教えることは、つながるための背景としてあるのです。読み書きというエゴの概念を、スピリットも使うことができます。あなたの役目は、あなた自身とあなたの兄弟が、本当は誰なのかを思い出すことです。赦しを実践し、必要なときには私に頼って導きを求めてください。形の世界に新しいものは何もありません。それは、あなたのマインドを解放するために使うことができるイメージの世界です。そして、それが形の世界の目的です。この視点から見ると、あらゆる瞬間は新しい機会なのです。

これが限界だったらどうしよう？

メリダでの最初の集まりのテーマは、聖なる関係についてでした。そこには二百人ほどの人びとが集まっていました。私は限界を感じはじめていました。聴衆の前でステージに上がることは、私にとってはとんでもないことだったのです。エゴが隠れられる場所はどこにもありません。私は、心から感じてもいないときに、癒やされた人のふりをすることも、情熱があるふりをすることもできませんでした。

次の日の夜、私たちは映画鑑賞の集まりを開き、『恋愛小説家』という映画を観ました。映画が始まる前に、デイヴィッドはこの映画を観るポイントを説明しました。映画が終わったあと、私は観賞後のディスカッションのために、デイヴィッドと一緒にステージに上がりました。

その映画の中でヘレン・ハントが、人生も人間関係も自分で選んだわけじゃないと叫びました。この台詞が、私の心を深く揺さぶりました。しかし、それがどれほど深い影響を私に与えたのか――私が知ったのは、ステージに上がったときでした。この台詞に、私は自分が取り消されたと感じたのです！　ステージの上でスポットライトに照らされながら、私は動くことも、音を立てることもできなくなっていました。

集まりが終わり、私たちはオーガナイザーと一緒に食事に出かけました。私は、完全に切り離されたように感じていました。どのぐらいお腹が空いているのか、何を食べたいのか、そんな質問にも私は答えることができませんでした。デイヴィッドが、何か聞きたそうな目で私を見ていることに気がつきました。私は彼から分離していると感じていたので、自分でも理解できない思いや感情を話すのは怖いと思いました。私は自分の思いを、すべては間違いで、デイヴィッドとの人生は私の進む道ではなかったという意味だと解釈しました。これを彼に話せば、その通りだと裏づけられるのではないかと恐れていました。その夜は、その考えを胸にしまっておきました。

凍りつく

ジャーナリング

カースティン：おはよう、ホーリースピリット。昨日の夜、ステージの上で酷い気分だった。寒くて、震えて、感情的にかき乱されて、ブロックされていたわ。ステージから降りて、後ろのほうの席に座りたかった。でも麻痺したように動けなかったの。何か言うことはあるかしら？

ホーリースピリット：エゴが呼び起こされたのです。ある出来事を、後悔や恐れとともに振り返り、こうでなければよかったのにと願うのは、エゴのレンズを通して知覚することです。すべては善きことのために一体となって働いています。エゴによるジャッジメント以外に、このことに例外はないと覚えていてください。

カースティン：経験から学ぶレッスンについて考えていたの。今気がついたのだけど、私はそれを次の機会のためのレッスンとして知覚していたのよ。もう二度と、同じ経験をしなくて済むようにね。でも、やっぱりそれもまだエゴなんだわ。学ばれたレッスンはもう過去のことで、もう終わったことだもの。それは、想像された未来とは何の関係もないわ。これについて何かある？

ホーリースピリット：このようなエゴのトリックに、あなたは何度か気づいてきましたね。未来を守ろうとすることは、どれほど助けになるように見えても、偽装されたエゴであることに変わりはありません。今、あなたは罪にまみれた過去や、仮説上の未来に注意を向けることを選べます。どちらもあなたの想像の中にしかありません。そして、どちらも今この瞬間からあなたの気を逸らしつづけるものです。もしくは、あなたは恐れや疑いを私に渡してしまうこともできます。マインドは一つしかないことを覚えていてください。あなたの外に、あなたを裁く人はいません。あなたはすべての裁きを、自分自身に対して行っているだけです。そして今、それを手放すことができます。

カースティン：分かったわ。私はすべての思いをあなたに渡します。私は平安と私の完璧さを知ることだけを望んでいます。「私が動揺しているのは、意味のない世界を見ているからです（W-12）」。このワークブックレッスンを、これらすべてに当てはめると、完璧な答えになっていて驚いたわ。こんなことを自分に対してやっても動揺するだけだし、私の全世界を無意味にしてしまうわね！　ありがとう！

穏やかでありなさい

明晰さに対して感謝していましたが、まだ恐れの余韻が残っていました。だから私はデイヴィッドにこの体験を話すことにしました。彼は、目覚めの道筋がどんなものであるかを、私に愛情深く思い出させてくれました。私は幻想から目覚めつつあり、意識の深い変容の中にあるので、このような思いや感情を抱くのは普通だと言うのです。彼は、私が目覚めへの深い呼びかけに応えていることを思い出させてくれました。そして、どんなときでも一歩退いて休息するのが許されていることも。これを聞いて、私はずっと気が楽になりました。

恐れの中にあるとき、私の基本モードは内の声を聞くよりも、「支え、助ける人」となるように自分を追い込むのです。思い出すと分かるのは、私は明らかにステージに上がることを恐れていたということです。そして、今分かるのは、私がステージに上がる必要など一切なかったということです。私に期待されていることなど、本当に何もなかったのです。

デイヴィッドは、すべては私のためで、私が何をしてもしなくても、完全に愛されていることをずっと思い出させてくれました。私にとって、これを受け入れるのはとても難しいことでした。明らかに、私は真理をいつも思い出させてもらわなければなりませんでした。私がなれるかもしれない「最高のコース学習者」や「最高の旅の同伴者」を超えたところで、私は自分の献身を信じることを学ばなければなりませんでした。もちろん、私はこれからも集まりなどに顔を出すつもりですし、できる限りの奉仕はします。それが本当に私の喜びだったからです。けれど、一歩退いて休息を取るように導かれているのであれば、私はそれも尊重することを学ぶ必要がありました。むりやり自分に何かをさせることで、奇跡が起こることはありませんでした。

間違いと取り消し

「二つの相対する思考システムから生じる葛藤からの出口は、はっきりと一つを選んで、もう一つを放棄することにあります。もし、あなたが思考システムと自分自身を同一化し、これは避けられないことなのですが、完全に対立する二つの思考システムを受け入れたとしたら、マインドの平安は不可能です。もし、あなたが両方を教えるのであれば、あなたが両方を受け入れている限り確実にそうしているのですが、あなたは葛藤を教え、学んでいることになります。それでもあなたは、平安を望んでいます。そうでなければ、平安を代弁する声に助けを求めて呼びかけることはなかったでしょう。その声のレッスンは狂っていません。葛藤は狂っています（T-6.V.B.5）」

実際、私は自分のマインドの中の二つの思考システムに、気がついていました。エゴの恐れにもとづいた思考システムと、ホーリースピリットの愛にもとづいた思考システムです。私が正しいマインドにいないときには、妥協なく絶え間なく、光を思い出させるデイヴィッドのそばにいるだけで、エゴは引き伸ばされ追い込まれているように感じました。私たちの七カ月間の旅は、ぎっしりと詰まっていました。エゴが隠れる場所などどこにもありません。抵抗が高まると、エゴの思いが私のマインドに上がってきました。**私はデイヴィッドではないわ。デイヴィッドは使命《コーリング》を見つけた。彼は語る神秘家よ。けれど、私は違う！　価値があることなんて、何も言えない。**このような考えをとらえることは、人との違いや性格のタイプを、リアルなアイデンティティだと見なすエゴのトリックを見抜くのに役立ちました。エゴはそのような違いの知覚を、ワンネスへ身をゆだねることに対する防御として利用するのです。

何度も何度も、私の自己概念や「卑小な自己」が、自分の最善の利益を決して知ることができないのを、目の当たりにしました。なぜなら、自己概念や「卑小な自己」こそが、取り消されようとしているからです。それらは、自分の正しさや「私！」であることを防衛して正当化する、記憶、感情、態度で成り立っています。ありがたいことに、私はイエスがコースで何度も問いかけた「あなたは、正しくありたいのですか？　それとも幸せでありたいのですか？（T-29.VII.1）」という質問を、いつも思い出すことができました。これは、私が不幸せで、自分だけが正しいと思っているのに気づくことを助けてくれました。

私のマインドの中で、夜が明けるように光が差し込み、私は自分で選択したことを思い出しました。私が感じていることをデイヴィッドのせいにしたり、何かが間違っていると言い張ったりする選択です。この選択の結果は、私の目に彼が信頼できない人物として映ることでした。そして信頼なくしては、私には何もありませんでした。マインドの平安はなく、愛も光も目的も喜びもありません。そして、心強い仲間《マイティコンパニオン》としてのデイヴィッドもいませんでした。

デイヴィッドの側にいなければならないと、心の中では分かっていました。ほんの少しでもエゴ側に立つと、私たちのあいだに影が差し込む隙間を作りました。すると、闇と苦痛への回り道にはまり込むのは確実でした。どんな隙間もないときには、私は神への全面的な信頼の中で、彼とともにいました。すると、すべては神の秩序の下に収まるのです。

もう一つの計画

ベネズエラ人のホスト、キャロライナは実験的なアプローチで『奇跡のコース』と旅をしてきました。彼女は、音楽、即興ダンス、そして演劇への愛を、コースの学習や内的な問いかけと結びつけました。それは、スピリットとのとても親密な癒やしのプロセスとなり、それは彼女が名付けた「イントロ・ダンサ」――内的《インナー》ダンス――にまで発展していきました。時がたつにつれ、スピリットと一緒に行う彼女のレッスンは、いくつものグループの生徒たちに教える教室となりました。彼女の教室に何度か参加したのですが、マインドにとても優しく作用していることに気がつきました。私は音楽や体を動かすことが大好きです。それをスピリットからの歓迎の贈り物として胸に抱きしめました。

キャロライナのイントロ・ダンサの経験は、ワナカのアルパインヴィレッジにいた私の数年間と似ている気がしました。それは私の心が開きかけていた時期で、どのようにして「音楽についていくか」、そして、スピリットに案内してもらうかを、見せてもらっていたときでした。しかし、デイヴィッドと旅をするようになってからというもの――彼はいつも愛情深い存在ではありましたが――私の道は急な登り坂になり、進むペースはとても速いと思っていました。私は、この世界のやり方から、すでに解放されたマインドを持つ人と一緒にいました。だから、私の思いがどのようにエゴとつながっているかを、常に目の当たりにさせられたのです。

私は特別性を深いところから解体し、手放していく過程にありました。そして、私のマインドの一部は、**イヤだ、私自身を放棄したくない**、と言っていました。デイヴィッドの疲れを知らないエネルギーについていくだけのスタミナを、私は持っていませんでした。私たちは上流へ向かう鮭のようでした。進みつづけるためには、前方へ上方へと跳ね上がらなくてはならない場面が何度もありました。デイヴィッドは、飛び越すのもジャンプするのも楽しんでいました。私は、彼についていくために、ただ必死で泳ぐので精一杯でした。

疲れ知らずの対応力があって、エネルギッシュなデイヴィッド。それに比べて、疲労が限界に達しようとしている私。私たちの対照的な姿を見て、キャロライナは彼女の子ども時代の話をしてくれました。キャロライナの十歳の従兄弟が、四歳の従姉妹のところへ駆け寄って、楽しそうに手を取りました。「おいで！　見せたいものがあるんだ！」。彼はそう言って、彼女の手を握ったまま走り出しました。彼はあまりに興奮していたので、彼の小さな妹が転んで、砂利道を引きずられていたことに気がつきませんでした。彼女の小さな膝から血が流れ出ました。キャロライナは、その十歳の男の子をデイヴィッドに、四歳の女の子を私になぞらえました。そのときは、私はその例えが正確だと感じました。

ときには、彼女の腕に抱かれ「そうなの、とてもキツいわ！」と言うこともできたでしょう。彼女の人生は確かに楽そうに見えました。そして彼女の道は、私の道よりも穏やかでゆっくりしたものに見えました。コースのレッスンを、自分の部屋でキャンドルを灯して、音楽や身体の動き、そしてダンスから学べるならば？　それは、大歓迎だと思いました！

ベネズエラでイントロ・ダンサの学校を開くので、パートナーとして一緒にやらないかと、キャロライナに誘われました。この誘いは、生徒よりも先生になる機会のように感じました。デイヴィッドと一緒にいると、私はいつも生徒でした。なぜなら、デイヴィッドがいつも幸せなのに対して、私は強烈な変化を通り抜け、何が訂正される必要があるのかを見せられる側だったからです。

ここ数カ月間、いろいろな友人に「デイヴィッドみたい」とか「女性版のデイヴィッドね」などと言われました。もちろん、デイヴィッドや私を通して輝くスピリットの臨在《プレゼンス》は同じものでした。しかし、普段の私のマインドの中でどれほどエゴが活発なのか、私は知っていました。

取り消される必要があるものが、まだまだたくさんありました！　私は自分が何者なのか、どうやって健康になるのか、そして、よい友人、よいパートナー、よい聞き手、よい恋人であるにはどうすればいいのか、そんな信念を持っていました。そして、そんなことに感心することも、影響されることもない人とパートナーになる以上にいい方法があるでしょうか？　常に平安なマインドの状態であるという意味では、私はデイヴィッドからほど遠いところにいました。そして、必要な助けに心を開いておくために、私は正直で謙虚でいるという意志を、常に持っている必要がありました。

自分自身にとても正直であるとき、私はデイヴィッドと一緒にいることになっていると分かっていました。私は、深い取り消し過程の真っ最中で、それを続けたいと望んでいました。私はサナギの中のイモ虫になった気分でした。暗いところで逆さまに吊るされ、自分ではどうにもできない変容を経験しているのです。私にできる唯一のことは、この過程に身をゆだね、軽やかに、そして自由に、いつか太陽の光の中に、また現れ出るときが来ると信頼することだけでした。

デイヴィッドと私は、ここに残ってキャロライナと一緒に学校を開く誘いについて話しました。いつも通り、デイヴィッドは新しいアイディアに対して、受容的でオープンでした。可能性を一緒に探りながら、デイヴィッドは新しいことに飛び込むために、必ずしも私がデイヴィッドから去る必要はないと言いました。彼は、私がキャロライナをアメリカに招待し、彼女と一緒に旅をして、イントロ・ダンサの集いを主催すればいいと提案してくれました。これこそ完璧な解決法でした。

誠実さ

デイヴィッドが、コースの集いを開くために別の街に行っているあいだ、私は休息とインターネットを使ったプロジェクトの続行のために、メリダに留まりました。ここ二週間というもの、誠実さに関するテーマが集まりのときに取り上げられていました。なので、私はホーリースピリットに誠実さについて尋ねました。

ジャーナリング

カースティン：おはよう、ホーリースピリット。インターネットの仕事をすることに、抵抗を感じるの。始めたくない、という思いについて何か教えてくれるかしら？

ホーリースピリット：重要なのは、あなたのマインドの状態です。誠実さが疑われるとき、あなたの世界全体が疑わしくなります。あなたのマインドの中のもっとも小さな疑いは、罪悪感です。そして罪悪感は、私をあなたの意識からブロックしてしまいます。だからこそ、誠実さがとても大切なのです。仕事を片付けるためではなく、あなたのマインドを癒やすためです。あなたはマインド・トレーニングのプロセスに取り組んできたので、常に平安なマインドの状態に近づきつつあります。誠実さの欠如から疑いを招き入れるたびに、あなたはそのプロセスを行き詰まらせているのです。

「私はこのことについて、しばらく瞑想しました。そして、私の道が、別の形になり得た可能性について、最近楽しく語ったことを思い出しました。デイヴィッドは、その会話に参加していませんでした。その直前に週末の集まりのために旅立ったのです。私は少しぼんやりとした気分で、デイヴィッドとの隔たりを感じていました。」

カースティン：誠実さについて、他に何か教えてくれる？

ホーリースピリット：誠実さとは正直であることです。あなたが本当に思っていることを話し、あなたが話すことは本気であることが、自分自身に誠実であるということです。そして、それゆえに、それはすべての人に対して誠実だということでもあります。誠実さの欠如は、不正直さです。関係する人びと全員にとって一番助けになる行動へ、私はあなたを導きます。私の導きを嫌がったり、忘れたり、拒絶したりするのは、明らかに誠実さが欠如しています。

　私の導きに従っていないとしたら、あなたは一体誰の導きに従っているのでしょう？　あなたがマインドを私に合わせるとき、あなたはマインドを神に、愛に、癒やしに、そして平安に捧げているのです。あなたが疑いを経験するときは例外なく、あなたに誠実さが欠けているからです。これほどに単純なことなのです。対処方法も、単純です。立ち止まり、私があなたに何をさせようとしているのか、私に尋ねてください。あなたの動機が正直なものかどうか、自分に尋ねてください。あなたの願望はたった一つですか？　それとも分裂していますか？

あなたがマインドを私に合わせているときは、あなたの思いは私から来ています。すると、あなたの行動は私たちの思いによって導かれ、動機も純粋です。動機が神のものであるときは、あなたは安全と確かさを感じ、台本が展開する様子を見ることができます。あなたの動機が分裂した欲求から来ているときは、個人的な責任や、切迫感、ストレスを感じます。こういった感覚は、しばしば抑圧され、意識の外に追いやられています。ほんのわずかでも、秘密の感覚があれば、エゴが関与していることは明白です。私を頼りなさい。願望が分裂しているのを認識し、あなたの動機が神のものであるか自問してください。

カースティン：ありがとう、ホーリースピリット。

リアルなのは愛だけ

ジャーナリング

カースティン：おはよう、ホーリースピリット。今日の私のワークブックレッスン「私の思いの影響を受けるのは、私だけではありません（W-19)」、これについて、何か教えてもらえるかしら？

ホーリースピリット：すべてのマインドは結びついているということです。

カースティン：どうして、ばらばらに考えているように見えるの？

ホーリースピリット：すべての思いは、真か偽のどちらかです。思いは、私から来る神のものか、無意味な恐れのものか、そのどちらかです。マインドがエゴを解き放つとき、すべての思いは一つのものとなるでしょう。すべての理解は放射状に広がり、マインド全体を流れるでしょう。すべての思いは、愛あふれるものになるでしょう。眠っているマインドは、それ自体が分離した個別のマインドだと信じています。それは個人的に考えていると思っています。まるで神から離れて考えているように見えます。自分自身を私的なマインドだと信じるとき、あなたは、人はそれぞれ違う考え方をすると信じています。これが、あなたが投影すること、そして、あなたが知覚することなのです。

カースティン：イエスはどうだったの？　彼は何を知覚したの？

ホーリースピリット：彼は、彼のマインドを復活させました。彼はエゴの信念、つまり、分離が可能で神と離れて考えることができるという信念を、手放しました。彼の目は異なる身体を知覚しましたし、神から分離したと信じている人びとが語る言葉も聞きました。しかし、彼は、偽は偽だと分かっていたのです。彼が癒やすことができたのは、リアルなのは愛だけだと知っていたからです。この智識があれば、愛、強さ、そして神の力が、マインドのオープンになったチャンネルから放射状に広がり、ただありのままでいるだけで、癒やし、祝福するのです。光が訪れるとき、すべての疑い、恐れ、そして死は消えてしまいます。

カースティン：とてもシンプルな感じね。

ホーリースピリット：その通りです！

カースティン：リアルなのは愛だけ！　このことを、一日中、そしていつも覚えておくわ。

第十七章　幽閉 対 自由

二〇〇五年　秋

「ホーリースピリットは、あなたに痛みと喜びの違いを教えます。それは、ホーリースピリットが幽閉と自由の違いについて、あなたに教えてくれるのと同じです。ホーリースピリットがいなくては、あなたがこの違いを区別することはできません。なぜなら、あなたは幽閉こそが自由だと自らに教えてきたからです（T-8.II.5）」

「あなたは、いまだに、身体が力の源だと強く信じ過ぎています。あなたが立てる計画に、何らかの形で、身体の快適さや保護や楽しみを伴わないものがあるでしょうか？（T-18.VII.1）」

「聖なる関係とは、時間を節約する手段です。あなたの兄弟とともに過ごす一瞬が、あなたがたの両方に宇宙を取り戻させてくれます。あなたの準備は整っています。あなたに唯一必要なのは、あなたは何もする必要がないと思い出すことです。今は、自分が何をするべきか考えるよりも、ただこのことに意識を集中させるほうが、遥かに役に立ちます（T-18.VII.5)」

私の手を握っていなさい

デイヴィッドと私は、ベネズエラを去る準備をしていました。私たちは、ニュージーランドに出発するまでの残りの期間を、フロリダで過ごす予定でした。ニュージーランド北島に住む友人たちに連絡すると、彼らは喜んでコースの集いを開催すると言ってくれました。ニュージーランドでの私たちのミッションには、南島にあるワナカに飛んで、私の車と残りの所持品を引き取りにいくことも含まれていました。

ジャーナリング

カースティン：おはよう、ホーリースピリット。南島に行く飛行機のチケットを予約したわ。コースの集いの主催者に言われた通り、旅程表を送ったの。その後すぐに、何もかもが疑わしく思えてきたの。この旅も、集まりも、すべてキャンセルしたい強い衝動にかられているの。助けて！

ホーリースピリット：動機の中に、飛行機のチケットなどの経費を賄うことが含まれているとき、あなたは自分の行いにプレッシャーをかけますね。スピリチュアルジャーニーは、あなたのマインドを癒やすことであり、それ以外の何ものでもありません。あなたのたった一つのゴールを思い出してください。あなたの恐れも疑いも、すべて私に渡してください。今朝と同じように、今後の計画もあなたに与えられることを信頼してください。あなたの唯一の責任は、あなた自身のための癒やしを受け入れることにあると、思い出してください。デイヴィッドは、あなたとつながり、あなたを愛し、あなたを支え、あなたに助けが必要なときはいつでもあなたの手を握っています。あなた自身が手を離し、その後に孤独だと感じているのです。

デイヴィッドがあなたの手を握っているように、あなたは彼の手を握っていなさい。あなた自身の意志ではなく、神の意志を為すというあなたの約束を思い出してください。あなたの目覚めの計画の完璧な一歩一歩が、一度に一瞬ずつ与えられていることを信頼してください。解放するために、恐れや疑いを意識に上がらせてください。そして、あなたが握っているのは、私の手だということを思い出してください。

カースティン：今は、コースの集いをやりたくないの。どうしてニュージーランドでやろうとしたのかしら？　自分が失敗するように自分で仕組んだの？　混乱しているのよ。

ホーリースピリット：あなたは今、どんな集まりもする必要はありません。ニュージーランドでの集まりは、私が計画したものです。この集まりは、目覚めのための計画の一部です。癒やしを求める人びとは向上し、集まりは完璧に展開していくでしょう。あなたに責任はありません。エゴの判断だけが、物事を難しく見せるのです。今こそ、平安へと戻りなさい。すべては完璧です。あなたは愛されています。

私の本当の望みは何？

ジャーナリング

カースティン：おはよう、ホーリースピリット。一番よい時間の使い方や、献身的な人生を送ること、そして目的について教えてくれないかしら？

あと、心に従うこと、自由だと感じることに関しても、質問があるの。私は集中できていないとき、自分を裁いてしまうの。リラックスして、罪悪感なく人生を楽しみたいわ。

ホーリースピリット：そうですね。最善な時間の使い方について、はっきりと知っておくことは重要です。次の三つの言葉に、違いはありません。最善な時間の使い方。献身的な人生。目的。これらはすべて同じことを意味しています。これらの言葉は、マインドを見つめ、私と同調させておくために役に立ちます。そこにある最上の目的に人生を捧げること――あなたのマインドを癒やし、神の記憶に目覚めること。これは、あらゆる瞬間に、あなたが選び、それをマインドに当てはめるという決断なのです。

あなたの行動は、あなたがどんな決断を下したかを、具体的に示してくれます。この順序が逆になることは決してありません。だからこそ、私は何度もあなたに、このコースは個々人に特化されていると言いました。特定の形である必要はありません。私は、兄弟や神とつながるほうへ、あなたの時間を使うようにといつも指示します。これは、瞑想や祈り、そしてコミュニケーションを含むさまざまな形を取ります。

エゴの時間の使い方は、何かを避けたり、即座に得られる快楽であったり、「自分のやり方」を通して分離を強化することを含んでいます。あなたはこうした罠に対して賢明ですね。どちらの声を聞いているのか疑っているとき、あなたは行動しないことを徹底しています。自由を感じることと、心に従うことはどちらもマインドの状態です。その現れはまったく同じです。心に従うというのは、私の導きに従うということです。あなたのもっとも深い願望は、神を思い出すことです。この意味において、私はあなたの心です。そして、私はあなたと神のコミュニケーションそのものです。私は、あなたを愛の元へ案内する導き手です。

これに対して、エゴが考える自由とは、たくさんの選択肢があることです。エゴ的な見解での、心に従うとは、たくさんの幻想の中から最高の幻想を選ぶということです。これは、あなたが多くのイメージの中からどれかを選ぼうとしているとき、あなたがどう感じるかによって、気づくことができます。「正しいものを選べますように」「間違った選択をしませんように」という感覚があるのです。エゴの声を聞いているときの「心に従う」には、たいてい、一人で行くことが含意されています。分離は常に、エゴの計画に組み込まれています。

カースティン：とても助けになるわ。今、エゴが次から次へと、たくさんの未来の選択肢を差し出してくるの。すると、すぐに「一番好きなイメージを選ぼう」ゲームが始まるのを感じる。私はそのゲームではもう遊べないの。ただのゲームだということを知っているから。

今まで、願望実現もたくさんしたわ。人生を自分の好きなように、何度も創造したの。今はもう、あなたの声だけを聞いていたい。でも、私のマインドの一部は、まだこの人生で経験したいことがある。これがとても混乱するのよ。だって、こういうことは未来に目標を定めてそちらへ向かおうとするから。私は自分が経験したいと思う、すてきなことに向かってもいいのかしら？　それとも、私はまだ台本をコントロールしようとしているのかしら？

ホーリースピリット：台本はすでに書かれています。あなたの人生の中で、あなたはこの舞台をコントロールして、監督していると信じているときがありましたね。これも一つのマインドの状態なのです。もしあなたが選ぶのならば、このように感じることもできます。あなたは、あなた自身のマインドの状態や、世界をどのように知覚するか、そして、私の導きに耳を傾けて従うか否かを、コントロールすることができます。

あなたが、信頼し、心を開き、リラックスしてマインドの中に沈み、観察者であることを続けるにつれ、同じ台本が平安から展開するところを見るでしょう。この舞台をあなたが監督し、それゆえにその展開に責任を負うよりも、安全な場所から楽しんで観劇することができます。すべては善きことのために一体となって働いていることを信頼して、何もかも、あるがままにしておくのです。

信頼してください。計画はあなたに与えられます。何をするべきか、どこへ行くべきか、誰と話すのか、どのチケットを買うのか、どの計画を変更するのか、すべて教えられます。すべては善きことのために一体となって働きます。そこには、いかなる例外もありません。私はいつもあなたとともにいます。信頼してください。

カーステイン：私はときどき、自分が心に従っているのかどうか自分に尋ねるのよ。デイヴィッドに「君は何を望んでいるの？」と尋ねられたとき、私は形のあるもので答えることができなくて。場所やイメージで答えることができないの。直感的に、未来の可能性について感じていることはあるけれど、アイディアとして私のマインドの中にあるだけで、今ここにはないわ。私のマインドの中にあるアイディアと、形の上で起こるように見えることに違いはあるのかしら？　どれも同じように非リアルなの？

ホーリースピリット：はい。すべてはイメージです。すべては可能性です。しかし、それらはあなたを我が家へと導いてくれる足がかりとして、役に立ちます。神の愛が、それらすべてを通して輝くことができるのです。平安や愛、そして幸福の直感的な感覚は、私からもたらされます。リラックスしてください。あなたの計画の中で一歩進むべきときが来たら、それは与えられます。あなたの側で、いかなる努力も必要ないのです。台本を何とかしようとしたり、未来を計画したり、何かを心配する必要は一切ありません。私を信頼してください。

正しいほうに向ける

デイヴィッドと私は、ニュージーランド行きの往復チケットを買っていました。けれど、私は三月に彼とアメリカに戻るのはやめようかと考えるようになりました。ここ数カ月間ずっとハードでした。だから、ニュージーランドでジャッキーと一緒に、『奇跡のコース』ヒーリングセンターに拠点を置くアイディアが、この先穏やかに進む選択肢のように思えたのです。もし私がニュージーランドに留まりたければ、飛行機のチケットの代金は一部払い戻されることが分かりました。なので、私はこれを可能性の一つとして、真剣に考えはじめたのです。

しかし、チケットを変更できるという事実は、私を楽にするどころか苦しめました。チケットをむだにしないためには、まず未来を知る必要があるというプレッシャーを感じるようになったのです。ニュージーランドへの長旅の前に、私たちはフロリダに住む友人、フラニーの家で十日間の休息を取る予定でした。私は、自分の進む方向性や目的について多くの疑いを抱き、混乱していました。ちょうどそのころ、デイヴィッドがヨーロッパの友人から招待されました。彼は親切にも一緒に行こうと誘ってくれましたが、私は新たな長い旅に出られるような状態にはほど遠かったのです。
私は閑静な地区の静かな家で、自分の部屋を持つことを心待ちにしていました。フラニーは退職しており、喜んで私を休息のために滞在させてくれました。彼女はコースと私たちの活動に深く感謝していました。そして、旅の途中のデイヴィッドと私に、平和な安息所を提供できるこの機会を愛していました。彼女は天使です。それは疑いようがありません。

ジャーナリング

カーステイン：おはよう、ホーリースピリット。ワークブックレッスン20の、最後の二つの文章について教えてくれる？「私は見ることを決意しています。あなたが望むものをあなたは見ます。これこそが、この世界で動いている、本当の原因と結果の法則です（W-20.5）」。

ホーリースピリット：あなたが望むものをあなたは見ます。これは、この世界の考え方とは逆転しています。実のところ、あなたが見るものはあなたの考えから来るのです。あなたが考えることは、あなたが望むことから来ます。神を、平安を、奇跡を望みなさい。そうすれば、あなたのヴィジョンは私のヴィジョンと合致します。このレッスンは、あなたがキリストのヴィジョンで見ておらず、別な見方で見たいと望んでいることに気づく助けになります。

このステップは、あなたのマインドを正しいほうに向けることを、可能にしてくれます。

カースティン：それは本当なの？　私は私が望むものを見ていて、私が見るすべては私の考えから来ているって？　それを経験することは多いけれど、いつもそうだとは限らない。まるで、この世界のスクリーンがそこにあるみたいね。私がそれを見ることを選んで、その上に自分の解釈を書き込んでいるの。まるで新しい都市に行くときみたいだわ。たとえば、ベネズエラのメリダとか、山脈や周りの情景を見るとか。私は、それらが、私がそこに行く前から存在していると信じているんだわ。

ホーリースピリット：今この瞬間にあなたの焦点があるとき、あらゆる瞬間は新しいものです。前に説明したように、イエスは違いを見たり聞いたりしました。しかし、彼はそれをすべて、同じカテゴリーに入れたのです。そのカテゴリーとは「偽」です。

眠っているマインドは、思いをイメージとしてスクリーンに投影し、それをすぐに忘れます。投影の結果を、リアルに体験するためです。あなたが自分自身をスクリーン上の身体や人物だと信じるとき、それはリアルに見えます。無数にある概念もリアルに見えます。過去の体験の記憶もリアルに見えます。そして、過去の体験にもとづく解釈もリアルに見えます。

この隔たれた思考の状態から、マインドは、自身がこの世界の中にいて神から分離していると信じるようになるのです。

カースティン：とても明白だわ。真理を思い出しつづけるには、他に何ができる？　私たちがスクリーンという言葉を使うとき、私にはテレビみたいな二次元のスクリーンが思い浮かぶわ。けれど、たとえば、天井を見上げて見つめると、全部がものすごくリアルに見える。これがスクリーンだと想像するのは、難しいわ。

ホーリースピリット：幻想を解き明かそうとする必要はありません。あり得ない状況を、解決することはできません。特に、あなたがそれを信じているあいだは。日々、どのようにコースを使い、当てはめるかも含めて、私に導きを求め、私の導きに従いつづけてください。

喪失の恐れ

恐れが湧き上がってくるのを感じました。私はデイヴィッドのところに行き、自分がどう感じているかについて話しました。私を置いて、デイヴィッドはヨーロッパに行こうとしていました。残るという私の決断が、彼との別離をもたらすかもしれないと、私は不安に思っていました。この恐れは、とても根深いものに感じられました。私は、過去に逃げたい――ニュージーランドに戻りたい――という思いを何度も抱きました。けれど、実行には移しませんでした。私はいつも自分の注意を赦しに向けてきました。でも、三月にデイヴィッドと一緒にアメリカに戻らないという考えを持った途端、彼はヨーロッパへの旅に招待されたのです。

デイヴィッドは、罪とは何か間違ったことをしたという信念で、罪悪感は罪から上がってくる感情のことだと話してくれました。すべての恐れは、罰を受けることへの恐れです。「私のせいじゃない」という思いは、恐れている罰に対する防御です。彼は、感情は二種類――愛と恐れ――しか存在せず、愛ではないすべての感情は、恐れから派生したものだと言いました。違うように見えたとしても、実は根は同じなのです。

デイヴィッドは、バラバラになり混乱した私を置いて、部屋を出ていきました。私はしばらく瞑想しました。このすべてを手放すことに集中し、私は誰からも何も必要としてないことを、思い出そうとしました。私の不安の源になっているのは、何かが必要だという感覚でした。私は、今必要なものをすべて持っていることを、自分に思い出させようとしました。

デイヴィッドが部屋に戻ってきたとき、私の恐れが不足の信念から来ているという気づきについて話しました。彼は「君が、ある状況に対して不足を知覚したら、何であれそれは君が与えそこなったものだよ」と言いました。どういうわけか、これは私の思考を反転させるのにとても役立ちました。そして、ようやく平安が戻ってきました。その日の私のワークブックレッスン21は

「物事を別の見方で見ることを、私は決意しています」でした。このレッスンもとても助けになりました！

個人的なゴールは、エゴのゴール

ジャーナリング

カーステイン：おはよう、ホーリースピリット。ワークブックレッスン25「すべてが何のためにあるのか、私は知りません」を読んでいたの。エゴの、もしくは個人的なゴールと、あなたのゴールが違うのは分かっていると思うの。あなたのゴールには、つながりや、マインドを癒やすことが含まれているわ。それは、愛と祝福のコミュニケーションよね。物や、考えや、状況に、このレッスンを当てはめるたび、真の目的を理解しているのを感じる。たとえば、「私は、このノートパソコンが、何のためにあるのか分からない」というときよ。

ホーリースピリット：素晴らしい。

カーステイン：このレッスンは、私の行動に私が与える目的を見つめることを、いい感じに思い出させてくれるわ。

ホーリースピリット：「すべてが何のためにあるのか、私は知らない」と言うことは、あなたを謙虚な状態に保ってくれます。謙虚さとは、あなたが受け取ることに開かれた状態のことです。「私は知っているマインド」は、エゴの傲慢さの極みです。私の役目は、あなたを我が家へ、神を思い出すことへ導くことです。それは、あなたが世界を作った目的から、この世界を解き放つプロセスでもあります。どんなものであれ、この世界についての「知識」という信念にしがみつくことは、嘘にしがみつくことと同じです。この世界は偽りです。真の智識は、この世界とはまったく何の関わりもありません。それは、この世界を超えています。

カースティン：じゃあ、私が、エゴの目的とあなたの目的の違いを「知っている」と語るときは、どうなのかしら？

ホーリースピリット：それが識別するということです。あなたは「知る」という言葉を、動詞として、智識の方向へ向かうために役立つステップとして使っています。「私は、エゴの目的と聖なる目的の違いを、区別できる」という言い方もできたでしょう。マインドに関して言えば、あなたは学んだことを忘れている最中です。つまり、あなたはエゴの信念を手放すように、マインドを訓練しているのです。この過程に、智識を得ることは伴いません。私が「智識」という言葉を使うとき、この言葉が持つ真の意味の体験について話しています。神は、ただ知られることしかできません。神を、学ぶことはできません。神への道は、赦し、謙虚さ、あなたの真の自己を受け入れる道です。それは、身をゆだね、従うことです。天の王国は、内にあります。

罪悪感なく決断を下す

私はスピリットに、三月以降もニュージーランドに留まるべきか、それともデイヴィッドと一緒にアメリカへ帰るべきか、はっきりとした導きをお願いしました。次の日、フラニーが霊能者のところに一緒に行こうと招待してくれました。会ってすぐに、その霊能者は私にリーディングをしてくれました。彼女はとてもはっきりと、私には携わるべきプロジェクトがニュージーランドにある、そして、デイヴィッドと私は一つより多くの拠点を持つだろうと言いました。私は翌年ニュージーランドを拠点とし、デイヴィッドは引き続き招待を受けて旅に出る、そう彼女は感じたと言います。そして、デイヴィッドと私はソウルメイトで、一番の友人で、強い目的を分かち合っていると教えてくれました。私は彼女と会ったことを、ニュージーランドに留まるという導きの確認と受け取りました。初めは、この決断は平安の感覚とともに訪れました。けれど、すぐに、恐れと疑いが出てきました。

ジャーナリング

カースティン：おはよう、ホーリースピリット。昨日、霊能者のリーディングを聞いたあと、大きな安堵感を感じたのだけれど、今は間違った決断をしたように感じているの。どうしてこうも不安で、個人的な責任を負っていると感じるのかしら？

ホーリースピリット：罪悪感です。罪悪感はマインドの中にあります。そして、あなたはそれをスクリーンに投影し、それから、それを避けるために決断しています。だから混乱するのです。

カースティン：そうね。ということは、私は間違った決断を避けようとして、間違った決断をしてしまったと恐れるのね。その上で、それをひっくり返そうとしている。狂っているわね。全部、私が罪悪感を避けたいからなんだわ。何か私がするべきことはあるかしら？

「すぐに、コースにある「私は何もする必要はない」が脳裏に浮かび、私はリラックスしました。「聖なる関係とは、時間を節約する手段です。あなたの兄弟とともに過ごす一瞬が、あなたがたの両方に宇宙を取り戻させてくれます。あなたの準備は整っています。あなたに唯一必要なのは、あなたには何もする必要がないと思い出すことです。今は、自分が何をするべきか考えるよりも、ただこのことに意識を集中させるほうが、遥かに役に立ちます（T-18.VII.5）」」

私の決断は、どうしていつもこんなに大変に感じるのかしら？　まるで自分の運命の軌道を変えているような気分よ。

ホーリースピリット：分離、罪悪感、恐れの強烈な感覚が含まれるとき、決断は大変なことのように感じられます。「自分一人で」為されたように見える最初の決断は、試しに神から分離してみようというものでした。このアイディアを反映するあらゆる決断は、どれほどわずかであろうとも、自分がやったと思っていることをエゴに思い出させます。そして、その感情を避けたいと思うのです。

あなたは「自分は何をするべき？」と聞きました。はい、あなたの恐れ、疑い、そして罪悪感を含むあなたの考えを、私に渡してください。私の導きに耳を傾け、すべては善きことのために一体となって働くということを信頼してください。エゴは、スクリーン上の物事を変えるために行動したがります。しかし、問題の原因が罪悪感であるとき、形をいじくり回すことが解決につながるでしょうか？　問題はマインドのレベルにあるのです。罪悪感を手放してください。そうすれば、解決しなければならない問題など、何もないことにあなたは気づくでしょう。

［私は感謝と安堵とともに、泣きました。私はマインドの中にある思いをくまなく調べ、それらをホーリースピリットに渡して手放しました。］

ホーリースピリット：あなたは、何を望んでいるのですか？

カースティン：サポートしてくれるコミュニティと一緒に過ごせる、ニュージーランドで滞在していたような家。瞑想したり、コースのミーティングをしたり、インナー・ダンスをしたり、映画を観たり、集まりを開いたりできるようなスペースのある拠点がほしいわ。あなたと常にコミュニケーションしている状態でありたいの。

ホーリースピリット：私はいつもあなたとともにいます。

カースティン：あなたの声が聞こえないときがあるの。

ホーリースピリット：今、私の声が聞こえていますか？

カースティン：聞こえるわ。もし私がまた混乱状態に陥ったとき、読むべき具体的な箇所はあるかしら？

ホーリースピリット：「神のホストである私は、神にふさわしいのです。私の中に自らの住処を創った神は、それを神の望むように創造しました。私が永遠であるそれを神のために準備する必要はありません。しかし、準備が整っているという自覚を、私に取り戻すための神の計画を邪魔しないようにすることだけは必要です。彼の計画に、私は何一つつけ加える必要もありません。ただそれを受け取るには、その計画を自分自身の計画で代替しないという意欲を持つ必要があります（T-18.IV.5)」。

天国の正義

デイヴィッドがヨーロッパから戻ったとき、私は彼をマイアミ空港に迎えにいきました。フラニーの家に戻る途中、私たちは車を停めて私に起こったことをすべて話しました。ニュージーランドについて、私が考えていることや感じていること、そして霊能者に言われたことも彼に話しました。目的にコミットすることへのためらいから、不安や疑いがどのように生まれるかということについて、私たちは深い議論を交わしました。すると、未来に関するすべてのアイディアを手放したいという意欲が、改めて湧いてきました。私は、ただ、スピリットに導かれたい。

翌朝、デイヴィッドが目を覚ましたとき、ニュージーランドについて閃きがあったと言いました。私がニュージーランドに滞在するのは、スピリットの計画の一部だと言うのです。これは、私にとって、間違ったことは何一つ起こっていないと教えてくれる、明らかなサインでした。すごく幸せでした！

ジャーナリング

カースティン：おはよう、ホーリースピリット。素晴らしい気分よ。デイヴィッドとすべてを話し合ったあと、すべては計画通りに起こっていることが分かったの。三月、デイヴィッドはアメリカに戻り、私はニュージーランドに留まるわ。次の夏に、彼は戻ってくるかもしれない。どちらにしろ、私たちはそんなに長く離れるわけではないわ。分離は存在しない。私たちは目的でつながっているのだから。［感謝と安堵の涙が、流れ出てきました。］本当にほっとしたわ。デイヴィッドを本当に愛しているの。絶対に離れたくないわ。

ホーリースピリット：信頼があなたを支えたのです。導きが、形の上でどのようなものであろうとも、あなたはそれに耳を傾け、従う意欲がありました。そして、その意欲とともに、あなたの思いや感情をすべて打ち明けてきました。この意欲があってこそ、天国がやってきたのです。あなたの父なる神が、あなたに望むすべては、あなたの幸福です。［安堵と感謝と幸せな涙が、さらに流れました。］愛しい子、あなたの父の愛を疑ってはなりません。

もちろん、あなたには心からの望みが与えられます。しかし、あなたの心が何を望んでいるか知らないとき、どうすればそれが与えられるでしょうか？　心の望みを自覚することを、恐れのヴェールが覆い隠しているとき、あなたは自分自身の最善を見分けることができるのでしょうか？　あなたの心が望むことを、表現するのを恐れないでください。もし形として語られたとしても、それはあなたの父なる神の愛を兄弟たちに延長し、愛と幸せの人生を生きたいというあなたの願望の象徴なのです。

あなたのインスピレーションは、他の人びとにもインスピレーションを与えます。あなたの情熱が、他の人びととの情熱に火をつけます。光り輝きなさい、我が子よ。そしてすべての人に、その光が見えるようにしなさい。あなたは、皆と分かち合える美しい贈り物を持っています。それを高く掲げ、あなたに加わる人びとに差し出すことを恐れないでください。

私は「天国の正義」を読むように導かれました。この節が、この二十四時間の私の体験に完璧に当てはまっていて、大声で笑ってしまいました。その中で、イエスは言います。「あなたの些細なエラーが、天国の正義によって取り消されることができないと考えるのは、傲慢以外の何でしょう?（T-25.IX.1）」。

第十八章　二つの世界の衝突

二〇〇五年　冬

あなたが私と同調しているとき、あなたの思いは私から来ます。そのとき、あなたの行動は私たちの思いに導かれており、動機は純粋です。

私たちの動機が神のものであるとき、あなたは安全で確信に満ち、台本が展開する様子を見ていることができます。

あなたの兄弟を疑ってはいけません。彼は、神の子です。彼の中の私の声を、聞き、探し、信頼してください。あなた自身を一体として知るために、あなたの兄弟を愛し、受け入れ、感謝してください。

あなたとあなたの兄弟は、一つです。

具体的なことを手放していく

アメリカに冬が訪れ、また夏を過ごしに南太平洋へ向かうことを、デイヴィッドは喜んでいました。彼は、身軽に旅をし、季節とともに移動するというアイディアが気に入っていました。私たちはフロリダのフラニーに別れを告げ、ニュージーランドへ向かう長い旅の、最初の飛行機に乗りました。私たちの最初の目的地は、シカゴ空港の乗り換えラウンジでした。エゴが私の中で暴れはじめ、私の「祖国」へ近づくたびに、さらに強烈になっていくようでした。私とデイヴィッドのあいだにある亀裂が、どんどん広がっていくように感じました。デイヴィッドに絶えず向き合い、私の内的葛藤やストレスの原因としてではなく、愛の臨在《プレゼンス》として迎え入れるために、私は自分の持てるすべてを注ぎ込む必要がありました。私は、二つの世界を維持しようとする核心的な問題に直面して、ひどく苦しみました。

二つの世界を調和させることができず、私はデイヴィッドか、ニュージーランドのみんなか、どちらかを追い払わなければならないと思いはじめました。二つの世界を一つにすることは、過去から付き合いのある人びとと、デイヴィッドを会わせるということです。それはまるで、水と油を混ぜ合わせることのように感じました。その二つが溶け合うことはないと知っていたので、私は板挟みになるでしょう。どちらかを選ぶはめになり、デイヴィッドと一緒にいるか、他の人たちと一緒にいるか、一方を犠牲にするのです。私が頭の中でどれほど解決しようと頑張っても、落としどころが見つからず、大きなストレスを感じていました。

この思いは、とても激しく、とてもすばやく上がってきたので、私はそれをやっとの思いで捕まえたのです。私は、その思いを認めたくなかったし、声に出すのも嫌でした。なぜなら、その思いは、罪悪感と、不誠実な感覚とともに上がってきたからです。でも、デイヴィッドに打ち明けない限り、私にこんな思いをさせて、とデイヴィッドを責める自分がいるのです。

私はこの思いや恐れをデイヴィッドに話しました。彼は、いつも通り、まるで天使のようにサポートしてくれました。そして私が直面している状況を、詳しく明確に教えてくれました。それでも、こうした思いや恐れは、何度も何度も上がってきました。その下には、私がまだ完全にすべてを手放す決断を下していない事実があることが分かりました。私は祈りながら、ホーリースピリットに向かいました。

ジャーナリング

カースティン：ホーリースピリット、ニュージーランドへ行って来年そこに滞在することについて、何度も恐れが上がってくるの。私とデイヴィッドだけに関わることなら、疑念を癒やしのためにあなたに渡してしまえるのだけど。ニュージーランドには私をよく知っている人たちがいるわ。私がデイヴィッドやこの道を疑っていることに、彼らは気づくかもしれない。だからニュージーランドにいるのが怖いの。私の疑念に気づく人が誰もいなくても、もう十分キツいっていうのに。

私は、道を示す人、模範であるべきだわ。デイヴィッドは信頼できると、みんなに知ってもらいたいのよ。けれど、今、私は何についてもごまかしてばかりのように感じるの。もし誰かが、デイヴィッドと結婚して幸せかどうか聞いてきたらどうするの？　幸せな結婚生活を送ってるなんて言えないわ！　なんて答えればいいの？　ピースハウスや仲間たちと一緒にいるときは、私は自分を定義したり説明したりする必要はなかった。でも、昔から私を知っている人たちには、何かを証明しなければならないと思っていて、もう気が狂いそうよ。今はただ隠れていたい。ああ、神様。もうすでに、信じられないぐらいキツいわ。

ホーリースピリット：あなたは何を望んでいるのですか？

カースティン：平安。目的の中にいると感じること。恐れないこと。

ホーリースピリット：今この瞬間に、恐れることはありますか？

カースティン：いいえ、何もないわ。たった今は、恐れは笑い飛ばせるようなものだわ。私のこの思いは、すべて未来へ投影しているものなのね。でも、今、何か私が間違ったことをして、それが未来に影響するかもしれないと感じている。それがプレッシャーなの。

ホーリースピリット：もし、あなたは間違えることなどできないし、たとえ何があっても、あなたは無条件に愛されていると分かったら、どうでしょう？

カースティン：「私は祝福され、ほっとした気持ちになりました。」

ホーリースピリット：そう考えてリラックスしてください。今日を楽しみましょう。

選択肢

「権威の問題とは、本当の作者は誰なのかという問題です。あなたに権威の問題があるとき、それは常に、あなたが自分自身の作者だと信じており、あなたの妄想を他者に投影していいます。そのようにして、あなたは状況に対し、他者が文字通り、作者としてのあなたに成り代わろうとして戦っていると、知覚します。これは、神の力を不当に奪ったと信じているすべての人びとの、根本的なエラーです。この信念は、彼らにとって、とても恐ろしいものですが、神が困ることはありません。神は、しかしながら、それを取り消したいと切に望んでいます。神の子を罰するためではなく、それが彼らを不幸にすることを知っているからです〔T-3.VI.8〕」

ジャーナリング

カースティン：おはよう、ホーリースピリット。私に何か伝えることはあるかしら？

ホーリースピリット：ええ。知っての通り、あなたの望みがエゴの欲求から来ている場合、あなたは無を選んでいます。そして、その道はあなたを落胆と不幸へ連れていきます。あなたの望みが神であり、その願望がただ一つであるとき、形はあなたの願望を反映させながら展開します。

カースティン：デイヴィッドと話していて分かったのだけれど、私は愛を恐れていて、権威の問題を抱えているの。これが分かってほっとした。私は平安と、あなたの導きを求めている。形の上での決断を下すたびに、私は自分の目的の感覚を見失ってしまうの。形の上で、物事がどうなるのかを心配すると、そこに恐れが入り込む。それは明らかだわ。私は、ニュージーランドに滞在するという決断が、私の好みに影響されたかもしれないと、いまだに不安に思っているのよ。

ホーリースピリット：この誤りを、今すぐ訂正する力をあなたは持っています。その思いが正しくあってほしいという願望を手放すだけです。恐れを解き放ちなさい。私があなたを導きます。それは、いずれ明らかになります。私を信頼してください。

カースティン：ニュージーランドの往復チケットをキャンセルして返金してもらうか否か、どうしてもっと具体的に教えてくれないの？

ホーリースピリット：具体的なことは、エゴのものです。私は、今この瞬間のあなたのマインドの状態――あなたの幸福――だけに関心があります。具体的なことにあなた自身を縛りつけると、今この瞬間の喜びへの気づきをブロックしてしまいます。

躓《つまず》く石も障害もない

ディヴィッドと私は、ニュージーランドに向かう途中、サンフランシスコで一泊しました。

ジャーナリング

カースティン：おはよう、ホーリースピリット。デイヴィッドと私は、結婚指輪を外すことになるのかしら？　私たちが夫婦として旅をしているという象徴が今、どのようにスピリットの目的に仕えているかについて、デイヴィッドは語っていたわ。でも、形の上での変化がもうすぐやってくることは明らかよね。

ホーリースピリット：……沈黙……

カースティン：［深い平安を感じました。］今、私はデイヴィッドに対して、とても親密で心地よいと感じているわ。自律性こそが、二つの世界を一つにすることへの私の恐怖の核になっているのね。この道と私の目的に、完全にコミットすることを改めて決断したら、デイヴィッドへの投影が止んだわ。ようやくリラックスして、ニュージーランドへ行っても大丈夫だと、信頼することができる感じがする。

ホーリースピリット：素晴らしい。それは、あなたのマインドの反映です。あなたの目的とコミットメントがよりクリアになり、深く進むことへの準備が整えば整うほど、あなたは気楽さを「発見」しつづけるでしょう。問題は、あなたの前で溶けてなくなりつづけます。これが「彼があなたの前を進み、躓《つまず》く石やあなたを阻む障害を一つ残らず取り除き、あなたの道を整えます（T-20.IV.8）」という言葉が意味することです。石や障害は、あなたが作ったものです。あなたが前進し、神を信頼する意欲を持って恐れを手放すにつれ、障害は消えるでしょう。

カースティン：デイヴィッドと私は、ニュージーランドに「Foundation for the Awakening Mind」〔コース学習者向けのコミュニティ〕の支部を作ることについて話していたの。私は未来を予知することはできないと思っている。これについては、しっかりとした存在と平安を感じているわ。このことがどう展開していくのか見ていきたい。これは抵抗なのかしら？　これについて、こうなってほしいという、私の好みが入っているのも分かっているの。

ホーリースピリット：あなたは完璧です。あなたは愛されています。あなたは、あなたとともにいる人びと、そしてあなたの臨在《プレゼンス》に触れたことのあるすべての人びとにとって祝福です。物事は完璧に展開し、あなたは一度に一歩ずつ、何をするか告げられ、導かれるでしょう。

好みというものは、偶像として固執するとき、神の恐れ、つまり、死を意味するものになります。あなたが愛する人を含め、あなたの好みを意欲と信頼とともに私に渡せば、神の愛を延長し、喜びとたくさんの笑いを経験する機会となります。

あなたの人生を抱きしめてください。恐れず、好みも気にせず、あなたの人生に現れるすべての人を抱きしめてください。特別な関係を手放し、聖なる関係を抱擁するあなたの意志は、すべての世界に示す美しい模範となるでしょう。包含こそ、神の愛の本質です。

大きな「はい！」に従うこと

私たちはサンフランシスコからオークランドに飛び、ジャッキーとロジャーの愛いっぱいの歓迎を受けました。彼らはハイビスカス・コーストに向かって北へ運転しました。そこに、これから二カ月半にわたって私たちの拠点となる、彼ら家族の家がありました。

ジャーナリング

カースティン：おはよう、ホーリースピリット。お金のことについて心配しているの。ニュージーランドで開く集まりで、すべて賄えるぐらいのお金が集まるかしら？

ホーリースピリット：お金についてのあなたの心配を、すべて私に渡しなさい。

カースティン：分かったわ。**私のマインドの中にあるすべての思いを手放します。**インナー・ダンスについて、何か話してもらえるかしら？

ホーリースピリット：あなたの喜びに従ってください。形を含むすべてのアイディアと同じように、あなたは目的を主体として進まなければなりません。過程を楽しんでください。あなたの幸せと喜びによって、あなたは心の中の大きな「はい！」に従っていることを知るでしょう。

あなたの喜びを延長することが、あなたの目的です。そしてこのこと自体が成功を保証してくれます。たとえば、経費を補うために形の上で何か手配するなど、形を主体にしてしまうと、あなたはただ喜びを延長するという目的を見失ってしまいます。愛を延長させ、あなたの人生の経験を分かち合うことで癒やしが起こり、すべてのブロックは光に照らされ消えるでしょう。それほど、単純なことなのです。

あなたの光を輝かせ、あなたの情熱と喜びを分かち合い、世界を光で照らしてください。私が、形に関することを調整します。「準備が整った状態から熟達までには、とてつもない時間が必要だとあなたは思うかもしれません。しかし、時間と空間は、私の支配下にあることを思い出してください（T-2.VII.7）」「あなたが奇跡を行うとき、それに合わせて私が時間と空間の両方を調整します（T-2.V.A.1）」。あなたがなすべきすべては、あなたの心に従うこと、つまり、私の導きに耳を傾けることです。その他のすべては、追ってあなたに与えられるでしょう。あなたの道を阻む障害物がなくなるのは、あなたが恐れにもとづいた必要を満たすために、形を調整しようとしないからです。

道は明らかです。あなたの手をただ私に預け、私と一緒に喜んでください。

私は夢を夢見る人

ジャーナリング

カースティン：おはよう、ホーリースピリット。今ちょうど、テキストにある「原因と結果を逆転する」という箇所を読んでいたの。この一行は本当に力強いわ。「マインドが『これは私に為されたのではなく、私が自分で為している』と認めるからこそ、身体は解放されるのです。こうして、マインドは、その代わりに別の選択をする自由を得るのです（T-28.II.12)」。なぜ、自分の人生で起こるすべてに責任を持たなければならないのか。なぜ、夢を夢見る人だという認識に何度も戻ってこなければならないのか。とても明確にしてくれるわね。この代わりにあるのは、卑小さで、つまり病気ね。

ホーリースピリット：はい。これが、原因と結果を逆転して、適切な視点へ戻るということです。

カースティン：これをいつも覚えておくために、何かアドバイスはあるかしら？

ホーリースピリット：あります。あなたが一日を始めるときに、どのような一日を送りたいか選んでください。たとえば、幸せで平安な一日、などです。あなたの焦点をこの瞬間へ戻しましょう。何がどう展開するのか分からないのに、あなたには何か為さねばならないことがあるとか、その為すべきことによってあなたの命運が決まるとか、そんなことを信じる罠に陥らないでください。そのようなことを信じるのは、キリストのマインドの力を、風の吹き荒れる崖の上でプレイするチェスゲームの哀れな歩兵の駒に貶めるようなものです。あなたが、夢を夢見る人です。このことを忘れてはいけません。あなたは何を望みますか？

カースティン：流れるようで、幸せで、平安で、すべての準備や旅程が確認されて、完了する一日だといいわ。もしタイミングが合うなら、ビーチを散歩するのを楽しんで、弟と彼のガールフレンドと生まれた赤ちゃんに会いにいくのもいいわね。

テキストより：「世界は奇跡に満ちています。奇跡は夢に代わるものです。奇跡は、夢を作る積極的役割を否定するより、夢見る人であることを選択することです」。

私は素晴らしい一日を過ごしました。私は自分自身に、夢を夢見る人であることを思い出させつづけました。そして、私がやりたいと望んでいたことはすべて、美しく流れていきました。

川岸に別れを告げる

デイヴィッドと私は、私の車と所持品を取りに、ワナカに行くことになっていました。私にとって自由の象徴だった場所を手放すことに、私はものすごく抵抗していました。そして、それをデイヴィッドに投影したのです。

ジャーナリング

カースティン：おはよう、ホーリースピリット。デイヴィッドに対して抵抗を感じているの。私の一部は、神秘家になんてなりたくないのよ。私の一部は、今、世界を捨てたくなんかないの。私はまだワナカに戻って、ダンスパーティに行きたがっているわ。イエスは、このコースとともに最後まで行くのはほんの一握りの人びとだと言っていた。もしかすると、私はその一握りに入っていないのかもしれないわ。デイヴィッドのやり方でやりたくない。ワナカに住みたいの。これについて何か教えてくれる?

ホーリースピリット：抵抗が強いときは、手を差し伸べて助けを求めてください。あなたはそれを受け取るでしょう。

カースティン：デイヴィッドはいいのよ。彼は完全にサポートされているし、自分の役割があってそれを完璧にまっとうしている。彼はいつも本当に幸せだもの！　どうしてみんなが彼を腹立たしく思っているのか、今分かったわ。もうたくさんの人の前で話したくない。私の役割じゃないわ。私は不十分だと感じるの。まだもっとよくなって、もっと学んで、もっとたくさん成し遂げないといけない、そんな感じがする。お願い、助けて！

ホーリースピリット：信頼して、すでに動きはじめたことをやり遂げてください。今、進行していることを恐れないように。川の流れに身をまかせて、流されましょう。誘惑とは、立ち止まり戻ることです。しかし、保証しますが、川を下った先があなたの行きたいところです。

カースティン：ワナカにいくつか荷物を置いておくべきかしら？　いつかまた戻ることがあるかしら？

ホーリースピリット：あなたのマインドの「ここではない他のどこか」を解き放つためには、あなたは「ワナカに戻る」という概念を手放さなければなりません。「岸から手を離す」とは、このことを意味しています。長い葦にしがみついていたら、川の流れに運ばれることを楽しめません。あなたのワナカでの最後の経験を思い出してください。

カースティン：［私は祈りました。すると、無理をしてしまう昔からのパターンが意識に上がってきました。スキーをしているときに起こった、私の二度目のスポーツ事故は、脳しんとうという結果をもたらしました。私は絶望し、ひざまずいて助けを求め叫んだのです。そのすぐあと、イエスが現れ、私のガイドになると宣言しました。二週間以内にワナカから去るように、彼は私を導いたのです。ワナカにいた最後の一カ月間、私はとても孤独でした――私がそこにいる目的はもう終わっていたのです。私はそこに住んでいたかった。けれど、私の心は、スピリチュアルジャーニーを深めるために、前進しなければならないことを知っていました。」

ホーリースピリット：時が来たのです、カースティン。あなたのマインドを自由にしなさい。ワナカを手放しなさい。神の秩序を信頼してください。

カースティン：「川に流されながら、ちょうどカーブしているあたりで、これより先へは行かないとばかりに、長い葦にしがみついている自分のイメージが脳裏に浮かびました。」もし、うまくいかなかったらどうするの？

ホーリースピリット：すべてはあなたのためなのです。あなたが心に耳を傾け、喜びに従っているとき、何かがうまくいかないということがあり得るでしょうか？　すべてはあなたの喜びのためにあります。他の何かのためではなく、他の誰のためでもありません。

カースティン：オッケー。ありがとう。

プレゼント対プレゼンス《臨在》

今朝、私はデイヴィッドに、家族のためにプレゼントを買いにいきたいと伝えました。みんなクリスマスの時期に誕生日が来るからです。私はこの願望に対して罪悪感を抱いていました。なぜなら、私たちの資金はすべて、スピリットの目的に使われるためにあるからです。デイヴィッドは、私に、教師のためのマニュアルにある、寛容さについての節を読むことを提案しました。

ジャーナリング

カースティン：おはよう、ホーリースピリット。寛容さの節に書いてあることは理解できるの。神の教師は、本質的に保持するために与える。彼は真の自己の利益のために寛容であり、与えることのできないものは、何もほしがらない。神からもたらされるものを与えることによって、それらのものはその教師のために永遠に守られる。でもね、私は家族に私の愛を示すためのプレゼントを買えないことに、まだ怒りを感じるの。実際、私はデイヴィッドには言わないで、甥っ子のために内緒でプレゼントを買いにいきたい。私には助けが必要よ！寛容さについて教えてほしいわ。

ホーリースピリット：この世界の寛容さには、時間と所有概念が含まれています。寛容さを示す手段として時間が使えないときには、物質的な所有物を与えることが代替となることが多くあります。私の言う寛容さには、ありのままのあなたであること、この真理があなたの行動を通して反映されることが含まれています。真の寛容には、偶像崇拝や、比較、お金や時間は考慮されません。神の教師は、父なる神の寛容な本質である「与える」ということを反映させます。父なる神は、彼の子どもたちが贈り物に気づいているかどうかにかかわらず、彼らに無条件に与えます。あなたの父が与えるように、あなたが与えるとき、罪悪感が関わることはありません。そこには祝福があるばかりです。

与えたいというあなたの願望は美しいものです。その願望を、私やデイヴィッド、そしてあなたの愛する人びととオープンに分かち合ってください。あなたの願望を形として表現する方法があるかどうか、私に聞いてください。私にあなたを導かせてください。

カースティン：オッケー。ありがとう。

デイヴィッドから隠しておきたいことがあると認めたあと、プレゼントを買いたい願望はかなり減りました。意識に上がってきたのは、ただプレゼントを買いたいという願望よりも深いものでした。私は、自分のやり方でやりたいという、よく知る感覚がそこにあることに気がつきました。これこそ、デイヴィッドとフロリダで話した権威の問題だったのです。私は祈りの中に入りました。そして、そこに「二つの世界」が生じているのを見ました。エゴが、家族を愛することをデイヴィッドが阻んでいると、彼に投影していたのです。卑劣です！

私はデイヴィッドとスピリットにマインドを合わせました。私が与える贈り物は、私の愛だと、完全に信頼しながら。誰も他の贈り物は期待していませんでした。みんな声を揃えて、私が一緒にいることが何よりの贈り物だと言いつづけてくれました。そのとき、兄がすでに私のために道を作ってくれていたことを思い出しました。彼は、何年ものあいだ、クリスマスプレゼントや誕生日プレゼントを贈ることを拒否していたのです！　このことは、エゴがこんな表面的なやり方で私の愛を証明しようと主張していたことに、簡単に気づかせてくれました。ああ、私の道のりは、まだまだ先が長いようです！

手放しても安全なの？

ジャーナリング

カースティン：おはよう、ホーリースピリット。コースの集まりで教える役割から退きたいと思っているの。一カ所に留まっていたい。このことがはっきりして、気持ちが軽くなったわ。去年は、ほぼずっと旅をしていた。本当にたくさんの距離を旅したわ。そして私が経験してきたことは、すべて公に分かち合われた。ずっとキツかったの。そろそろ退いてもいいかしら？

ホーリースピリット：今なら退いてよいですよ。

カースティン：デイヴィッドが隠遁生活の経験について話してくれたことがあるの。休息の期間で、サイクリングをしたり、長い散歩に出たりしたそうよ。でもこれは、不可能に思えるの。そんな休息の時間を、彼と一緒に過ごせるとは思えない。コースの集まりを開催して、経費や飛行機代を払わないといけない。生産的でなければならない歯車に捕まっている気分なの。これは、何もしないこととは噛み合わないわ。

ホーリースピリット：恐れや怒りが上がってくるままにしてください。

カースティン：どうすればいいの？　混乱しているのよ。デイヴィッドはそういったことについて全部話してくれた。海外への旅に出たあと、アメリカでの司牧の活動資金が何も入ってこないことがよくあるの。すべてを無料で提供するのは、財政的な援助があって初めてできることだわ。

ホーリースピリット：あなたに必要なものは提供されます。「どうすれば？」という心配は、手放してください。私がその「どうすれば」なのです。私が、あなたがどこにいればいいか導きます。あなたがサポートを受けられる場所や状況へ、私が導きます。あなたは、今この瞬間にもサポートされています。

カースティン：ええ、そうよ。でも今だけのことだわ。デイヴィッドが去ったらどうなるの？　こんなことを聞くなんて、私どうしてしまったの！

ホーリースピリット：デイヴィッドは去っていません。この世界のすべては、一時的なものです。象徴が使われるのは一時的ですが、愛は永遠です。あなたは、終わることのない愛を体験できる関係性を望みました。これがその体験です。あなたは不分離を望みました。これがその体験です。あなたは神の平安を望みました。移り変わる感覚や感情の表面下にあるのが、神の平安です。

カースティン：［私は深呼吸しました。すると、平安の感覚が私を包み込みました。］

第十九章　特別性を手放す

二〇〇五年～二〇〇六年　冬・春

「特別性の追求は、常に平安が代償となります。自らの救い主を攻撃し、貶めながら、その救い主の力強いサポートを認識することができる人がいるでしょうか。……あなたには救済において果たすべき役割があります。それを追求することは、あなたに喜びをもたらすでしょう。しかし、特別性の追求は、あなたに必ず苦痛をもたらします。これこそ、救済を打ち砕くゴールであり、そのようにして、神の意志に対抗するものなのです（T-24.II.2）」

「あなたはもう真理の道を遠くまで歩んできました。今になってためらうには、遠くに来すぎました。あともう一歩踏み出せば、神への恐れの痕跡は、愛の中に溶け去るでしょう（T-24.II.9）」

板挟み

デイヴィッドと私は、ジャッキーとロジャーの世話になっていました。しかし、気づくと、私たちはコースの仲間であるミアと彼女のパートナーであるケヴィンと多くの時間を過ごしていました。ほとんどの夜は、彼らと一緒に深い内容の映画を観て楽しんでいました。ミアとケヴィンは、私たちをホストするというインスピレーションを受け取っていました。彼らは南太平洋に、私たちの司牧グループの支部を設立するアイディアを検討していました。

デイヴィッドは、ミアとケヴィンと一緒に過ごすように導かれていると感じていると私に話しました。私は、引き裂かれたような気持ちになりました。私たちが分かち合うたった一つの目的のために、私もデイヴィッドとミアとケヴィンと一緒にいたかった。けれど、私は自分の家族を見捨てたくはなかったのです。私が他の人たちとずっと過ごすことを選べば、ロジャーが怒るだろうと思いました。

引き裂かれたような感覚は、鋭く尖ったものでした。誰と一緒にいようとも、私には罪悪感や間違っている感覚がありました。そして、その感覚は、私の家族、つまりロジャーかデイヴィッドのどちらかに投影されました。私は、ロジャーが私にしがみつくのをやめて、代わりにスピリチュアルジャーニーをサポートしてくれたらいいのにと思っていました。表面的には、彼はとても寛容で、経済的なサポートや滞在する場所を提供してくれました。しかし、そこにはベールに覆い隠された攻撃的な思いや、明らかな信頼の欠如があり、それが、彼のコミュニケーションを通して漏れ出していました。私はそれを個人的な攻撃だと感じました。私は、自分のスピリチュアルな道に忠実であるために、できるすべてをやっていました。だから、ロジャーが私を完全に信頼できず、サポートしてくれないことを腹立たしく思っていました。

私の傷ついた思いや罪悪感がデイヴィッドに投影されるときは、悲嘆にくれた質問が湧いてきます。**どうして彼は私に罪悪感を感じさせるの？　どうして私は選ばないといけないの？　家族と一緒にいることは許されないの？**　デイヴィッドが、ミアとケヴィンの家に滞在するように導かれても、何の不思議もありません！

ある日、私はデイヴィッドが滞在しているミアとケヴィンの家まで、ドライブする準備をしていました。ロジャーがやってきて、いつもの別れ際の言葉を言いました。それが私の中の罪悪感を刺激しました。「ああ、出かけるのかい？　どうしてあの人たちのところへ行くんだ？　お前の家族と一緒に過ごすのは嫌なのか？」。

私は倒れそうになりました。罪悪感は強烈になっていました。しかし、この瞬間まで、私は「スピリチュアル」であろうとして、それを隠していたのです。もうこれ以上は無理でした。ついに、私はロジャーに対して、自分の感情に正直になることを許しました。「私があなたや家族と一緒にいると、デイヴィッドと一緒にいないことに罪悪感を感じるの。そして、デイヴィッドと一緒にいるときは、家族と一緒にいないことに罪悪感を感じるのよ。この瞬間の私の心は、デイヴィッドとミアとケヴィンのところへ行って、彼らと過ごすように言っているの。行かないでおこうと考えるなら、それは罪悪感のせいよ。あなたに悪いことをして、それであなたを苦しめてしまうことへの罪悪感よ」。

涙があふれてきました。ロジャーを傷つけたかもしれないという悲しみと、やっと彼に対する葛藤を打ち明けることができたという感謝の念を、同時に感じました。彼は、すぐさま協力的になり、こう言いました。「なんてことだ。君に罪悪感を持たせたいわけじゃないんだ。君が心からここにいたいという確信があるときに、ここにいてほしいだけだよ。罪悪感を覚える必要なんてない。とても愛しているよ」。それは、はっきりとした癒やしの瞬間、正直さがもたらす「特別性の取り消し」の瞬間でした。

私が本当の感情を正直に表現することで、ロジャーにも、心の中で思っていることを表現する機会が与えられることになったのです。罪悪感があるのは、ただ私自身のマインドの中だけ、ということを見るのは、核心的なことでした。ロジャーやデイヴィッドに投影することで、私は罪悪感を持続させ、勝者のいない「見捨てる」ゲームにはまっていたのです。ロジャーは車道で手を振って、私を送り出してくれました。私は心の底からほっとしました。涙の優しさは、表現されないでいる罪悪感の緊張や不安よりも、ずっとよいものでした。

ミアの家に着くと、私はみんなに心の内を明かしました。「私は、自分の家族を見捨てているような気がするの。ここでみんなと一緒にいると罪悪感を覚える。そのことが、私が今ここに完全に在ることから気を逸らして遮っている感じがする。スピリットの導きが何なのか知るために、私には助けが必要なのよ」。

あえて正直であることで、私のマインド中の何かが楽になりました。孤独を感じながら、私がどこにいるべきかについて正しくありたいと望むよりも、私はみんなを招き入れ、サポートしてもらいたいと思いました。自分がどれほど孤独を感じていたのか、私は自覚していませんでした。今、私は特別性の取り消しは、たった一人で格闘することではないと感じていました。すべての人が、癒やしを求める私の祈りに加わることができるのです。

私は、耳を傾け従う練習、そしてスピリットかエゴか、どちらの声を聞いているのかを学ぶための余裕を持つことを、自分に許しました。私に対して、いい人であるように、そして正しい行いをするように告げる声は、必ずしもスピリットではないことを発見しました。聞くことを自分に許可することで、私は、いつスピリットに従っているか、そして、いつ罪悪感を最小限に留めようとしているのか、よりクリアに判別できる感覚を発達させました。

私は、家族と一緒にいられるのは、私が奇跡的なマインドの状態にあるときだということを、いち早く学びました。その状態の中では、私はそこに在り、忍耐強く、そして家族力学に影響されずにいることができました。過去の在り方に囚われて、あとになって家族に憤慨することはなくなりました。その代わり、彼らを愛らしいと感じたのです！

私は、軽やかに家族と一緒にいることができました。これは、私が罪悪感と格闘していたときには不可能なことでした。「君は変わってしまったね」と言われるようなことがあっても、「そうね！　もうあなたが私を煩わせることはないもの！　自分のマインドの状態の責任を、完全に自分で取るようになったの。嬉しいでしょう？」と、今なら軽やかに愛を持って答えられます。私は戦場を超えたところにいたのです！　ハレルヤ！

　こうして私は、私自身とみんなの無垢性を強化していきました。そして、何が話題に上っても、気まずい瞬間があっても、家族の元を離れるときには、とても安定した気持ちでいられました。それができたのは、私が一人で決断しなかったからです。すべては私の癒やしのためにあることを、私は知っていました。

　デイヴィッドと一緒にいるときによく起こったのですが、悲しみや見捨てられることへの信念が、私の意識に上がってきたとします。それは私に、自分の感情を見つめるための安定した状況を与えてくれました。避けたり、責めたり、あるいは投影したりすることはなく、もしあったとしても、長くは続きませんでした。今や、私はデイヴィッドと百パーセント一緒にいました。そして私が通過している強烈な体験を彼のせいにして責めることはなくなりました。

　私は、そのうちスピリットが、いつまでも特別性と格闘している私に嫌気がさして、「もう十分です！　あなたはもう癒やされてもいいころですよ！」と言い出すと本気で思っていました。スピリットの計画は、拒絶することではなく、私を執着から優しく緩めてマインドを解き放つものだということが、そのころの私にはよく分かっていませんでした。

この癒やしの段階が、できる限り早く過ぎ去ってほしいと、どれほど私が望んでも、急ぐことができるようなものではありませんでした。毎日が、祈ること、自分の思いを見つめること、そして癒やしが起こるのを許すことに深く捧げられました。分離の恐れに向き合い、一瞬ごとにスピリットの計画に従うのを選ぶことで、私は癒やされはじめました。そして、愛からの分離の原因は私にはないということを、理解しはじめたのです。

正しい方向へ向かう

デイヴィッドと私が南のワナカへ飛んだのは、私の車を受け取り、それに乗って北島へと戻るためでした。私はこの旅に抵抗を感じ、なぜかデイヴィッドと距離を置いていました。私は、彼が私と同じようにワナカを見ず、特別な場所ではないと言うことを恐れていたのです。ワナカは自分の一部のように感じていたので、私はそれが幻想だということを聞きたくありませんでした。私はコースに助けを求め、三十一章の「真の選択肢」を読むように導かれました。

「……ゴールに到達するためには、遠ざかるのではなく、ゴールの方向へ向かわなければなりません（T-31.IV.7）」

「この世界のすべての選択は、次のことにかかっています。あなたはあなたの兄弟と自分自身のどちらかを選び、彼が失う分だけあなたは得ます。そして、あなたが失うものは、彼に与えられるのです（T-31.IV.8）」

「あなた自身と、あなたの狂気を赦してください。無意味な旅や目的のない目標はすべて忘れてください。それらに意味はありません（T-31.IV.11）」

ジャーナリング

カースティン：おはよう、ホーリースピリット。私は読んだところにとても感謝しているの。神は神の思いを離れたことがない。私は、神の臨在《プレゼンス》と神の愛を忘れていた。私には選択する力がある。この世界の中に幸福や神の記憶を探すとき、それは無益な探索となる。思い出させてくれてありがとう。しばらくのあいだ、本気で忘れていたようね。今、私に何をさせたい？　どこへいけばいい？

ホーリースピリット：このことを知って、リラックスしてください。そしてこのことを信頼してください。あなたに明らかな形で与えられていることに、従ってください。この道は神へ向かいます。この体験は、癒やしであり、喜びであり、つながりでありつづけるでしょう。

カースティン：目的について教えてもらえる？

ホーリースピリット：この世界の目的は死です。この世界は、真理や幸福へ向かう道や選択を与えてくれる場所のように見えます。しかし本当は、この世界の中での道——人生の謎が解き明かされ、問題が解決されることへの期待——を望むことは、どこへもたどり着かない道へ進もうとしている明らかな兆候です。神への道とは、たった今、あなたはすべてを持っており、真理を知るために形を変える必要は一切ないと気づくことです。あなたのここでの目的は、真理を受け入れ、それを受け入れたことを、兄弟とつながって示すことなのです。

あなたが、形の上での結果を期待して何かを「する」とき、あなたは幻想を選んでいます。そして、あなたは原因と結果の真の基本法則を忘れてしまっているのです。「どこか他の場所」へ行って、特定のマインドの状態に到達しようと試みることは、金魚が海を発見することを期待して、金魚鉢の片方からもう片方へ泳いでいるようなものです。神のために選択することで、目的を選んでください。形は、思いの反映という、ありのままの状態にしておくことを許しましょう。

カースティン：ありがとう。

ワナカを手放す

飛行機がワナカに着陸すると、私は自分のマインドを注意深く観察し、まだワナカを故郷のように感じるかどうか知ろうとしました。以前心に感じたような、神秘的な感覚や感情の昂《たかぶ》りはありませんでした。予想通り、デイヴィッドはここの景色に感動したようには見えませんでした。直感的に、私は、自分の過去のストーリーを考えたり話したりすることに没頭せず、マインドを集中させつづけることにしました。そして、この場所にいるように、との強い呼びかけがあるかどうかも、念入りに見るようにしました。

私の友人たちのほとんどは、ワナカから離れていました。わずかに残っていた人たちは、私たちが滞在する一週間、入れ違いで出かけていました。デイヴィッドと私は、ワナカで小さなコースの集いを開きました。しかし、そこに集まった人びとは、明らかにコースとは別の道を歩んでいました。彼らは集まりを楽しんでくれましたが、コースをさらに探究しようとは思っていないようでした。

私たちは車を受け取り、友人のビルが新しく改装した「バスの家」に滞在するために、北西に向かって五時間のドライブに出発しました。ワナカを離れるにつれ、私はまた引き裂かれるような気分になりました。マインドの中で、何度もワナカを手放そうとしましたが、私はまだ愛着を完全に手放していませんでした。私にとってワナカは、いまだに安全な隠れ家の象徴でした。

ビルの家に到着すると、彼は必要なだけ滞在してほしいと言ってくれました。その後、デイヴィッドに私の疑いの思いを話しました。毎晩のように、私はワナカに戻るべきか否かの答えを探して、デイヴィッドに自分のジレンマを話しました。けれど、解決の糸口さえつかめませんでした。私たちには、北島でコースの集いを開催する計画がありました。ある夜、私がデイヴィッドに同じ疑いについてふたたび話すと、出発する、と彼は言ったのです。

彼はオークランドに戻る航空券を予約しました。私は信じられませんでした！「私をここに置いていくの？」。完全に見捨てられた気分で、そう言いました。「僕たちには北島での集まりがある。僕は今出発するように導かれているんだ」。彼は答えました。デイヴィッドは、またしても私に選択の機会を与えてくれました。私をサポートすることに関して、彼にできることは文字通りもうありませんでした。私は自分で決断しなければなりませんでした。翌朝、ビルはデイヴィッドを空港まで送っていきました。私は祈り、どちらの選択が私の道なのかを感じようとしました。北のオークランドか、それとも南のワナカか。けれど、何も感じられませんでした。

ビルは夏のあいだだけ、北にいました。次の日、彼は南へ向かって旅を続ける予定でした。彼は、私がどちらの方向に行くべきか分かるまで、彼のあとを車で走り、一緒にいるようにと誘ってくれました。他にどうすればいいか分からなかったので、私は彼のあとについて南へ行きました。

最初の二時間は、まるで虚無に向かって走っているようでした。私は祈りつづけました。南へ走るごとに、私は何かに気づきはじめました。ああ！　分かるわ！　南は私が行くべき方向ではないのね！　私はビルについて走りながら、この感覚を探り、スピリットに明確にしてほしいと頼みました。暗い嵐の雲の下を通り抜けたかのように、導きへの気づきが私のマインドの中で輝きはじめました。私は思い出しました！　私の進むべき道はずっと、車を引き取って、ワナカを去ることだったのです。

ワナカが今の私の進むべき道ではないと気づき、涙が流れはじめました。それまで私の中に湧き上がっていたのは、一切の人生の代替案を手放して、デイヴィッドというスピリットから与えられたものを完全に受け入れることへの、深い恐れでした。ビルのあとをついて走れば走るほど、私は嬉しくなりました。そして、彼の家に到着するころには、この嬉しいニュースを分かち合いたくてたまりませんでした。

私はデイヴィッドに電話して言いました。「そっちへ行くわ！」。彼は私と同じぐらい幸せそうでした。次の日、私はオークランドへ向けて、輝かしい三日間のドライブを始めました。道中、私はずっと歌っていました。まるで空を飛んでいる気分で！

休息の贈り物

私たちのツアーの最後の集まりは、オーストラリアで開催する予定でした。オーストラリアへの移動が近づくにつれ、私はあまりにも疲れているので、もうついていけないと感じました。オーストラリアへ行く必要はないと言われることを望みながら、祈りました。望んだような導きは得られず、私は従順に荷造りしました。

デイヴィッドと私は、サンシャイン海岸を一望するラージとスーズの素晴らしい家に到着しました。その後すぐに、私たちは奇跡のストーリーを分かち合うことになります。ラージは地元でいくつかの集まりとワークショップを計画してくれました。その後に、海岸を下ったところで一週間のツアーが続きます。

ブリスベンで開催される、最初の集まりへ赴くために家を出ようとしていると、ラージが時間について心配していました。車にガソリンを入れる必要があるのに、彼の計算によると、制限速度で運転すると、会場で準備をする時間が十分しか残らないと言うのです。音響設備、椅子、そして教材を並べるテーブルの準備をするには、もっと時間が必要でした。デイヴィッドはラージに、ちゃんと時間通りに到着すると保証しました。車で走りはじめると、デイヴィッドから素晴らしい教えが流れ出しました。イエスがどのようにして、彼のミラクルワーカーたちのために時間と空間を整えてくれるかということです。後部座席で私の隣に座っていたスーズは幸せそうにクスクス笑いはじめました。

ラージは、ホストであり主催者である自分は、参加者が来る前に、私たちを会場に連れていき、準備を整える責任があると感じていると話してくれました。そうする時間がとてもあるとは思えないけれど、奇跡に対してオープンでいると彼は言いました！　スーズは、クスクスと笑いつづけました。ほどなくして、彼らは道中で起こった奇跡のストーリーを何度も話すことになるのです。私たちはガソリンを入れるために止まりました。そして次に気がついたときには、もう会場の駐車場に車を入れようとしていたのです。

ラージは驚いていました。私たちは三十分前に会場に到着したのです！　彼は信じられない様子でした！　この世界の時間、速度、そして距離の法則から見ると、科学的に不可能なことが起こったのです。私たちは純粋な喜びの中で、すべての準備を整えおえました。参加者が現れるまでの十分ほど、リラックスする時間までありました。

次の日、私はラージとスーズに、前の年が私にとってどれほど大変だったかを話しました。一週間のツアーが始まろうとしており、スーズは友人のところに滞在する準備を整えていました。彼らはすぐに、スーズが出かけてラージとデイヴィッドがツアーに出ているあいだ、私にこの家に滞在しないかと誘ってくれたのです。ラージは他のスピリチュアルな教師とともに旅をした経験があり、デイヴィッドと二人きりで一週間過ごすことにワクワクしていました。私はほんの少し、一緒に行かないことに罪悪感を感じました。けれど、彼らが大いに勧めてくれたので、私は素直にこの贈り物を受け取ることにしました！

リラックスして、何もしなくていい機会を受け取るに自分がふさわしいと思えるまで、二日かかりました。ようやく、私は深い神の体験へと沈み込んでいくことができました。私は神の恩寵を浴びました。とても平安で、すべてと一つになり、愛の中にいました。私は、自分をこの経験に連れてくるために、すべてが完璧に計画されていたことを、疑う余地なく知りました。

私は、本棚に『ウランティアの書』〔一九五五年にウランティア財団によって出版された、神や宇宙、人類の起源などについて記された書籍〕があるのを発見しました。最後のパートにある「イエスの人生とその教え」を読むと、今までになかったほどに、イエスとの深く親密なつながりを感じました。私は、彼の謙虚さと忍耐に深く感銘を受けました。彼は、自分がとても大きなミッションを担っているのを知っていました。それでも、彼は何年ものあいだ「まだ私の時は来ていない。その時が来たら、私の父が教えてくれる」と言っていたのです。私はイエスをとても愛しています。

ツアーが終わったあと、デイヴィッドは休息のためにシドニーに滞在しました。ラージは、デイヴィッドと過ごした時間への感謝と愛に満ちあふれて、家に帰ってきました。家に帰るために運転しているあいだ、ずっと喜びの涙が頬を流れていたと教えてくれました。この体験が、自分にとってどんな意味があるのかを説明しようとする彼の瞳は、驚きで輝いていました。

私がこのツアーに参加しなかったことが、私とラージにとって必要不可欠な贈り物であったことに感謝しました。その後すぐ、デイヴィッドと私はニュージーランドに戻りました。

結婚指輪を移す

デイヴィッドは、ニュージーランドでの残りの滞在時間を、ミアとケヴィンと過ごすことになると、はっきり分かっていました。私は、彼らの家にも、ロジャーとジャッキーの家にも、何枚か洋服を置いていて、また引き裂かれたような気分になりました。かすかな、しかし絶えず続く喪失の脅威を感じました。マインドの中に恐れがあったので、私は愛の臨在《プレゼンス》と同調していませんでした。私は、デイヴィッドを含め、自分が何も愛していないことに気がついて打ちのめされました。

私たちはこのすべてについて、何度も徹底的に話し合いました。もうこれ以上、何も言うことはありませんでした。そして、デイヴィッドと一緒にできることは、もう何もないと私は感じました。手放すべきものを手放すまで、私はこれ以上深く見ていくことはできませんでした。そして、これ以上デイヴィッドが私を助けられることは、何もありませんでした。私にはもう与えられるものは何もないと感じました。インスピレーションも、新鮮さも、私たちの関係の中で差し出される深みも、私がこの手放しの段階を通り過ぎるまで、何も与えられません。

他にどうしてよいか分からなかった私は、ある夜、デイヴィッドに、私は結婚関係から退く必要があると告げました。私たちは横になり、一緒に祈りました。そして私は指輪を左手から右手に移したのです。

私が泣いているあいだ、デイヴィッドは抱きしめてくれました。彼は私に、この愛は永遠で、何があろうと彼は私と一緒にいると断言してくれました。それはとても優しい響きでした。デイヴィッドについていき、スピリットの計画とともにあるために、私にできることはすべてやりました。それが分かり、安心することができました。なんだかんだ言っても、結局のところ、私はコース学習者となって、まだ二年目だったのです！

一歩下がり、手放すこと

七カ月にわたる旅とコースの集いは終わりを迎えました。私はニュージーランドに留まり、デイヴィッドはアメリカに帰ろうとしていました。しかし、私たちは共有された目的の中で、深くつながっていました。私は、来週どこに住むかも分かっていませんでしたが、すべてが正しくあると感じていました。デイヴィッドと一緒にニュージーランドに戻った目的が、国を移ることを助けるためだけではなかったのが明確に分かりました。もっとずっと大きな目的があったのです。それは、私が自己概念と深い愛着から解き放たれるのを、助けるためだったのです。それらを抱えていた私は、自分がスピリットであることや、真に自由であることを知ることができずにいたのです。私の心が完全にアメリカに向き、デイヴィッドと一緒に喜んで次のステップに進めるようになるまで、アメリカには戻れないと分かっていました。

デイヴィッドを空港へ送るのは、どこかシュールな感じがしました。あるレベルでは、私はこれが起こるべくして起こっていると知っていました。けれど、私の心は満たされず、完了したとも感じていませんでした。私は深い癒やしの過程の中にいました。私にはっきりと分かったのは、次に来るものが明らかになるために、今、自由と余裕が与えられているということでした。

第二十章　喪失の恐れと愛の源

二〇〇六年　春

神が抱く神の子への愛を、言葉で表すことはできません
この愛は、私たちそのもの
絶え間なく、私たちが与え、受け取るもの
あなたへの私の愛、その中に沈み込みなさい

この体験こそ、あなたがずっと探してきたもの
すべての問題や計画は、意識から薄れてゆくでしょう
そして、私たち自身である愛の内へと消え去ります

ここに来つづけて、神を思い出してください
それはここにあります　私はここにいます
あなたが戻るのを、心待ちにして

愛は終わらない

デイヴィッドは、シンシナティのピースハウスに戻りました。彼と一緒にいることの強烈さから一時的に解放されていましたが、心の中では私はまだ彼とともにいることを知っていました。デイヴィッドがアメリカに戻ってから数週間、私たちはスカイプのビデオ通話を通して、たくさんの時間をともに過ごしました。深い話をすることもあれば、静かにメールを書いたり、いろいろな司牧の職務に対応したりもしました。いろいろな意味で、物理的にピースハウスでデイヴィッドと一緒にいるような感覚がありました。デイヴィッドから実質的に離れてしまうかもしれないという、私の恐れは溶けてなくなりました。私たちの身体がともにあろうとなかろうと、私たちが分かち合う目的は続いていくことが見えました。これは深いところで、心強く感じさせるものでした。

喪失の恐れ

ジャーナリング

カースティン：おはよう、ホーリースピリット。私の感情についてはっきり分かるように助けてほしいの。デイヴィッドがここにいるとき、私は恐れと抵抗の中にいたわ。そして、まったく愛に触れていなかった。彼が去ってから、私の恐れは深いレベルで癒やされ、私はまた神の愛の体験に戻ってきたの。でも、今はデイヴィッドを失うことを恐れている！　デイヴィッドは、神の愛の臨在《プレゼンス》。誰でも彼を自由に愛することができる。そして、彼らの中にある愛と同じ愛に触れることができる。それでも、ヨーロッパにいる友人が、デイヴィッドに恋をして結婚したいと言っていたと、彼から聞いたときはショックだった。彼を失うかもしれない、私たちの結婚は終わってしまうかもしれないと思ったの。まだ頭がくらくらする。そして、何か行動を起こしたいという誘惑にかられているの。

ホーリースピリット：あなたはデイヴィッドと結婚しており、彼はどこにも行かないと、今までに何度もあなたに伝えました。彼は去りません。あなたのマインドの一部はこれを受け入れ、別の一部はこれを拒絶しています。錯覚を起こさせるエゴの性質は、未来を想像することに固執します。そして、それをバラ色の明るさで描いたり、危うい暗闇で描いたりします。両方の色が、同じ想像上の未来に描かれたとき、混乱が主権を握ります。あなたがデイヴィッドとの結婚の考えを否定するときはいつも、あなたは恐れの中にいました。想像された投影には、喪失、不足、犠牲が含まれていました。言っておきます。愛には、喪失も不足も、そして犠牲もありません。

カースティン：そうね。私は神の計画が失敗したときのための、代替案にもしがみついていたわ。あなたが私の面倒を見てくれないなら、家族が私の面倒を見てくれることが分かっていた。ロジャーは一瞬で駆けつけて、実質的にも経済的にもサポートしてくれるでしょう。ジャッキーは、美容院に行くことから、リトリートセンターを所有するアイディアを検討することまで、いつでも私に付き合ってくれるわ。ニュージーランドも、私と一緒にいてくれる。この安全で広々とした国は、私が必要なときに政府のローンや医療補助でサポートしてくれるでしょう。ああ、何てことかしら。こうして書いてみると、私のマインドの中にまだどれほど代替案があるのか、よく分かるわね。どうりで、デイヴィッドと旅をしていたとき、本音で神の摂理の話ができなかったわけだわ。私、あなたに支えられているとは、まるで信じていないのよ！

今こそ、すべての代替案を手放す準備ができたわ。［私はほっとしてすすり泣きました。］デイヴィッドに悪戦苦闘したのは、彼が私の代替案を明らかにしたからだということは分かってる。彼は、私の代替案を脅かしていたのよ。彼は私にそれらを手放すように言ったけれど、私にはまだ準備ができているとは思えなかった。

これについて、何か教えてもらえる？　デイヴィッドと一緒にいたいわ。でも、今、恐れから行動したくないの。私が特別じゃないことは分かっている。彼がすべての人と結婚していることも。恐れも古い抵抗もなく、彼と完全につながる機会を逃したくないわ。

ホーリースピリット：あなたの恐れと願望を、さらけ出しつづけてください。あなたのたった一つのゴールは神であることを、思い出してください。私があなたを導きます。あなたは、あなたがいるべきところにいます。ええ、あなたはアメリカへ帰るチケットをキャンセルし、結婚から退きました。そこには、恐れや混乱がありました。しかし、すでにあなたに言ったように、あなたはまだ結婚しています。そして、デイヴィッドとつながっています。あなたが望んだように、あなたは一つの場所に留まっています。あなたは代替案を手放し、過去が洗い流されることを許しています。これが、あなたの道を整え、躓《つまず》く石やあなたを阻む障害を一つ残らず取り除くということです。すべてうまくいっています。我が子よ。すべてうまくいっています。

カースティン：ありがとう。［私は安堵してほっと息をつきました。］

真の結婚

ジャーナリング

カースティン：おはよう、ホーリースピリット。私が正しいマインドにあるとき、すべてはうまくいっている。エゴだけが、過去を振り返るのだと分かっているわ。エゴはもっと別の可能性があったのではないかと、仮説を立てては裁くのよ。私が間違ったマインドにあるとき、私は他の人たちの私に対する期待が高過ぎると言って、彼らを非難するの。まるでデイヴィッドとの関係に失敗したかのように感じるから悲しいわ。その後に、怒りが湧いてくるのよ。だって、私のせいじゃないんだもの！ そして、その後は、罪悪感、怒り、失望がやってくる。**もっと他にやりようがあったんじゃないかって。私に罪はないのに！ なんて可哀想な私。**これを今、手放したいわ。何か教えてもらえるかしら？ あなたは、結婚のことについて話してくれるような気がしているのだけど。

ホーリースピリット：あなたは神と結ばれているし、この先もずっとそうです。これが真の結婚です。形の世界では、神との結婚を望む象徴として、二人が結婚生活の中で、目的をともにしてつながることがあります。

結婚に対するエゴの考えは、特別性を含んでいます。スピリットが結婚を使うのは、マインドを癒やし、お互いに、そしてすべての人に対して、神の無条件の愛をはっきりと示すためです。真の結婚は形を超えています。真の結婚とは、あなたがデイヴィッドとともに持つ、そしてこれからも持ちつづける、愛、つながり、目的の共有、そして「分離のない」感覚です。これがあなたの関係の意図であり、その通りになっています。

カースティン：それを感じるし、知っている。それを信頼するわ。まだ悲しいし、涙が出そうだけれど。まだ見る必要がある、無意識の思いがあるのかしら？　それとも、ただエゴの間違ったマインドに囚われているだけ？

ホーリースピリット：思いや感情が表に出ることを許してください。つながることは、常に喪失や分離の感覚に対する答えです。あなたのマインドがエゴのネガティブな考えの中でぐるぐる回っていることに気がついたら、私のために決断することで、主題を変えるのです。私のところへ来てください。私と一緒に座ってください。きっぱりと手放す意志を持って、思いを表現してください。

カースティン：ありがとう。何か読むといいものはある？

ホーリースピリット：「正直に振り返るのでなければ、過去を振り返らないでください。偶像があなたを誘惑するとき、このことを考えてください。偶像が、罪悪感以外の「贈り物」をもたらしたことは、一切ありませんでした。苦痛という対価以外で、それが買われたことはないし、あなたが一人でそれを支払うこともありませんでした。それゆえに、あなたの兄弟に対して慈悲深くあってください。そして、あなたの兄弟もあなたと同じ対価を支払うことを思い出し、よく考えないままに偶像を選ぶことがないようにしてください。あなたが振り返るとき、彼の歩みは遅らせられ、あなたは誰の愛に満ちた手を握っているのか知覚しなくなるでしょう。だから、前を見てください。恐れの中で動悸する心ではなく、希望の中で高鳴る幸せな心とともに、自信を持って歩んでください（T-30.V.10）」。

カースティン：完璧ね。

神の子は決して眠らなかった

ジャーナリング

カースティン：おはよう、ホーリースピリット。

［私は平安を感じ、コースのテキストの「現在を見出す」という章の最後の二段落を読むように導かれました。］

「光の魅力は、あなたを喜んで引きつける必要があり、その意欲は与えることによって示されます。……愛の法則は、あなたが眠っているからといって、中断されることはありません。眠りの中でも、キリストはあなたを保護しています。あなたが目覚めたときのために、リアルな世界を確保しています。あなたの名において、キリストはあなたのために与え、彼が与えた贈り物をあなたにも与えました。神の子は、今でも彼の父なる神と同じように愛に満ちています。彼の父とつながっているキリストに、父から離れた過去はありません。それゆえに、彼は彼の父や彼自身の証人であることを止めたことはありません。……だからこそ、彼は彼自身の元に、彼が決して眠らなかったと教えてくれる証人を呼び出すことができるのです（T-13.VI.12-13）」

カースティン：これについて話して！

ホーリースピリット：神の子が、彼の父なる神から分離したことは決してありませんでした。神の子は、眠り込み、彼の父の愛を忘れ、分離したと信じているように見えます。そして、時間と空間の中に存在する身体として、彼の目的を探し、彼の家を探しているように見えます。この知覚は、私によってすぐに訂正されました。あなたが真理に献身しつづけると、証人たちは真理を反映し、あなたに返すでしょう。あなたがすべてを全員に与え、あなたの父が愛するように愛するならば、証人たちはこの愛をあなたに反映するでしょう。愛と光以外の何かが、存在するすべてであるという夢のかけらは、消え去るのです。

神の愛の中では、彼の愛と異なるものはすべて、跡形もなく消えています。神の愛の光の中で、すべての暗闇は永遠に消えました。ここ以外のどこかに、本当に神の子がいたことがあり得るでしょうか？　神の子は無限で、彼の父の創造物であり、彼の父の姿として造られたのに？

カースティン：「私は、真理とつながりについての神秘的で拡張してゆく気づきの中に沈み込んでいきました。「カースティン」や、彼女が持つすべての分離や間違いを犯すことへの恐れは、夢の一部だという暗黙の認識がありました。それらは幻です。なぜならこの瞬間、この臨在《プレゼンス》こそが私であり、ずっと私であったからです。」

すべての分離の感覚は去ったわ。今や、それは想像することすらできないものになりました。分離は決して起こらなかった。

「神の子は、今でも彼の父なる神と同じように愛するものです。彼の父とつながっている彼に、父から離れた過去はありません（T-13.VI）」

関連づけの取り消し

愛する人を失うかもしれないという信念は、時が始まって以来、私の核となっている問題のようでした。コースを見つけるまで、ジャッキーと私はあらゆる癒やしの手法を探索していました。ある日、私たちはヒプノセラピーを使うサイキックのところへ行きました。ヒプノセラピーとは、今生で展開しているかもしれないパターンを、「過去生」の記憶にアクセスして意識に上げる手法です。私は、生涯の恋人を失うという、ロマンチックな悲劇が展開する人生のヴィジョンをいくつか見ました。私が殺されるか、もしくは恐ろしいことが起こるかして、私とパートナーが引き離されてしまうというものです。

私が今感じている恐れや悲しみの源は、愛する人を失ってしまうという私の古い信念でした。そして私はまた同じことに直面していました。今回は「デイヴィッド」主演で、彼にその役を演じてもらっていたのです。またしても、私は強烈な感情を覚え、この信念がまだ癒やされていないことを理解しました。

私はデイヴィッドに電話をしました。そして、「過去生回帰の体験」や今感じている悲しみと喪失感について話しました。デイヴィッドは、「本当に問題はないんだよ」と言いました。私は自分の問題が現実であることを、彼に説明しようとしました。それでも彼は、何の問題もないと繰り返すばかりでした。彼は、この先も同じことを演じつづけたいのかと私に尋ねました。私は笑いました！　悲しみと嘆きの真っ只中で、私は笑い出したのです！　そこに、私の主演男優がいました。彼は、私の苦悩は意に介さず、理解できないことを理解する努力もしませんでした。その代わり、彼は私に真理を思い出させてくれていたのです！

数日後、コースのグループの集まりで、参加者の一人があることを話してくれました。私がそのグループに行くたびに、彼女は同じことを話していました。彼女は愛する人を失ったいくつもの家族を、看護婦として慰めた体験を詳しく話すのです。彼らを安堵させるために、彼女は真理をマインドに保ち、すべての人の中にキリストを見るように努めたと言います。私はイライラしてきました。**どうして彼女は一言一句違わず、同じ話を繰り返すのかしら？**　私は話のポイントはもう理解したと思っていました。要は、すべての人の中にキリストを見るということです。私はこれを、もっと深くまで持っていきたいと切に願っていました。

あとになって、ホーリースピリットに助けを求めたとき、どうつながっていたのかが分かりました。彼女は、愛と喪失、愛と死、愛と嘆きについて語っていたのです。言い換えると、彼女が話したすべては、私が信じて握りしめていたものだったのです！　親愛なる姉妹よ、私が分かるまで、私のために同じ話を繰り返してくれたあなたに祝福あれ。私は、ホーリースピリットと一緒に、深い赦しの過程に沈み込んでいきました。そして、マインドに呼び出せるすべての人にまつわる、愛と喪失の間違った関連づけを手放していきました。私は「あなたが喪失を信じて体験できるのは、あなたが夢の中に現れる登場人物の誰かと同一化したときだけです」と言われました。

「愛だけが存在する」という歌が、私のマインドに漂い流れてきました。「愛だけが存在する、内と外にある愛、上に、下に、私たちの周りすべてに」。美しい！　自由を感じました！　愛する自由、存在する自由、何が目の前で起こっても、喜びと信頼を持って見る自由を感じました。

喜び

ジャーナリング

カースティン：おはよう、ホーリースピリット。教師のためのマニュアルにある「喜び」という節を読んだところなの。そこには、「喜びとは、柔和さの必然的な結果です。……攻撃に嘆きが伴うのと同じぐらい確実に、柔和さには喜びがつきものです（M-4.V）」。これについて語ってほしいの。

ホーリースピリット：嘆きは攻撃の信念からもたらされます。喪失を信じること、つまり、大切なものが奪われたり、脅かされたりすることができると信じることが、攻撃への信念を生じさせます。マインドの中に攻撃があるとき、どこに信頼があるのでしょう？　信頼は意識から消え、完全に抹消されてしまいます。喪失は不可能であると気づくことが、恐れの終焉です。恐れ、そして、いかなる喪失の可能性もないとき、平安、柔和さ、喜びが体験されます。

カースティン：喜びがどうして感謝の歌なのか、話してほしいわ。

ホーリースピリット：喜びは、あなたの自然な状態、あなたが受け継いだものの表れです。それは神からあなたに与えられたものです。平安と喜びは、感謝と手をつないで進みます。あなたは安全で、愛されていて、全一であり、間違ったことは何もなく、誰のことも正す必要もなく、すべては善きことのために一体となって働く。これらの認識が、喜びを生み出します。神の子が父のために歌う永遠の感謝の歌を覆い隠し、不明瞭にしてしまうのは、誤認識だけなのです。強烈な感謝の瞬間は、常にそこにある真理を垣間見せてくれます。

カースティン：「そして、キリストも同じように、感謝の中で彼らを見守っている（M-4.V）」。これについて教えてほしいわ。

ホーリースピリット：これは、キリストのアイディアを描写する隠喩です。この世界で、何かを学んで進歩する取り組みは、直線的で水平的であるように見えます。このような概念をあなたがマインドから解き放ち、拡張する真理に開いていくたびに、あなたは真のアイディアが垂直的であることに気づきはじめるでしょう。これは、あなたが幻想から抜け出す助けになる一つの隠喩、もしくは「足がかり」となるアイディアです。言うまでもなく、天国、その絶対性の中に、レベルというものはありません。神は在る。キリストは神のマインドの中のアイディアです。キリストは在る。完璧な平等性の中で、すべては一つです。この領域において、神は最上のアイディアです。天使やアセンデッドマスターは、この世界のものではない英知にアクセスできる、非常に高次のアイディアと考えることができます。彼らはこの世界の法則に縛られていません。

「キリストも同じように、感謝の中で彼らを見守っている」という言葉は、あなたのもっとも高いマインドの部分、または、あなたの真の本性を描写しています。あなたがあなた自身に目覚めていくにつれ、キリストは感謝の中であなたを見守るのです。マインドは一つしかありません。したがって、すべての側面、領域、アイディア、そして象徴は、一つのマインドの反映なのです。それらは、お互いを見たり、支えあったり、互いに感謝したりするように見えます。これも先と同じように「足がかり」となるアイディアです。

カーステイン：すべては夢であるということに、どう当てはまるの？

ホーリースピリット：あなたは、自分が夢を見ていることに気づいています。あなたは、あなたとあなたの兄弟の真理に、目覚めはじめています。この経験を夢と呼ぶのは、これがリアルではないと単に自覚することなのです。これよりも複雑であることはないのです。あなたは完全に愛されていて、完全に安全です。それを知って、あなたの夢を楽しんでください。

第二十一章　新しい始まり

二〇〇六年　夏

「今日、私たちはあなたが長い間見ていた最悪な夢に、幸せな終焉が訪れたことを祝います。もう暗い夢はありません。光が訪れました。今日、あなたとすべての人びとに光のときが始まります。それは、新しい時代であり、その中で新しい世界が生まれます。古い世界は、一欠片の跡も残さずに去りました。今日、私たちは新しい世界を見ます。なぜなら、光が訪れたからです（W-75.2）」

楽しい再会

ニュージーランドに留まるか、それともアメリカでデイヴィッドに加わるか、私はまだ祈りつづけていました。すると思いがけず、デイヴィッドの友人のリサが、ペンシルバニアの自宅で開催する一週間のリトリートに、デイヴィッドと私と他の友人たちを、招待してくれたのです。彼女はとてもワクワクして、これはとても重要な再会になると感じていました。そして、世界中のどこにいようと、そこからの飛行機のチケットを買うと申し出てくれました。これは、明らかなサインでした。

このことは正しいと感じました。私は、今までよりもずっと、自分の道に確信を持ち、デイヴィッドと深くつながっていました。私には、エゴの核となる防衛を見抜き、私の本当の望みを知るために必要なゆとりが与えられていました。私の望みは、ホーリースピリットが私に行かせたいところへ行くことでした。私の望みは、神秘主義のさらなる深み、神の心に赴くことでした。そして、私の道がデイヴィッドとともにあることに、疑う余地はありませんでした。

まるで、初めて神に「はい」と言ったような感覚でした。以前にも「はい」と言ったことはありましたが、今はもう何も私を引き止めることができないと感じました。ニュージーランドを去る前になって、私の心はふたたび、愛と明るさに満ちていました。それはまるで、日の光の中に出て輝く以外に、私にすることは何も残されていないかのようでした。

長い旅のあと、私はペンシルバニアに到着し、空港でデイヴィッドに会いました。それは美しく、幸福な再会でした。リサの家に着くと、彼女は私たちのために、部屋をハネムーン仕様に整えてくれていました。全宇宙が、私たちを一緒にしようと企んでいるようでした。そして、今回は、それを喜んで迎える準備が整っていたのです。

人びとが世界中から、この集まりに参加するためにやってきました。私たち全員にとって、スピリットが準備してくれた、極めて重要な合流点となりました。コミュニティの感覚やみんなで集まる喜びを、そこにいた全員が感じていました。何がどうなるか誰も定義することはできませんでしたが、確かに新しい始まりでした。内容はそのうち明らかにされることを、私たちは信頼しました。

過去は過ぎ去った

心強い仲間《マイティコンパニオン》たちと一緒に、神との融合を大いに楽しんだことは、純粋な喜びでした。私たちは皆、とても感謝していました。毎晩、眠りにつく前に聞くのは笑い声で、毎朝、起きてすぐに耳にするのも笑い声でした。

リトリート中のある朝のことです。私は外にある焚き火台の前で、新しく友達になったピーターの向かいに座っていました。そのとき、私はまた神秘的な体験をしました。瞑想のあとに目を開くと、世界が霧のような白い光の中に消えたのです。友人の姿形は、彼から閃光が迸る《ほとばし》につれ消え、「身体という仮面」は一時的なスクリーンであることを、はっきりと教えてくれました。この体験は、まだまだ続くようでした。私は、世界の幻想の解放に完全に身をゆだねることを自分に許しました。私たちの周りのすべては消え、残ったのは純粋な愛と光だけでした。

少しすると、優しい雨が降ってきました。形の世界が、私の意識にだんだんと戻ってきました。全員部屋の中に戻り、リビングでデイヴィッドを囲んで集まっていました。私が中に入ると、デイヴィッドが椅子から見上げ、私の大きく見開かれた目を見ました。「ああ、君はまた例の経験をしたんだね」。デイヴィッドは理解に顔を輝かせて言いました。私は小さな子どものような気がしました。何も分からなかったし、足元も少しヨロヨロしていました。デイヴィッドは優しく私の手を取り、彼の膝の上に座らせてくれました。それから、彼はすぐに贖罪を受け入れるというテーマに集中し、グループのみんなと深い議論を続けました。

リサの赦しに対する献身はとてもクリアで確実だったので、リトリート中に起こった出来事は、驚くことではありませんでした。十二年前、彼女の血のつながった姉妹の一人が殺されました。犯人は捕まり、この十年間、死刑囚として独居房に隔離されて過ごしていました。ある日、リサに新聞記者から電話がかかってきました。新聞記者はリサに、この犯人が死刑を免れるかもしれないというニュースについてどう思うかと尋ねました。リサの最初の返答は「いいわね！　私は死を信じていないの。私たちが信じるのは赦し。そして、私たちの人生は神がすべてなの。それは過去を手放すこと。全部、終わったことよ。過ぎ去ったことだわ」でした。新聞記者は、インタビューできる他の家族はいないか聞きました。リサの姉妹が電話に出て、こう言いました。

「私の家族は過去を赦しました。私たちは怒りにしがみついたりしません。犯人が、彼のマインドの牢獄から解放されるといいですね。このメッセージが彼に届くことを願っています。彼も罪悪感から自由になるのにふさわしいからです」。

それからほどなくして、リサは有罪判決を受けた男の名前を思い出しました。彼の名前は、フリーマン・メイ《自由な人五月》でした。その日は五月《メイ》でした。そして、私たちが見る限り、彼は自由な人《フリーマン》になったのです！　私たち、そして神の目においては、彼は赦され罪悪感から解放されていました。この出来事は、力強いものでした。

私の父なる神よ、あなただけ

ペンシルバニアでのリトリートが終わったあと、私は奇跡と喜びに満ちた、驚くような一週間の余韻に浸っていました。私はデイヴィッドを、人生を、そしてすべての祝福された瞬間を、とても愛していると感じました。デイヴィッドと私の関係はふたたび、純粋でオープンで正直な、私と神との関係を反映するものになりました。このリトリートのあと、デイヴィッドにはいくつかコースの集いをする予定がありました。リサは、もう二、三日、彼女の家に休息のために滞在しないかと、私を誘ってくれました。私は静かに座って内観しました。すると、この祈りが心から流れ出てきました。

今日、私たちは沈黙に浸る……
静けさが、世界に落ちた

私は、神の司牧者の一人
この想いは、私のマインドから放射され、
神の子の一体性を包み込む

神よ、私の父よ、
あなただけ

たった一つのマインドの海原を
感謝の波が、引いては満ちる

神よ、私の父よ、
あなただけ

無垢な子どもが、夢から目覚める

何一つ、現実ではなかったという気づきとともに……

私の手は、あなたの手の中にある
私の目は、あなたのほうを向く
私の心は、あなたに捧げられ、永遠に忠実だ
神よ、私の父よ、
あなただけ

私の人生を、あなたの手の中に置く
私の信頼を、あなたの言葉に置く
私の生命を、あなたに捧げる
そして、今、私は我が家にいる
あなたとともに

旅路などない
あなたが、私の行き先
あなた以外に、何も存在しない

あなたは、すべて

私は愛、私は全、あなたとともに

今こそ、笑って遊ぶとき

今こそ、喜びのとき

今こそ、嬉しい知らせを分かち合うとき

神はここにいる　私は我が家にいる　私は自由だ

天使が現れた

日曜日の夜遅くに、デイヴィッドと私はピースハウスに戻りました。私たちは、うっとりして幸せな様子のトライポッドと彼女の新しい兄弟サムに出迎えられました。彼らはどちらも喉をゴロゴロ鳴らすことを、止められないようでした。午前三時ごろ、愛を抑えられず、胸の上に飛び乗ってきたトライポッドに起こされました。彼女は、私と同じぐらい、私が戻ってきたことを喜んでいました。

ピースハウスのことで、手助けをお願いすることについて、私は祈っていました。デイヴィッドも私も、家を離れていることが多く、この家は何年間もきちんと掃除されていないと感じたのです。リトリートのあと、私はリサが自宅を掃除する様子を見ました。そのとき、私の家事に対する考えは、瞬時に変わりました。リサはロウソクを灯し、音楽をかけて、彼女の心を尽くして掃除するのです。掃除を終えたあと、その場は文字通り輝きました。リサは、神のために大喜びで掃除をしたのです。

デイヴィッドが溜まったメールの処理に明け暮れているあいだ、タマラとジョディという訪問客を迎えるため、私は二日間掃除をして過ごしました。彼女たちはテネシー州から、私たちと週末を過ごすためにやってきます。彼女たちが到着した日、私たちは素晴らしい食事に連れていってもらい、神と関係性について、夜更けまで深く語り合いました。彼女たちが寝室に戻るとき、自分たちはここに助けになるために来たのだと、真摯に心から言ってくれました。彼らの心のこもった助けになりたいという願望は、掃除や使い走り、庭仕事など、彼らができるすべてにわたっていました。私は信じられませんでした。私こそが、この週末に彼らの世話をするのだと思っていたのです。けれど、彼らこそ、私がサポートを求めて祈った答えとして、天国から直接送られてきた天使だったのです！

次の朝、タマラとジョディと私は、ゴム手袋をはめて、一日中、掃除したり整理整頓したりゴミを捨てたりして過ごしました。とても楽しい一日でした。すべてはとても新鮮で、真新しく感じました。夕方になると、私たちは散歩に出かけました。そして聖バーナード教会の近くにあるベンチに座って、瞑想しました。聖母マリアの像が近くに立っていました。彼女の手は祈りの形になっており、花壇が彼女を取り囲んでいました。

私がどこに行こうと、家族がそこにいてくれる。私は、完全に祝福されていると感じました。

その後、机に向かってメールに返信していると、満足そうなゴロゴロという音が、椅子の下から聞こえてきました。私は思ったのです。私が見るものすべては神への献身で、私が感じるものすべては愛だと。それは、今、ここに在り、私はとても感謝しています。

願望実現を超えて

昨晩、デイヴィッドと私は、タマラとジョディと一緒に映画『ザ・シークレット』を観ました。この映画は、マインドの力と引き寄せの法則に気づく、素晴らしいきっかけとなります。私たちが焦点を合わせて望むものが、私たちが受け取るものだということです。この映画のほとんどは、願望実現、すなわち、この世界から自分がほしいものを得ることについて語られています。

今朝、私はコースの「視覚の責任」を読むように導かれました。「私は自分が見るものに責任があります。私は、自分が体験する感情を選んでいます。そして、私が到達するゴールを決めるのは私です。私に起こるように見えるすべては、私が求め、求めたように受け取ります（T-21.II.2)」。

ジャーナリング

カースティン：おはよう、ホーリースピリット。これが「台本は書かれている」ことと「ありのまま」にすべてを明け渡すことに、どう関わっているのか、教えてもらえるかしら？

ホーリースピリット：観察者とは、戦場を超えたところで神と一体であり、それゆえに、この世界に翻弄されないと知っているマインドの状態のことです。マインドの潜在的能力への気づきから、完全に視覚の責任を取ることへの移行は、すべての源に自覚を戻すということです。

汝、己を知るとは、この世界やすべての誘惑を超えるということです。あらゆる状況において、神に「あなたは私に何を望んでいますか？」と問いかけることは、スピリットに意識を合わせることです。そして、その結果はいつもあなたにとって最善をもたらしてくれます。

カースティン：じゃあ、それはＡＢＣＤのような順番なのね。

Ａ、私はパワフルなマインドを持っています。私は私の世界に影響を与えます。

B、私は自分がほしいものを実現できるようです。私は、自分が見るもの、考えること、感じることに責任があります。
C、私はこの世界のものは何もほしくありません。神だけを望みます。
D、神への道を示してください。私はあらゆる状況において、スピリットの導きに人生を捧げます。

こうすれば、私は自由だわ。願望が分裂していないから、私は神と一体だわ。

ホーリースピリット：神が原因であること、そして神の子であるあなたは、その結果であることを、いつも覚えていてください。赦しの目的なしには、「宇宙の支配者」でありたいという願望は、エゴのゴールになってしまいます。「自分の運命の支配者」であることは、マインドの力に気づくためのよい足がかりとなり得ます。しかし、最終的に、人は明け渡し、謙虚さと受容の状態に到達しなければなりません。神こそが父です。そしてキリストは、神の愛する創造物であり、キリストを通して、神の永遠の愛と力が降り注ぐのです。

第二十二章　愛だけを教える

二〇〇六年　夏

「ホーリースピリットは延長し、エゴは投影します。双方のゴールは正反対なので、結果もそうなります。ホーリースピリットは、あなたを完全であると知覚するところから始めます。この完全性が共有されていることを知っているホーリースピリットは、他の人の中にも完全性を見ます。そして、両方の中でそれを強化します。これは、怒りの代わりに、両方に愛を呼び起こします。なぜなら、それが包含を確立するからです（T-6.II.4-5）」

「ホーリースピリットを延長させることに、唯一の安全があります。なぜなら、ホーリースピリットの優しさを他者の中に見ることで、あなたは自分のマインドが無害であると知覚するからです。これを完全に受け入れられたとき、マインドは自身を守る必要性を見なくなります。すると、永遠に完璧に安全であると保証する、神の加護に気づきます（T-6.III.3）」

無垢性

デイヴィッドと私は、カリフォルニアに向けて出発しました。サンバーナーディーノ山地にある友人の地元の施設で、コースの集いを開催するためです。友人のところには、十日間滞在する予定でした。

ジャーナリング

カースティン：おはよう、ホーリースピリット。私が姉妹を攻撃したと、そう彼女が知覚することに対する私の恐れについて教えてもらえるかしら？　彼女は正しいかもしれない。なぜなら、私は彼女の投稿したものが、私の視点からすると、コースの教えに沿っていないという反応をしたの。私は、彼女がコースの教師としての立ち位置を守るべきだと感じたわ。彼女の使う言葉や概念は、コースのものではなかった。ジャッジメントと自分が正しいという感覚を感じた。そのときに、私は彼女にメッセージを書くべきではなかったのかもしれない。気分が悪いの。結局のところ、私は自分に罪があるということを演じているだけなのかしら？

ホーリースピリット：愛しい子よ。無垢性、これがあなたの本質です。無垢性、これがあなたの正体です。神の手の中に、あなたの無垢性を置くと、あなたは平安を思い出します。この世界の情けに、あなたの無垢性を置くと、あなたはジャッジメントと激しい非難を知覚します。

あなたの兄弟姉妹に投影しないように。投影すれば、彼らはあなたの兄弟姉妹ではなくなり、あなたの敵となります。愛だけを延長してください。そうすれば、あなたの神への忠誠ゆえに、あなたの聖性は保証されます。あなたが無罪であることを疑えば、神の子を疑うことになります。そして、私が教えたことすべて、そして神のすべてを疑うことになります。

カースティン：ありがとう。

一貫性はどこにある？

スピリットの、私の無垢性についての愛あるメッセージを受け取ったあと、とても安心した気分でした。けれど、何かが私のマインドの中に上がってきました。呼び起こされたエゴが、その隠れ場所から出てきたことを感じました。

ある日、カリフォルニアの集まりで、デイヴィッドが話している最中に、彼は一貫性に欠けていると私は知覚しました。彼が話しはじめて二言目には、彼自身が言ったことに矛盾するように思えました。会話に飛び込んで、それを指摘したかったのですが何かが私を止めました。私は友人たちが耳を傾けているように、彼をじっと見て、彼の言葉に耳を傾けました。友人たちは、デイヴィッドの言うことに、酔いしれているようでした。彼らは、デイヴィッドの話のあからさまな矛盾に気がついていないか、もしくは気がついていないフリをしているのでしょう。私は、自分が狂っているのかしら、と思いはじめました。一体何が起こっているの？

自分の席の端っこに座り、内で切迫感を感じていました。「デイヴィッド！」。私はついに割って入りました。けれど、彼が私のほうへ顔を向けたとき、私は自分が見ていることを指摘する言葉を見つけられませんでした。私は首を振り、彼は話を続けました。私はその場から離れなければなりませんでした。静かに部屋を出て、靴を履き、ドアの外へ出ました。そして、早足で山道を登りはじめました。私が知覚していたことに対する、強烈な感覚は大きくなっていました。

私は自分の中で、怒りが掻き立てられるのを感じました。どうして、デイヴィッドはあんなに一貫性がないの？　どうして、昨日の友人の一貫性のない記事が世間に公開されたりするの？　私たちは一貫性の模範でなくてはならないのに。関心があるのは私だけなの？

歩くにつれ、強烈な感覚が増していきました。山頂に着いたときには、私は爆発しそうでした。そこは、木々や大きな岩に囲まれ、助けを求めて叫ぶのには完璧な場所でした。「ホーリースピリット！」。私は強く求めました。「どこにいるの？　何が起こっているの？　一貫性はどこにあるの？　私は一貫性がほしいのよ！」。

怒りは下火になり、悲しみの波が湧き上がってきました。涙が流れ出すと、私が熱望しているのは神だということに気づきました。これに気がついて、心の中でどれほど深く思いを馳せているのかを感じるのは、とてもいい気分でした。私は自分自身とこの世界に対して、一貫性のある態度を期待していました。そして、何らかの教師という自己概念が忍び込んでいました。私は、自分のためにそれを守ろうと頑張っていましたが、そのうちに、他の人に投影していたのです。これは明らかにスピリットではありませんでした。

真の一貫性はどこで見つかるのか、私は気づきました。すると、ようやく、過去の葛藤が光に照らされ、私の魂に深い平安の感覚が戻りました。

あたりを見回すと、私はとても美しい場所にいたのです！　私が立っている山頂から眺めると、空にいくつかハングライダーが見えました。彼らは自由に滑空し、何の努力もなく静かに気流に運ばれていました。私の頬に、感謝の涙が流れつづけていました。私は深い静けさを内に感じました。私は座り、一時間ほどハングライダーを眺めていました。その後、戻ってデイヴィッドにこの嬉しいニュースを伝えるように、との促しを感じました。

コミットメントが一貫性を生む

ジャーナリング

カースティン：おはよう、ホーリースピリット。一貫性のテーマについて、深いインスピレーションを感じるの。他に何かあるかしら？

ホーリースピリット：神は一貫しています。なぜなら、神は彼のマインドを変えたりしないからです。私が一貫しているのは、私が神のための声だからです。あなたが受け取る導きが常に一貫しているのは、それが神のものであり、神と同調しているからです。

エゴに一貫性はありません。この世界は、移り変わる形の投影です。一貫性をこの世界で、もしくは、この世界に属するものの中に見つけることはできません。『奇跡のコース』で説明されているように、あの本の中に、矛盾を探す人は矛盾を見つけ、明瞭さを探す人は明瞭さを見つけるでしょう。あなたの救済を探して、形に向かわないでください。その代わりに、私に向かってください。私はあなたの導き手です。あらゆる状況における、あなたにとっての最善を知っています。

言葉や教え、他者の行動の矛盾を見て失望するのは、ジャッジメントの結果です。それを正すたった一つの方法は、自分自身の誤った認識を赦すことです。期待や比較は、例外なく失望を招きます。神だけが、あなたが探しているものをもたらすことができるのです。

あなたの責任は、自分自身のために贖罪を受け入れることです。贖罪を受け入れることは、癒やされ、幸せになることです。それは、神のような状態に戻ることです。神は一貫しています。贖罪を受け入れることで、あなたはエゴの信念を手放し、あなたの考えは一貫するようになります。どういうことかというと、あなたの考え、言葉、行動が同調し、どのような状況においても一貫するようになるのです。一貫性は神のものだということを、覚えていてください。あなたのコミットメントは神に対するものです。そして、私の導きに耳を傾け従うことです。

私こそが、計画を与えられた者です。ですから、あなたが他の人びとの最善を知ることは決してできません。他人の行動や言葉、そして教えをジャッジすることは、誤った認識につながります。今一度、言います。これはシンプルに、もう一つの赦しの機会です。

　この世界では、一貫性は不可能です。なぜならこの世界は時間に根差しているからです。時間は、永遠をバラバラにしようとする幻想の試みです。過去の教えと現在の教えを比べること、または、『奇跡のコース』のような本の、一部分に書かれていることを他の部分と比べることは、バラバラになった情報の破片をつなぎ合わせて、ジャッジし、そのジャッジメントの結果から結論を導き出そうとしているようなものです。形をジャッジすることは狂気です。それは何も証明しませんし、平安へ導くこともありません。

　平安への道は、赦しです。それは、世界がどうあるべきか、どんなことを話すべきか、そしてメッセージがどう運ばれるべきか、知っていると思っている「私は知っているマインド」を解体することです。このような考えは、ほとんど常に、背を向け、メッセンジャーを裁き、分離を解決策とする誘惑につながります。

　形を伴うコミットメントや課題は、あなたのマインドをトレーニングする手段です。このようなコミットメントの中では、私があなたを導きます。形が変わったとしても、私の教えと導きの内容は常に一貫しており、神のものであることを覚えていてください。

「私は、コースの友人に、彼女とのあいだで学んだことをすべて書いて送りました。とても謙虚な状態で、自分の癒やしを通り抜けるまでは、彼女に反応しなければよかったと思っていると伝えました。彼女は、彼女自身もこの状況をスピリットとともに祈りに持ち込んだこと、そして私のコミュニケーションにとても感謝していると言ってくれました。真の一貫性がどこで見つかるのか、私たちが二人とも同じ気づきに到達したことは、まったく不思議ではありませんでした。それは、私たちの赦しの目的の中に、私たちの無垢性の中に、そして神の中にあるのです。」

第二十三章　親密さは神とともに

二〇〇六年　夏・秋

「私たちがこの世界を歩めること、そして、神の贈り物が私たちのものであるとふたたび気づける状況を、改めて知覚できる機会を多く見出せることを喜びましょう！（T-31.VIII.9）」

すてきな奇跡

デイヴィッドと私は、二週間ほど静かに過ごすためにピースハウスに戻りました。その後、私はベネズエラの友人のキャロライナと、一カ月にわたるツアーに出ます。私は、デイヴィッド以外の誰かとツアーに出るのは初めてでした。デイヴィッドは全力でサポートしてくれました。

ある日曜日の朝、デイヴィッドと私は、近所をぐるっと周る散歩に出かけました。大きな聖バーナード教会に差しかかると、「見て！　人が来たわ！」と、ワクワクとした囁き声が聞こえてきました。女性が一人、そしてまだ小さな子どもが数人、歩道の近くの日陰に座っていました。彼らは幸せそうに輝いていて、彼らが神の仕事をしていることは明らかでした。私たちは、彼らの前で歩くスピードを落としました。すると、子どもたちの中の一人の女の子が近づいてきました。彼女は、結婚式のクッションに乗せた指輪のように、とてもゆっくりと一斤のパンを運んでいました。

彼らは、それぞれに紙のテープが巻かれた、たくさんの一斤パンを配っていました。テープには「素晴らしい神」とメッセージが書いてあり、続いてイエスがパンと魚を増やし、彼のところに来た人びとすべてに配った話が書いてありました。なんて美しいのでしょう。彼らはこの贈り物を私たちに渡すことがとても幸せで、私たちが分かち合う神の愛を祝っていました。私たちが満面の笑みで「イェイ・ゴッド！」のコーラスに参加すると、小さな男の子が茂みの後ろでぴょんぴょんジャンプしながら、ニッコリ笑って手を振ってくれました。言うまでもなく、朝食はトーストとジャムでした。美味しかった！

私の世界の創造者 対 観察者

スピリチュアルな本の数ページを読んだ私は、自分が混乱していることに気がつきました。

ジャーナリング

カースティン：おはよう、ホーリースピリット。コースはエゴが世界を投影したと教えているわ。この本には、私たちこそが、私たち自身の宇宙の創造者で、私たち自身の体験を統《す》べる神だと書いてあるの。

ホーリースピリット：あなたの考えは、あなたの責任です。あなたの考えが経験になり、あなたが経験するすべてはあなたが求めたものです。原因と結果を理解することは、考える者と考えは同一だと気づくことにあります。外に、客観的な世界は存在しません。

カースティン：私が見るものすべては、完全に私の責任である。このことはどんなふうに、夢を夢見る人、つまり、何からも自由で、幻想から真理を見分けることができる人というアイディアに当てはまるの？　私が、私の宇宙の創造者であることは、積極的な感じがするわ。でも、観察者であることは、一歩引いてスクリーンを見て、この世界の何にも影響されないということが含まれている気がするの。

ホーリースピリット：あなたが質問しているのは「私、とは何者なのか？」ということです。『奇跡のコース』のマインド・トレーニングの過程で、あなたは自分が何者だと思っていたのか、そして、何が真実だと思っていたのかをひも解いていきます。自己概念、つまり、卑小な私は、自分が世界の中にいて、六十億人のうちの一人で、個人的な人生を生きていると信じています。その卑小な私は、世界に翻弄される存在ではないことに、気づきはじめています。

観察者の状態というのは、マインドの中へ、ワンネスや傷つかない経験へと戻ることです。同一化は神と為されるもので、自己概念やその身体とではありません。観察者である経験に戻る中で、あなたは奇跡という媒体を通してマインドの力を自覚しなければなりません。

カースティン：自分が観察者だと感じることが多いわ。幸せで流れに乗って、カースティンが神の仕事をやっているのを眺めるの。けれど、たまに、自分でもっと積極的にやっていかなければならないと思うことがある。自分で、この夢をもっとよくすることができると思うの。パワフルなマインドを持っているんだから、絶対にできるはずだわ！［自分の思いに気づくにつれ、笑みが浮かんできました。］

ホーリースピリット：問うべき質問は「私は、何を望んでいる？」です。あなたが夢をリアルだととらえ、向上しようとした途端に、あなたは観察者である自覚を失います。

カースティン：そうね。私はまた、何が自分や自身の人生をよりよくしてくれるのか、知っていると思っていたわね。私の完全な信頼と信仰を、神の手から取り上げて、自分の手の上に置いていたわ。

ホーリースピリット：いつもと同じように、すべてのことに関して、私の導きを求めてください。

神と一つ

今日、私はスプリング・グローブ墓地を散歩しました。二、三日に一度はそこへ行くのですが、今日は、まるで初めてそこに行ったかのようでした。私はその美しさに圧倒されたのです。神の愛があらゆるところに反映されており、涙があふれてきました。湖の周りを歩いていると、大きくて鮮やかな色の魚がやってきて、通りすがりの私に挨拶をしてくれました。こんな魚を今まで見たことがありませんでした。一匹は、とても深い金鳳花《きんぽうげ》の黄色で、もう一匹は、見たことのないような鮮やかなオレンジ色をしていました。石橋を歩いていると、リスが道案内をしてくれました。どんどん前に進み、何回か跳ねるごとに立ち止まっては私を振り返りました。

美しい木の陰で立ち止まると、この木の名前が書いてある札が目に入りました。「キャロライナ・オールスパイス」。私は笑い出しました。楽しい形で、私の友人を思い出させてくれたのです。これ以上のつながりはないと感じさせてくれました。

車からブランケットを取り出し、近くにあるもう一つの湖の木陰に向かいました。私が座ると、すぐに大きな魚が近くまで泳いできました。カナダガチョウが三羽舞い降りると、完璧なユニゾンで私のほうへ泳いできました。ガチョウは頭を高く上げ、優雅に泳いでいました。自分自身に愛を延長させていることを自覚しながら、私はすべてに愛を延長させました。私は目を閉じ、平和に浸りました。目を開けると、ガチョウは去っており、代わりに亀が到着していました。水面から頭を出し、大きく口を開けて私をまっすぐ見つめていました。

ピースハウスに戻る途中、私はすべてと完全につながっていると感じていました。すべては私のマインドの中にあることを分かっていました。私の心はいっぱいになり、あふれ出しそうでした。一人でいることは、真に不可能であると知りました。神と一つになること、存在するすべてと一つになること、これがたった一つのリアルなのです。

一週間後、キャロライナがベネズエラから到着しました。それから私たちは一緒に、フロリダからカリフォルニアまで旅をしました。彼女と一緒にいるのはとても楽しいことでした。音楽と動作に没頭し、明晰なコースの教えに浸り込むのです。彼女と一緒に過ごしているあいだは、特別性の取り消しの強烈さから逃れられるいい息抜きとなりました。まるで静養に来たかのように、旅のすべてが軽やかに感じられました。とても美しい贈り物でした。

個人的な関係を超えていく

キャロライナとのツアーのあと、デイヴィッドと私は森の中の小屋を提供してもらうことになりました。私は、デイヴィッドと二人きりで、静かに一週間を過ごせることを心待ちにしていました。何の予定も入っていない時間は稀なので、深い休息の時間になるだろうと想像しました。そのときの私は、何も分かっていなかったのです。結果的に、私にとって休息からはほど遠いものとなりました。しかし、深い癒やしを通り抜けるために、完璧な時間となりました。

デイヴィッドとの関係は、私のマインドの中で偶像となっていました。そして、彼を失うことを恐れた私は、この事実を自分から隠そうと頑張りつづけてきました。彼が友人のところへ行ってサポートすると言うたびに、すぐに脅威を感じました。そして、彼の友人が、男性なのか女性なのかを知りたくなりました。それが男性であれば、私はリラックスして愛を感じます。独身の女性であれば、私の中に明らかに歓迎しない気持ちがあることを感じました。一緒に教えているとき以外、私はデイヴィッドと真理の中で完全にはつながっていないことを知っており、そのことにストレスを感じていました。こんな愛のない考えが私のマインドに隠れている限り、私は、彼にも自分自身にも他の誰に対しても、完全な愛を感じていませんでした。

いつこれが始まったのかは分かりませんでした。けれど、私は、ピースハウスは自分の家で、デイヴィッドは自分のパートナーであると思いはじめ、どちらも私が守らなければならないと感じていました。まるで、私の周りにある見えない壁が、だんだん近づいているように感じました。私のマインドの中で、デイヴィッドとの関係が、純粋な愛から執着と特別性に変わったのです。自分の関係だと私が見なしていたものは、もう聖なる関係ではなくなっていました。デイヴィッドとスピリットは、私にデイヴィッドという偶像を手放し、真の愛の源である自分の中のスピリットに向かうように導いていました。

デイヴィッドは、そのときの私のマインドの状態では、私につながることができませんでした。その中に真の愛が存在しなかったからです。私は、デイヴィッドが、私たちの関係はもう終わったとは言わないことを知っていました。なぜなら、私が行き詰まっていた特別性を超えたところでは、私たちの関係は永遠であると彼は知っていたからです。デイヴィッドを失うかもしれないという深い恐れは、私がクリアに見ることを妨げていました。私は、祈りの中でホーリースピリットに向かいました。

ジャーナリング

カースティン：おはよう、ホーリースピリット。親密さとパートナーシップの概念について、理解できるように助けて。

ホーリースピリット：親密さは、神とともにあります。

カースティン：私のマインドの中で何が起こっているのか、あなたは全部知っているわよね。それから、私の心からの祈りも。どうか、これらが明確になるように助けて。

ホーリースピリット：パートナーシップとは一つのステップです。ワンネスの中に、パートナーシップはありません。パートナーシップは、二人を暗示しています。この世界では、必要がなくなるまでは、パートナーシップという象徴は役に立ちます。

カースティン：じゃあ、デイヴィッドはパートナーシップを超越しているけれど、私はしていないということね。私はパートナーシップがほしい。どうしてなのかしら？　幻想というベールを超えたところでは、すべてが神で、私もすべてなのだとしたら、どうして私はこの夢の中で続けていかなければならないの？　真理が分かったのに、どうして形の中に留まっているの？　私はここにいたくないわ。

ホーリースピリット：［沈黙］

カースティン：私は、神との関係を望んでいる。私は、デイヴィッドとの関係を望んでいる。嫉妬、防衛、攻撃、特別性は望んでいない。私は望んで奇跡を選ぶわ。

［私は、コースのワークブックレッスン２６４「私は、神の愛に囲まれている」を読むように導かれました。］

カースティン：ホーリースピリット、私に語りかけて。

ホーリースピリット：我が子よ。あなたは私に何を言ってほしいのですか？

カースティン：愛、確かさ、安心、安全、そして属することについて話してほしい。

ホーリースピリット：あなたは神に呼びかけています。

カースティン：私が言っていることは聞こえている？

ホーリースピリット：聞こえています。

カースティン：もし、私が神に呼びかけているのなら、どうして神は私の言うことが聞こえないの？　どうして神は今すぐ私を抱き上げて、永遠に抱きしめてくれないの？　あなたはデイヴィッドという象徴を使って、私を抱きしめて安全だと感じるのを助けてくれた。でも私は形を当てにすることはできない。私はこれを超えなければならないの？　だとしたらどんな方法で？

ホーリースピリット：私が、その方法です。

カースティン：私は、必死になってデイヴィッドにしがみついてきたけれど、まるで地獄のようだった。もうこんなのはイヤよ。これは愛ではない、恐れだわ。デイヴィッドと一緒にいるときに、どうすれば神だけに頼る状態になれるの？　どう対処すればいいの？　独り占めしないようにするにはどうすればいいの？　もしどこにも行き場がなくなってしまったら、どうするの?

ホーリースピリット:私を信頼していますか?

カースティン:はい。

ホーリースピリット:デイヴィッドを通して、私を信頼してください。

カースティン:でも、彼は神ではないわ。

ホーリースピリット:もう一度尋ねます。あなたは、私を信頼していますか?

カースティン:はい。

ホーリースピリット:では、デイヴィッドを通して、私を信頼してください。彼の動機や考えをジャッジしてはいけません。彼は、あなたの兄弟であり、心強い仲間《マイティコンパニオン》です。彼はあなたのマインドの中の一つの象徴です。彼はあなたとともに歩み、神への完全な献身とともに、あなたを我が家へと導いています。志を高く上げなさい。同じことを、あなたは他の人に言いました。今こそ、あなたがそうするときです。マインドを引き上げてください。この地球上の人間関係の範囲や、行動ベースの思考よりも高く引き上げるのです。あなたは、それを遥かに超えています。あなたは、それよりずっと大きな存在です。あなたの聖なるマインドを、幻想の中に沈めてはいけません。これは、神からあなたに与えられた、あなた自身の選択です。

カースティン：カースティンの人生はどうなるの？　形の上では、どこに向かっているの？　私は旅する神秘家になるの？　それとも、一カ所に落ち着くのかしら？　デイヴィッドとは一緒にいるの？　私、怖いわ。

ホーリースピリット：神は生命です。形の中に生命はありません。このような質問をするのは、キリストを殺そうとする試みです。あなたが道であり、真理であり、生命です。象徴から生命を推し量ることはできません。象徴それ自体は無意味なのです。あなたの恐れと疑いを私に渡してください。そして、全面的に、完全に、マインドをさまよわせることを許さずにいてください。マインドをさまよわせることは、あなたにふさわしくありません。

あなたは、神聖で永遠なる神の子です。今こそ、あなたの遺産を受け取ってください。今、立ち上がりましょう。卑小で傷つきやすい役を演じるのは、もうたくさんです。疑いの証拠を手放してください。恐れと形の象徴を手放してください。すべての未来の概念と、過去の概念を手放してください。それらは、あなたではありません。

人間関係に固執する

私はテキストの「すべての偶像を超えて（T-30.III）」を読むように導かれました。ノートに書き留めた言葉は、まるで詩のようでした。

思いは訪れては去るけれど、
神の思いは変化を超えている
神が私に抱いている思いは、まるで星のよう
神は私を受け入れ抱きしめる空
すべての偶像を超えて、これは神が私に抱く思い
静けさに囲まれ、
確かさと平安の中で安らぎながら

ジャーナリング

カースティン：おはよう、ホーリースピリット。ようやく、平安の中で安らいでいるわ。全面的に信頼してすべてを与えること、そして、与えないでおくことについて教えてほしいの。

ホーリースピリット：あなたの選択は常に、愛もしくは恐れ、そのどちらかです。あなたの理由づけは、恐れにもとづいているか、与えられたものかです。犠牲は常にエゴに属しています。惜しみなく与えなさい。あなたはさらに多くを受け取るだけです。もし与えないでおくならば、あなたは与えられない体験をし、それを目の当たりにするでしょう。あなたに必要なものは、いつも与えられています。あなたは常に十分に――それ以上に持っています。私はいつもあなたとともにいます。

あなたの人生を、完全に迎え入れてください。計画はあなたに与えられています。それらを受け入れ、それらとともに前進し、それらを楽しんでください。あなたに与えられた資源を使ってください。それはそのためにあるからです。エゴの信念と、疑念に耳を傾けることだけが、今ある完全な幸福を妨げるのです。カースティンはすべての答えを知りません。一瞬ごとに、知る必要があることが彼女に与えられています。

カースティン：昨日の夜、デイヴィッドがエゴにもとづいた関係は無に等しいと言ったことを、私は個人的に受け取ったの。今は何もかもが、一時的なことのように感じる。何にコミットすればいいのか、本当に分からないの。

ホーリースピリット：デイヴィッドは目覚めにすべてを捧げています。そして、目覚めを遅らせることもありません。彼は、あなたにも同じことを期待しています。彼の献身は、神に向けられています。彼の愛は、神からのものであり、神のためのものです。カースティンは、決して彼の欲求を満たすことはできません。あなたが神の愛以外を望むときはいつも、偽の偶像が間違って選ばれています。そして、それは手放されなければなりません。

デイヴィッドとともにいるということは、神や目覚めに完全に献身するということです。これは、マインドの中のすべてを与えることへの、完全な献身を意味します。与えずにおく余地はありません。そして、与えない者は神の計画の一部ではありません。あなたが与えない者であることと同一化すると、あなたは一時的でしかないエゴの性質や、誠実さやコミットメントの欠如を感じます。勿論、あなたは自分の足元がぐらついているように感じるでしょう。あなたは神から自分自身を分離させることを選んだのです。あなたが神と一体であることだけを望んでいるのに、まるで分離することが安心と安全をもたらすかのようにそれを選んだのです。

保護主義とは、単なる一つの仮面です。あなたはそれを、今、手放すことができます。保身があなたを神に近づけてくれると信じるのは、誤った知覚でした。この世界の観点から言うと、「まさかのときに備えて貯金すること」は分別のあることです。神の観点から、目覚めに関して言うと、あなたはすべての信仰、信頼、そして献身を私の手の中に置かなければなりません。形に関して言えば、導かれるままに惜しみなく与えること、そして私が与えたものを、私の計画に仕えるために使うということです。

私とあなたの問題

ジャーナリング

カースティン：おはよう、ホーリースピリット。青天の霹靂《へきれき》なんだけれど、今朝、ニュージーランドへの執着が湧き上がってきたの。何が起こっているのかしら？

ホーリースピリット：信頼してください。計画は、一瞬ごとに与えられます。個人に対する特別性を解き放つときのように、あなたはまず、手放すことをしなければなりません。あなたが古い世界にしがみついているのに、私はどうすればあなたにリアルな世界を与えられるのでしょう？　信頼してください。あなたは誠実でなければなりません。正直さと信頼を行動で示さなければなりません。すべてを与えることを実践しなければなりません。そうすれば、あなたは神を学ぶでしょう。この世界の何かを握りしめることは、死を信じることです。あなたの動機は神のものでなくてはなりません。恐れや保護主義からのものではダメなのです。あなたが両手で望まないものを握りしめているのに、私はどうすればあなたが求めるものを与えることができるのでしょう？　あなたは自分自身を解放しなければなりません。あなたのマインドを解き放ってください。

これはデイヴィッドや場所の問題ではありません。これはあなたと私の問題です。これは神についての問題です。これは、恐れと死のサイクルを終わらせることについてなのです。唯一、保護を必要としているのはマインドです。身体としてのあなたを保護する試みは、死のサイクルに留まる選択です。この世界のシナリオは、死です。エゴのシナリオからの脱却は、生命であり神であり目覚めです。その方法は、私を信頼することです。目覚めは全的であり、部分的なものではありません。あなたはすでに遠くまで来ました。あと戻りすることはできません。死に戻ることはできません。単に、それはもう選択肢にないのです。

［この世界で普通の人生を送りたいという切なる願いが、私のマインドの中で渦巻いていました。エゴは激怒していました。けれど、その後――まるで泡のように――パチンとはじけたのです。まだ残っていた人間関係への望みにさようならを言うと、悲しみが湧き上がってきました。私はようやく、関係性への願望を手放し、信頼することを決断しました。私のマインドに光が戻ってきました。］

とても静かな気分でした。言葉もなく、語るべきストーリーもなく、過去やこの世界とのつながりもありませんでした。

よい意味で離れる

一緒に旅をして教えることはあっても、デイヴィッドと私はもはや婚姻関係のパートナーではないことが明らかになりました。コースの集いのために、デイヴィッドと一緒にフィラデルフィアへ飛行機で向かう途中、私はこの先どうなるのかまったく分からないと思いました。なぜなら、私はすべてから完全に切り離された気分だったからです。言うべきことなど、何もなかったのです。私たちのホストに空港で迎えられたとき、私のマインドに優しさ、愛、平安が流れはじめました。私自身は深い静けさを感じていたのですが、その夜、最近体験したことの逸話や教えを使って、私を通してスピリットが話してくれました。私は深く広大な神の体験につながっていることを感じ、この世界からは完全に離れていました。それはまるで、カースティンのショーは終わったかのようでした。

特別性と人間関係を超えたところ、
死の恐れと喪失より上方の、
与えることなく保身に走りたいという願望の彼方に、
神はいる
神の中でだけ、確かさ、安心、
安全、愛、そして平安を知ることがもたらされる

マインドの静寂の深みに、
神の子への父なる神の愛がある
永遠に延長しながら、
私は父の愛する子

私は父の愛

向こう側

愛、平安、感謝が、私の存在すべてから放射されました。過去に何か間違いがあったという概念を、理解することができなくなりました。私を愛している者が、この自覚を私にもたらすために、何もかもを計画したということを私は知っていました。象徴に執着することを含め、愛に開かれることは完璧に展開していきました。象徴を超越したところへ私を連れていくために、スピリットは象徴を使いました。

では、私は今、愛しているのか？　もちろん愛しています。私である愛は、とても広大ですべてを包み込みます。愛が存在しないところはどこにもありません。私の愛は形に帰属していません。だから、決して失われることはないのです。すべての不安や苦痛の欠片は消え去り、真理の光の中に溶けていきました。喪失が可能であるという考えは、もはや笑えるぐらいです。

私は、神に、スピリットに、そして、私をこの抽象性にまで連れてくるのを手伝ってくれた、すべての祝福された神の愛の反映に、深く感謝しています。私は自由です。

光の中で踊り、神を褒めたたえ、神の恩恵に浴しながら……アーメン。

第二十四章

第二十四章

私は、あなたに、この世界から抜け出すように呼びかけている

二〇〇六年　秋・冬

一日中、注意深く聞いてください。
神の子を愛することで、神を称えてください。
天の高みまで、あなたのマインドを引き上げ、
兄弟に愛を持って接することで、神を称えてください。
兄弟につながる機会を差し出すことで、神を称えてください。
あなたが主に差し出すことで、これよりも大きな貢献はありません。

天使とトラックとシャベルを持った神秘家

デイヴィッドと私は、事務や家事をサポートしてくれる人がいれば助かると思っていました。私たちのこの祈りは、とある集まりで出会ったコース学習者のチャールズという形で答えられました。彼は、ピースハウスに住んで、料理や掃除そして事務仕事を手伝いたいとメッセージをくれたのです。それはまさに、私たちが求めていたサポートでした。その上、チャールズは月々の彼の年金をすべて渡すと言ってくれました。その金額は、ピースハウスの一カ月の支出とぴったり同じだったのです！

私たちと数カ月過ごしたあと、チャールズは車とバスタブを購入するために必要なお金を寄付してくれました。デイヴィッドはよく、ギリシャ人が温水プールに浸かりながら、深い議論を交わしたことを話題にしていました。そして私は、木の下で小鳥やリスを眺めながら、外でお風呂に入るというアイディアにワクワクしていました。

いろいろと調べてみると、バスタブの土台を作るために必要なお金が、かなり高額になることが分かりました。道を示してもらうことを望み、私たちはこのプロジェクトをスピリットに捧げました。次の週末、私たちは車から建築資材まで何でも売っている引越しセールを見つけました。私たちは車のオークションが始まるころに到着しました。何人か入札したあと、私の腕がさっと上がりました。私はデイヴィッドを見て言いました。「何が起こっているのかしら？」「ただ身をまかせていて」。デイヴィッドはそう答えました。

「こちらから、九百ドルです」。競売人が私を見ながら言いました。他の入札者が九百五十ドルの値をつけると、競売人がまた私を見ました。私は「降ります」という身振りをしましたが、それを競売人は「続けます」と受け取ってしまいました。私が起こっていることをコントロールしていないのは明らかでした！　降りると言ったのだと、競売人に伝えようとしましたが、私の声はあまりに小さく、デイヴィッド以外に聞こえた人はいませんでした。競売人は、私を入れたままオークションを続けました。「千二百ドル！　青いフリースを着たご婦人が落札しました！」。どうやら私はいつの間にか、白いピックアップトラックを買ったようです。

車の持ち主のマイクがやってきて、とても素晴らしいトラックを買えたことを祝ってくれました。私たちは彼に、実はバスタブの土台を試しに作るためのレンガを買いに来たのだと言いました。それから、私たちはマイクに、私たちの司牧の活動のことや、信頼にもとづいた生活を送っていることを話しました。どうすればバスタブの土台を作れるのかさっぱり分からなかったので、どこへ行って何をするのかを、スピリットに導いてもらっていることも話しました。すると、マイクの目が輝きはじめました。

それから数時間、彼の信仰と赦しへの願望を、お茶を飲みながら聞いているあいだに、マイクは私たちの新しいトラックに、しっかりとした土台を築くために必要なすべてを積んでくれました。彼は、土台の作り方を詳しく教えて、必要な器具や道具も貸してくれました。そして彼は大喜びで、レンガ、セメント、敷石や砂を寄付してくれました。マイクは神への信仰を取り戻し、私たちはみんなで大喜びしました！

私たちは、愛と感謝、レンガとモルタルをいっぱい積んだ新しいトラックで家に戻りました。ああ、なんと見事なスピリットの計画でしょう！　それから数週間、私たちはバスタブの土台とパティオを作るために、屋外で働きました。チャールズは台所の窓から、私たちが楽しそうに作っている様子を、よく眺めていました。彼は神秘家がシャベルで砂をすくったり、敷石を並べたりするのを見て驚いていました。彼は自分が来ることで、私たちが日常の仕事から解放され、コミュニケーションの役目に専念することができると思っていたのです。確かに、これは思いがけないプロジェクトでしたが、私たちはいつものペースからの変化を、余すところなく楽しんでいました。スピリットの喜びの内にあるときは、その背景が何であろうとも、すべて同じだということに、私たちは笑っていました。旅行からカウンセリング、そしてレンガを積むことまで、すべて同じなのです。

神と競争する

デイヴィッドにいくつかのコースの集いを開催する予定があったので、私たちはまたフロリダまで車で旅をしました。集まりの途中、私が話したいという気持ちが、また湧き上がってきました。今回は、復讐心が伴っていました。アルゼンチンで感じた、私はこの神秘家のアクセサリーでしかないんだわという経験と同じでしたが、今回はもっと強烈でした。どの集まりでも始まって少しすると、私はイライラしはじめ、自分は十分に活用されていないと感じました。見過ごされたエゴが、私に話す機会をくれないと言って、デイヴィッドを裁きはじめました。私の知覚では、スピリットはデイヴィッドを通して注がれていました。それこそ一時も休まずにです。そして私のほうは、たぶん一度か二度ほんの少し話すだけでした。集まりが終わるとすぐ、デイヴィッドはいつも満面の笑みで私のほうを向いて「素晴らしかったね！」と言いました。ああ！　私は、彼の夢を壊すのも、マインドの中で何が起こっているのかを話すのも嫌でした。

集まりのあとに、たくさんの人が私のところへやってきて、私が言ったことは彼らにとって必要不可欠だったと言ってくれました。私は感謝に浸り、自分はスピリットに仕えていたのだと思い出しました。けれど、実際の集まりの最中に、私の中に上がってきたものは感謝や喜びではありませんでした。

秘密を持つという選択肢はありませんでした。私は、デイヴィッドに、彼について思っていることを話しました。彼は私の話を聞いて、その中に個人的なことは何一つないという美しい教えを話してくれました。私は彼の愛のこもった返答に、とても感謝しました。彼は私に、話すことも含めスピリットがすべてを配剤していると語りました。私はデイヴィッドが、今の私の理解を超えた何かに向かって話をしていると感じました。そして、私は彼の言っていることを、受け入れたいと思いました。

その夜、私は遅くまで祈りました。デイヴィッドがしゃべり過ぎて、私が話す機会がない、というような、私のよくあるデイヴィッドへの攻撃的な思いを見つめました。もっと上手に言えたのに、というプライドに関する思いから、何を言えばいいのか分からなかったという無価値感も見つめました。これらの思いはすべて、まだとても個人的なことのように感じました。そして、ようやく、私はこのような表面的な考えの下に潜ることができました。

すぐに、私は核心となっている信念を感じることができました。競争です。私はデイヴィッドと競争していたのです。エゴは神と競争していたのです！　デイヴィッドが集まりのときに私に話す時間を与えなかったのも、無理はありません。頭の中がこんなことでいっぱいの私は、スピリットがあふれ出るようなクリアなチャンネルにはなり得なかったのです。

私の祈りは「スピリット、これが個人的なことではないことを見せてください。デイヴィッドの中にいるのと同じスピリットが、私の中にもいることを見せてください」に変化しました。私は、自分が競争を経験しているのだと分かってとても幸せでした。感情や考えが上がってきたら、すぐにそれに取り組めるからです。

ありがとう神様！　別の経験ができたらいいのにと願いながら、聴衆の前でただ座っているのは、もう終わりです！　今、私は、自分の経験を裁くことなく、赦しの目的に集中することができます。これこそ、私が真に望むすべてでした。話す人になるよりも、私は自分がいるべきところにいることを知っている確信と強さがほしかった。私の聖なる目的の内で、スピリットとつながっていたかったのです。

この日の早朝、祈りの中で、スピリットがマインドの中にあふれんばかりに流れ込み、私は美しい教えを受け取りました。その次の日の夜の集まりで、デイヴィッドが私たちを紹介したあと、スピリットから受け取ったその教えがすべて、デイヴィッドの唇から流れ出しました。私は、完全な喜びとともにそこに座っていました。ああ、一つのマインドだけが存在することを見せてもらったのです！　たった一つのスピリットです！

デイヴィッドは、スピリットが流れ出すためのクリアなチャンネルでした。だからこそ、彼は導管として仕えていたのです。私は愛と完全な感謝の中に戻りました。

権利と喪失の恐れ

ここ数週間、人間関係を手放そうとしてからというもの、私のマインドがデイヴィッドとの交際状態について堂々めぐりしていることに気づきました。

激しい感情やプライドが上がってくると、私はデイヴィッドや司牧に対して激しい怒りを感じました。私は、デイヴィッドを追い払うことを望み、もう彼と付き合っていないことを喜ぶ思いを見つめました。その反面、私の中には、彼とまだ付き合っているように世界には見てもらいたいという、卑しい思いがありました。イベントの告知のためにメーリングリストに投稿するとき、デイヴィッドと私の名前を一緒に書くことに、エゴ的な満足感がかすかにあったのです。これが、私が世界に対して示したいイメージだということを、認めざるを得ませんでした。私たちがもう「一緒」ではないことを、誰にも知られたくなかったのです。

数週間滞在する予定の訪問者がピースハウスを訪れました。彼女がここで心惹かれていたのは、瞑想だけでした。最初は、彼女とその静けさを望む思いを歓迎していました。しかし、しばらくすると、私は彼女が家のことを手伝ってくれないことに対して、憤慨しはじめました。そして、個人的な権利の思いが育っていることを感じました。自分が重要な人であるという自己イメージを保つことに投資していたのです。私は、ピースハウスで自分が「重要な」地位にあることを正当化することができました。それに対して、この訪問者はただ座って瞑想しているだけなのに、私たちのサポートを受け取っているのです。

ある午後に、デイヴィッドが神の摂理について話しはじめました。スピリットによって、どのようにすべてが素晴らしく提供されているかについてです。彼は楽しそうに、自分たちは何も所有していないと、彼女に話しました。そして、すべて――ピースハウス、バスタブ、私たちのすべての資源――は、私たちみんなに平等に仕えるためにあると言います。この発言は、私にコロンビアでの体験を思い出させるものでした。彼が、リリーや彼女の母親を含めて、全員と結婚していると言ったときのことです！

私のマインドは、困った思いでいっぱいになりました。私はここにあるもののために、頑張って働いてきたのよ。お金も細心の注意を払って管理してきた。世界中旅して、いろんなことを乗り越えてきたわ。このパティオの敷石だって、私が並べたのよ！　私はここに人生のすべてを捧げた。それなのに、たった今、私が働いてきたすべてが投げ与えられたわ。

私は、自分の部屋のサンクチュアリに戻り、祈りの中に入りました。コースの「所有権は、あなたの手にゆだねられると、危険な概念となります（T-13.VII.10）」という教えを思い出しました。ああ、神様、これが真実なのですか？　自分に権利があるという感覚や尊大さが、私から見て私ほど貢献していない人よりも、私のほうにピースハウスの所有権があると信じさせたのです。私は、他の人が私と神の関係を脅かすことができると、本気で信じていました。そして、すべてを兄弟姉妹と分かち合えば、私は失うと思っていたのです。

私は失敗しました。愛してもいなければ、十分に癒やされてもいない。この考えに対し、深い悲しみが湧き上がってきました。この自己概念の中で、私は自分がとても卑小なもののように感じました。私は静かに泣きました。そして、何が起こっていようとも、私がコントロールすることはできないことを完全に受け入れ、優しい降伏の中に落ちていきました。私が望むすべては、ただ苦痛を手放すことだけでした。

トライポッド、呼びかけに応える

ある夜更け、私はデイヴィッドを失うという思いに深く悲しんでいました。ベッドの中でひとり、私は静かに愛を求めて呼びかけていました。トライポッドが、テレパシーで私の呼びかけを聞き、階段を駆け上がってきましたが、残念ながら私の部屋のドアは閉まっていました。けれど、そんなことでは彼女を止められません。ドアがバタっと大きく開いたかと思うと、トライポッドが宙返りをしながら入ってきました。

彼女の足はめいっぱい広げられています！　彼女は着地すると「ニャオ！」と鳴きました。まるで、自分が来たからもうぜんぶ大丈夫だよと言っているようでした。彼女はぴょんぴょん跳ねて部屋を横切り、私のベッドに飛び乗りました。まるでトラクターのようにゴロゴロと喉を鳴らして、情熱的な愛で私の手にスリスリしてきました。私は笑いを堪えることができませんでした。彼女は一晩中、一緒にいてくれました。そして私が動くたびに、ゴロゴロと喉を鳴らしました。私は、神の愛がマインドに戻ってくるのを感じました。そして、何があろうとも心を開いておこうと決心しました。

手放して、愛に留まる

次の朝、私はデイヴィッドに、もうカップルでないことをどれほど悲しく思ったか話しました。するとデイヴィッドは、私がこの旅を始めたときに祈ったことを思い出させてくれました。私は終わることのない愛を経験したかったのです。これが、私の祈りへの答えでした。これが、転生するたびに繰り返される生涯の恋人を失うドラマに終止符を打つための答えでした。人間存在としてのロマンチックなドラマを終わらせ、代わりに真理を受け入れるときが来ていました。真の愛は終わることなく、真の愛は目覚めの目的の中で見つかるということです。

デイヴィッドが言っていたことは本当でした。けれど、私はまだ恐れていたので、それが意味することの深さをほとんどつかむことができませんでした。デイヴィッドは、この二年間ずっと私と一緒にいてくれました。どんなときも、私をサポートし、抱きしめ、受け止め、導いてくれました。彼は私と神との関係に、密接に関わっていました。単純に、私は彼なしで神との関係を維持できるのかどうか分かりませんでした。そして、どうすれば同じ家にいながら彼を手放せるのだろうと考えていました。

明らかに、特別性が癒やされるために私のマインドに上がってきていました。私は自分が他の人に取って代わられるのを恐れていました。なので、私は導きを求めて祈りました。私はイエスに、どこへ行けばいいですかと尋ねて答えを待ちました。しかし、彼は何も言いません。私は、ニュージーランドに行くべきか、カンザスまで友人に会いにいくべきかどうか尋ねました。しかし、彼はまた沈黙という形で返答しました。私は去るべきではなかったのです。

私は、デイヴィッドから離れることで、苦痛から自分を守りたいと思っていました。そして、その思いを正当化したい願望が、私のマインドの中にあるのを見つめました。これがマインドの中で起こりはじめると、私はすぐにそれをとらえ、離れる代わりにデイヴィッドのところへまっすぐ向かいました。彼は両腕を広げて私を迎えてくれました。私はそこで身を丸めて泣きました。愛の手に抱かれることは、分離を解決策とする狂ったやり方で闇の中に遠ざかっていくよりも、ずっと気分がいいことでした。

結婚という象徴がなくなることで、私はその下に隠されていたものを見ることができました。そして、どれほど私がそこに投資していたのかが、よく分かりました。結婚という象徴は、私の自己概念となっていて、それなしでは途方にくれてしまうと、私は信じていたのです。

私は、あなたに、この世界から抜け出すように呼びかけている

私がコースを学びはじめたころ、私はイエスと親しい関係にありました。それはまるで、イエスが私のために特別に、一つ一つのワークブックレッスンを書いてくれたようでした。ページに書かれた文字のインクが、まだ乾いていないような感覚すらありました。しかし、今、私はデイ

ヴィッドを失う恐れでいっぱいになり、イエスとの関係はしばしばすっかり忘れてしまうほどでした。私はイエスとの深いつながりが戻ってくることを、待ち焦がれるようになりました。

それから数週間というもの、私は深い祈りの中に入りました。そしてそのあいだに、私のイエスとの関係は、これまでになく深まることになりました。夜通し起きて、蠟燭を灯したサンクチュアリで祈りました。イエスと長い対話を交わし、絵の中のイエスの瞳を見つめながら、私の思いや恐れを打ち明けました。ある夜、イエスの言葉を聞いた私は、感謝と気づきに泣きじゃくりました。「私は、あなたに、この世界から抜け出すように呼びかけている。あなたは今まで、それが何を意味するのか分かっていなかっただけだ」。

心臓が鼓動を刻むたび、奇跡があなたを包み込む

ジャーナリング

カースティン：おはよう、ホーリースピリット。愛について語ってほしいの。

ホーリースピリット：愛する我が子、私はいつもあなたとともにいます。私は、あなたから離れることはできません。あなたの疑いの思いだけが、あなたの自覚から私の声を遮ること

ができるように見えるのです。しかし、あなたはいつも私の元へ戻ってきます。それはあなたの意志です。そしてあなたの意志は強いのです。あなたは決して一人ではありません。私はいつもあなたとともにいます。そして、一歩一歩、あなたを導いています。

一瞬一瞬に、注意を払ってみてください。すると、あなたの心臓が鼓動を刻むたびに、愛と奇跡があなたを包んでいることが分かるでしょう。

生命を、当たり前のものだと思わないでください。受け入れてください。尊重してください。感謝してください。それは、あなたの祈りへの答えなのです。あなたは我が家へと導かれています。そして、一瞬ごとにあなたがそれをどう感じるかは、あなたしだいです。あなたが祝福するなら、それは祝福されます。あなたが抵抗するなら、それは困難で恐ろしいものに見えるでしょう。何かが変化したように見えるからといって、形や過去そして不足の信念にしがみつかないでください。

繰り返される疑念は、それが上がってきた瞬間に手放してください。何かすることについても同じです。次にすること、今日すること、四カ月後にすること、これらも手放してください。さもなければ、あなたの愛や目的についての自覚が遮られてしまいます。

私とともに来てください。一緒にいてください。ともに愛し、ともに輝きましょう。私を頼り、私を信じてください。過去が、光と愛と感謝の内で洗い流されることを許してください。今が、あなたの解放の瞬間です。今が、聖なる瞬間です。その中で、あなたは永遠の愛と一体であり、二度と分離を信じることのない聖なる神の子です。分離は間違いでした。あなたの聖なる兄弟は、分離のためにいるのではありません。彼があなたと一緒にいるのは、愛、真理、そして永遠をともに経験するためです。彼があなたの元から去ることはありません。それは彼の意志ではないからです。

後悔が洗い流されることを許してください。それ以外のやり方はなかったのです。あなたは何も間違ったことはしませんでした。マインドは癒やされています。今や、大切なのは愛だけです。あなたのすべての信仰を、神に置きましょう。そして、あなたの兄弟を通して現れる神の愛に置きましょう。あなたがどこにいようと、どこへ行こうと、私はあなたとともにいます。あなたは決して一人ではありません。すべては善きことのために一体となって働いています。例外はありません。何かを解き明かそうとしないでください。あなたに明かされるようにしてください。

愛への帰還

特別性にまつわるたくさんの癒やしを通り抜けたあと、私は心からのクリスマスメッセージを書きました。

私たちは、私たちが感じて経験し、反映する愛そのものです。キリストの目で見ることは、あなた自身を愛として真に知ることです。特別な誰かというアイディアは、エゴの概念です。それは、特別性と愛を形に投影しようとする試みです。人生の中で、形を失ったことを嘆くのは、幻想を嘆いていることに他なりません。愛に対象はありません。愛は、身体の中に留めておけるものではありません。愛がこのようであることを、喜んでください。

愛だけが在ります。愛は豊かで満ちています。愛は私たちそのものです。一般的なエゴの信念に、人びとはお互いに愛し合えるというものがあります。もしこれが真理であれば、分離がリアルになります。神の愛へ帰還することは、幻想を赦すことです。エゴの架空の愛の形を赦し、分離した人びとという信念を赦すことにあります。

愛は単純で、愛は親切です。愛は自然で、愛はそこに在ります。愛は喜びの体験です。愛は恐れの不在であり、幻想を手放したことの結果です。イメージや関係性、過去の記憶にしがみつくことは、それらがどう呼ばれようとも、真の愛とは何の関係もありません。喜びと愛に満ちた記憶は、常に在る愛の反映です。この瞬間の神への献身だけが、今ある愛の体験にマインドを開くのです。愛が知られるために、何も変わる必要がないことを、私は心の底から神に感謝します。決して終わることのないリアルな愛の体験へと誘ってくれたイエスに、私は存在のすべてで感謝します。

このクリスマスシーズンに、愛と平和と喜びの祝福をあなたに贈ります。純粋で光り輝くキリストの無垢性の自覚――あなたの聖なる自己――が、祝福されたあらゆる瞬間に、あなたの意識にありますように。

第二十五章　台本はすでに書かれている

二〇〇七年　冬・春

「……この道を歩むとき、誰でも偶然の一歩を踏み出すことはありません。たとえ、まだその一歩が踏み出されていなくとも、それはすでに為されています。時間はただ一方向に進んでいるように見えているにすぎません。私たちはすでに終わった旅に出るのです。それでも、まだ見えない未来があるように見えるでしょう（W-158.3）」

変わらぬ愛

ジャッキーが、デイヴィッドと私を、ニュージーランドで集まりを開催するために招待してくれました。私は家族に会って静かなビーチで過ごすために、数週間早く出発しようと思っていました。ある夜、マインドにイエスを強く感じながら瞑想していると、かすかな恐れが上がってくるのを感じました。私はイエスに助けを求めました。すると、私はあるヴィジョンの真っ只中にいることに気がつきました。

私は広大な銀河系に囲まれて、宙に浮いていました。そして、腕を地球に巻きつけ、世界にしがみついているのです。イエスが私の目の前に現れました。両腕を開いて差し伸べながら「それを私に渡しなさい」と優しく言います。手放すことへの恐れを感じました。「でも、私、落っこちてしまう」。私は言いました。「私、どうなってしまうの？」。

私は、自分が世界にしがみついているのは、世界が私を必要としていて、私も世界を必要としていると信じているからだということに、気がつきました。イエスがまた言いました。「それを今すぐ私に渡しなさい、カースティン。私が引き受ける」。私はそうすることで、自分に何が起こるのかを、いまだに恐れていました。しかし、握りしめる力はだんだん弱まっていきました。そして、ようやく手放せたときには、とてもいい気分でした。私の腕から世界が滑り落ちるにつれ、私はゆっくりと仰向けに倒れていきました。エゴが私に信じさせたような忘却の中ではなく、私のマインドの中の深く静かな平安の海へ、神の腕の中へ倒れ込んでいったのです。

愛と平安は、決断の結果

ジャーナリング

カースティン：おはよう、ホーリースピリット。もうすぐニュージーランドへ出発するわ。まだ解決していない、別離の不安と悲しみがあるの。まるで、何か間違ったことをしたみたいだわ。どういうわけか、いるべきところにいない感じがするの。六週間もデイヴィッドと離れることが悲しい。

ホーリースピリット：本当に？

カースティン：「その感覚は、一瞬のうちにすっかり消えてしまいました。」今はどうなの、ということ？　……感じないわ……消えたみたい。

ホーリースピリット：あなたは、悲しみとして経験していた間違ったマインドの思いを手放しました。あなたに私のほうを向く意志があったからこそ、悲しみはなくなったのです。デイヴィッドはあなたの源ではありません。私があなたの源です。私のほうを向きなさい。私があなたを導きます。私はデイヴィッドのほうを向くように、あなたを何度も導きました。それは、必要な癒やしが起こるために、彼と一緒にいる必要があったからです。

あなたが経験してきた、平安、愛、そして癒やしは、すべて私の導きに従った結果です。決してこのことを忘れてはいけません。デイヴィッドはあなたの癒やしの原因ではありません。あなたの決断が癒やしの原因です。今こそ、スピリットの中で強くあるときです。今こそ、いつでも神の教師であるために、あなたの心、あなたの愛、あなたの思いを高めるときです。分離などないことを、あなたが示すのです。あなたの兄弟は、あなたに慰めを求めています。道を指し示す存在となってください。愛は愛を引き寄せます。完全な愛以上に魅力的なものは存在しません。愛としての自分を知ることほど、確実で、平安で、幸福で、明確なものはありません。

すぐに私のほうを向いてください。あなたには豊富なマインド・トレーニングと、あなたの道を切り開いてきた数多くの奇跡があります。失敗が可能なのは一瞬だけです。失敗とは一瞬の忘却に過ぎません。私は思いを訂正する者です。あなたが私のほうを向いた瞬間、私はあなたの思いを訂正します。この中を、心を輝かせながら進んでください。これがあなたの解放の瞬間です。「すべての力は神を源としています。神の力でないものには、何をする力もありません（T-11.V.3)」。

愛についてもう少し

ここ数週間というもの、私はマインドのさらに深い領域を探索していました。そして怒りが上がってくるのを許していました。私はコースの中に、十二ページにわたって怒りについて書いてある箇所を見つけました。十二ページです！　イエスは、怒りは決して正当化されないと宣言しました。そして、このことについて詳細に説明していました。彼は、怒りについて明快な形而上学的背景を与えてくれました。同時に、誤った知覚と選択がそれに関係していることも、とても明確に教えてくれました。

私は、自分が不平不満に取り組んでいるという自覚がありました。この不平不満が実際何であるのかを、明確に述べることはできませんでした。けれど、デイヴィッドに向かって投影されている恨みがあることを感じていました。それは特別性と関係があるように思ったのですが、よく分かりませんでした。はっきりと見えない私にできることは、自分が正しくありたいという願望を見つめ、助けを求めて祈ることだけでした。今こそ信じ、何か深い癒やしが起こっていると信頼するときでした。それが分かるほどに、私はもう十分な闇を通り抜けてきました。

ようやく、私の祈りは答えられました。この週に、私は言葉で表すことはできませんが、際立った内面の変化を感じました。あえて言うならば、それは、意欲に自らを明け渡す、です。今朝、私は「愛」という題名の、デイヴィッドが書いた美しい記事を読みました。次の文章は、私の内から流れ出したものです。

愛はすべてを包み込む無垢性
それは招待されると、気づきに訪れる
神が与えるように与えることは、己を知ること、神を知ること
何か他のものが望まれるとき、愛は愛ではいられなくなる
なぜなら、愛は客体化されることができない
「他者からの愛」を望むことは、愛そのものを否定すること
そして、自己と神を知らないこと
愛へ還るとは、単純に、愛の臨在《プレゼンス》を遮るブロックを取り去ること
キリストの愛の中にすべてを含むことが、罪の赦し

キリストの目で見ることとは、世界を祝福すること
神が愛するように愛すること　神と一つであること
平安、愛、喜び、そして本当の思いやりは、天の王国の贈り物
愛が我が家を作る　いつまでも変わらず、すべてを包含しながら
愛が世界を喜びと幸せで輝かせる

心配事や憂いはなくなった　祝福された関係の中で、信頼は行きわたり、喜びが歓喜とともにあらゆるところへ延長する

愛はここ　愛は今
愛にしがみつくことも、期待することもできない
愛は常に臨在《プレゼンス》する　ただ臨在《プレゼンス》する　光り輝く臨在《プレゼンス》である

「台本はすでに書かれている」についてのイメージ

「時間はトリックであり、仕掛けであり、まるで魔法によって人物が来ては去るような広大な幻想です。しかし、見かけの背後にある計画が変わることはありません。台本はすでに書かれています。あなたの疑いを終わらせる体験がいつやってくるかも、すでに定められています（W-158.4）」

私は「台本はすでに書かれている」というコースの教えについて祈っていました。そのとき、スピリットからのヴィジョンとメッセージを受け取りました。これがそのメッセージです。

台本とは、全宇宙と世界の歴史、あらゆる人生が書かれている本で、エゴによって書かれたものだと想像してみてください。本のページを開いてみると、あなたは自分の名前を見つけるでしょう。台本のページには、あなたの子どものころのストーリー、人生に現れる人びと、仕事、状況、スピリチュアルジャーニーなどが書いてあります。

予知能力者が未来を見て、何が起こるのか詳細に描写できるように見えるのは、彼らが台本の先にある、いくつかのページや章を読むことができるからです。

台本はすでに書かれているということに気がついていたら、カースティンという登場人物は、自分の運命をコントロールすることができるでしょうか？　彼女は自分の人生で起こる出来事を選択することができるでしょうか？　いいえ、もちろんできません。台本を書いたインクは、もう乾いているのです。スピリチュアルジャーニー、もしくは目覚めとは、自分がこの本の登場人物ではないことを自覚することです。赦しとは、台本を書いたのはエゴであり、登場人物はエゴの創作であることを見切る過程です。私の人生に現れる登場人物は、ただ単に台本の中で割り振られた彼らの役柄を演じているだけなのです。

台本が予期せぬ形で展開したり、意味が分からず、徹底的に苦しいもののように見えたりしたとしたら、自分はエゴを通して知覚していることを思い出さなければなりません。たった数ページの範囲の中で、この台本を理解しようとしているからです。唯一の出口は、スピリットに頼り、別の見方をさせてもらえるように頼むことです。そして、すべてが何のためにあるのか、自分はまったく知らないことを思い出すことです。

私の兄弟は、私と同じように、無垢です。赦しを通して私は、彼らがやったことに対して責任があるという信念から、彼らを解放します。私は自分のマインドの状態——展開される状況に対し、私がどう知覚してどう感じるか——に全責任を負います。自分自身を観察者へ戻すことで、ストーリーの中に巻き込まれることなく、まるで本を読むようにただ見ているのを選択することができます。

スピリット、聖なるマインドこそが、私です。心の中の神の愛と一緒に眺めると、私は赦された世界を見ます。言葉や登場人物に、神の愛が反映されているのを見ます。一枚一枚の祝福されたページは、私そのものである愛を延長するための機会なのです。

スピリットを、消しゴムや白い修正液と考えてください。スピリットと一緒に、彼のヴィジョンで見るとき、それはまるで、スピリットが私の書いた解釈を消してくれたかのようです。そして、台本は愛の立ち位置から書き直されるのです。

台本がすでに書かれていても、コントロールできる？

ジャーナリング

カースティン：おはよう、ホーリースピリット。「台本はすでに書かれている」。これがどういう意味なのか、よく分からないの。もし私が台本からマインドを自由にしたら、私はもうそれに縛られないという意味なのかしら？　コントロールできないという考えは好きではないわ。もしかすると、私はまだ、いくつかの夢を自分が好きなように創造したいのかもしれないわね。

ホーリースピリット：時間と空間に自らが縛られていると信じている「私」とは誰のことでしょう？　「私は在る」（I AM）という臨在《プレゼンス》、つまり本当のあなたであるキリストは、時間と空間の中に一度も入ったことがありません。マインドが物質界に入ることはないのです。

台本は過去です。それは遥か昔に終わりました。私の声が、それについて湧き上がるあらゆる質問への答えです。台本から逃れようとすることは、非リアルをリアルにしようとするもう一つの企てなのです。キリストと同一化することが答えです。そのとき、台本というアイディアは消えてなくなります。真理の中に溶けてなくなるのです。

カースティン：『MR.デスティニー』という映画の登場人物が、ある決断を下すと、それが彼の人生を変えるような状況を引き起こすの。台本は、この状況にどう当てはまるのかしら？　もしすでに書かれていたのなら、彼はどうすれば人生を変えるほどの影響を与える決断を下しているように見えるの？

ホーリースピリット：まるで、あなたが正しい、もしくは間違った決断を下すことのできる選択肢があるように見えます。間違った決断を下すことへの恐れは常にあります。分離の恐れです。欺かれたマインド――不幸な状態――だけで決断を下すと、それが反映された結果になるでしょう。形を変化させることで、一時的な安心がもたらされるように見えるかもしれません。しかし、マインドはまだ眠っており、変化を通して状況を改善するという夢を見ています。たった一つの出口は、目的にあります。私を頼り「私に代わって、神のために決断してください」と言ってください。すると、私はあなたのマインドを戦場から引き上げ、台本から自由にします。私は、あなたが本当は誰なのかということを思い出させます。

カースティン：ということは、私が登場人物と同一化していないとき、私があなたに考えや行動を導くことを許すとき、エゴが指揮する人生とは違うことが展開するように見えるのかしら？

ホーリースピリット：すべての瞬間に、あなたは私の声か、エゴの声を聞いています。あなたは私とともに知覚するか、エゴとともに知覚しています。赦された世界の知覚は、私とともに見ることでもたらされます。

カースティン：形についてはどうなのかしら？　あなたが私の質問に答えてくれた気がしないわ。

ホーリースピリット：あなたはカースティンという登場人物のことを気にしています。あなたは身体を偶像にして、夢の主人公にしています。私の導きを聞いて、あなたがキリストと同一化しているときに、台本はありません。

カースティン：ああ……すべてが解放されるのを感じるわ……ありがとう。

第二十六章　揺るぎない献身

二〇〇七年　冬・春

「ヴィジョンは、最初は垣間見える形でやってくるでしょう。しかし、兄弟を無垢と見るあなたに、何がもたらされるかを示すには十分です。真理はあなたの願望を通して取り戻されます。あなたが真理以外を求めることによってそれが失われたからです（W-158.3）」

落ち着くための時間

「これは静かな時間です。十分な平安の中で、神の教師はしばし休息します。今や、彼は学んできたことを確固たるものにします。……神の教師は、この中休みの期間を必要としています。彼は、自分が思っているほど遠くへ来たわけではありません。しかし、彼が先へ進む準備ができたときには、彼のそばを心強い仲間《マイティコンパニオン》たちがともに歩きます（M-4.I.A.6）」

デイヴィッドが到着するまでのニュージーランドでの私の時間は、この教師のためのマニュアルに書かれているような、静かな時間となりました。それは休息の時間でした。私の一日はゆったりとしていました。日記を書くことから始まり、読書、ヨガ、その後の瞑想。海岸を散歩したり、即興の集まりや、体験型のセッションの開催、そして、お茶をしながら深い話をしたりするうちに、一日は過ぎていきました。

「幸せな学習者」の時期でした。私は罪悪感を感じておらず、自分の私的な思いを隠そうとも思いませんでした。むしろ私は、一つ一つの動揺の下に、自由の手がかりがあることを知っている幸せな探偵でした。私の道はデイヴィッドとともにあることを知り、自分の人生の目的をはっきりと感じていました。その感覚は、私たちがどこにいて何をするかということを超えていました。それは完全にここにいるという感覚です。私はもう喪失することや失うことへの恐れに心を痛めたり、どこか他のところにいたいと願ったりすることもなくなりました。

デイヴィッドが到着すると、私たちはニュージーランドとオーストラリアで、いくつもの素晴らしいコースの集いやリトリートを開きました。リトリートは、信じられないほどすてきな会場で開催されました。その会場は原生林の中にあり、自然にできた穴で泳いだり、森の中を散歩したりすることができました。瞑想の部屋は心のためのサンクチュアリでした。優しい鳥たちのコーラスやセミの声に包まれ、深い静寂に沈み込むには完璧でした。

リトリートには、直感的な流れがありました。デイヴィッドの話はとても深く、私が個人セッションで話していると、ミラクルワーカーとしてめいっぱいスピリットに使われている感覚がありました。ときどき私は、デイヴィッドとの集まりで話しました。そして、ヨガや音楽、ダンスやマッサージを盛り込んだ体験型のセッションも開きました。

ほとんどの競争意識や自己不信は洗い流されていました。すべての延長する機会を受け入れ、デイヴィッドの隣に座っていることに、私は満足していました。私はデイヴィッドや他のみんなとつながっていること、そして、スピリットの終わることのない恩寵の流れを感じました。話が終わると、デイヴィッドは感謝の中、満面の笑みを浮かべて私を見ました。そのとき、私も同じぐらい光り輝いていました。

集まりが終わると、人びとがやってきては、今ここに在る中で私と見つめ合いました。部屋の中は、熱を帯びた議論や帰り支度の忙しさに満ちていました。その中で私は、何度も何度も深く静かな交わりの最中にいることに気がつきました。それは、世界で一番自然なことでした。星のようにきらめく瞳、微笑み、そして感謝の涙か、湧き上がる笑い声で、幕を閉じるのです。

二年前に、スピリットに私の役割は何ですかと、尋ね祈ったことを思い出しました。ホーリースピリットの答えはいつも「ただシンプルに愛の臨在《プレゼンス》になることです」でした。これが私の役割だと知るのは、とてもシンプルでとても謙虚でそれでいて何と輝かしいことでしょう！

揺るぎない献身に励まされて

デイヴィッドと私は、アメリカに戻りました。私たちは週末にコースの集いを何度か開催するために、ボストンに招待されていました。そこにいるあいだ、私たちはケンブリッジまで行き、クリスチャン・サイエンス教会の創始者であるメアリー・ベイカー・エディの記念碑を訪れました。彼女の記念碑には彫刻された大きな石が置いてありました。そこには、サイエンスはマインドのものであり、神とスピリットは永遠であるという、彼女の言葉が引用され刻まれていました。デイヴィッドはときどき、メアリー・ベイカー・エディと彼女の妥協しない性質について話してくれました。デイヴィッドと同じぐらい揺るぎない献身を見せた先駆者たちを思い出させてくれたことに、私は感謝しました。デイヴィッドはメアリー・ベイカー・エディの逸話を楽しそうに話してくれました。ある日スピリットがメアリーを通して「私は完全無欠だ！」と言って轟《とどろ》いたとき、生徒の何人かは彼女の元を去ったのだそうです。

メアリー・ベイカー・エディは急進的でした。彼女は、彼女のメッセージにおいても、スピリットに余すところなく使ってもらおうという意欲においても、決して抑えることはしませんでした。この確固たる献身を通して、彼女は数千もの生徒たちを、奇跡を実践する人になれるようにサポートしたのです。命を救うような奇跡を体験したにもかかわらず、彼女の生徒のほとんどは、彼女が急進的すぎると感じて敵対するようになりました。こんな出来事が起こったように見えても、彼女の真理に対する献身は揺るぎませんでした。デイヴィッドはこのことに、大いに励まされていました。私もまた、彼女が示してくれた先例に深く励まされました。それは、私たちの神秘主義のゴールはこの世界のものではなく、だからこそ、それは承認されるか否かに左右されるものではないことを、思い出させてくれました。

その週末に開いた集まりは素晴らしいものでした。私たちは主に、聖なる関係について話しました。あれほどたくさんの特別性を手放したあとです。私は、神との関係に「はい」ということに、どんな犠牲も喪失も本当にないのだという視点から話すことができました。私はコースの一節にある「幸せな学習者」にもとづいて、屋外で体験型のセッションを行いました。セッションでは、人びとが小さな輪になって座り、順番に解かれていきました。これまでに学んだことをすべて忘れ、真理へと戻るのです。

密接した輪の中に立ちながら、私たちはお互いに寄り添い、神の内で安らぎました。その後、私たちはまた大きな輪になって、お互いの瞳の奥を見つめながら音楽に合わせて動きました。最後の曲が流れると、何人かが、私たちが神秘体験の中にいることに気がつきました。真っ白な光に何もかもが溶け込んでいくのです。私は自分がセッションを執り行っているという感覚をなくしました。何人か芝生の上に横になり、残りの人は立ったまま沈黙の中で長い抱擁を交わしていました。そして、そのセッションは自然と終わりを告げました。

神聖さ、自由の贈り物

静かなマインドの深みの中、
私は本当の自分が神聖であることを知る
私の神聖さは、神の平安
私の神聖さは、世界を祝福する
私の神聖さは、兄弟に差し出された自由の贈り物
私の神聖さの中に、彼の解放がある
神聖さは、罪悪感と恐れの終わり
過去はその臨在《プレゼンス》の中に溶けて消える
赦しでさえも、溶けて消えた
赦しが必要な何が残っているというのだろう?
この神の贈り物は、救済の達成……
受け取ることが、その鍵だった

人生の代替案、最後の放棄

デイヴィッドと私は、ピースハウスに戻りました。イエスとともに祈っているとき、私は自分を引き止めているすべてから自由になりたいと望みました。私はニュージーランドで所有している貸し家を売却し、そのお金をこの司牧グループに寄付するようにという導きを聞きました。一年半前、私は家を所有しつづける目的を見つめました。しかし、実際に売却するための行動は、何一つ行っていませんでした。当時は、家が私に偽の安心感を与えてくれていることに気づいていましたが、家族に家を売却すると伝えることを恐れていました。なぜなら、それは私が家族から離れ、ニュージーランドを永遠に去ることを意味していたからです。

去年、何度か気づくことがあったのですが、私のマインドの中の抵抗が大きいとき、この家はスピリットの計画の代替案となっていました。そこは、私にとって何かあれば戻れる場所となっていたのです。スピリットの臨在《プレゼンス》の中に座っていると、他のどこかにあるものを手放し、私のマインドのあらゆる部分を、自分がいる場所に持っていく方向に軽さを感じました。私は自分が受け取った導きをデイヴィッドに話し、ピースハウスでの生活を続けました。

数週間後、私はデイヴィッドから分離していると感じました。けれど、その理由は分かりませんでした。デイヴィッドが、何の前触れもなく突然に、私の家はもう売りに出されているかと尋ねました。その資金は、この司牧グループに送金されることになっていると言うのです。私はショックでした。デイヴィッドは、今まで一度も私に何かしろと言ったことはありません。これは提案している口調ではなく、明らかな指示でした。**彼は私の人生をコントロールしようとしているの?**

祈りの中で、イエスは私に日記を見直すように言いました。見てみると、日記の中に自分の筆跡で、家を売って資金を寄付するようにと導きが書かれていたのです。私は自分が人生に対して持っていると思っていたコントロールの名残を、手放すまいと頑張っていたことに気がつきました。そして、デイヴィッドが私に望むすべては、自由だったのです。

まだ私は、家族とニュージーランドを失うという考えに抵抗していました。それでも、私は導きに最後まで従う必要があることを知っていました。誠実であることは絶対不可欠で、分裂を感じることは苦痛でしかありませんでした。一週間後、私はジャッキーに電話をして、家を売ることを手伝ってくれるか尋ねました。私は経験したことをすべてジャッキーに話しました。彼女はとても協力的でした。ロジャーが電話に出たとき、私のマインドにある疑念が反映されはじめました。彼は、私に家を売る決意が本当に固まっているのか聞いてきました。そして、彼は他の選択肢を挙げはじめたのです。

一番目の選択肢は、この家の半分だけを彼に売り、私がいつでも戻ってこられるようにすることでした。二番目の選択肢は、家を売り、その資金を彼の会社に投資することで、私には予備の資産が残るというものです。ロジャーが三番目、四番目、五番目とさらなる代替案を挙げてくるたびに、元々あった計画、つまりスピリットの計画こそが、私が真に望むすべてだということが簡単に分かるようになりました。

家を売却すると決心してからほどなくして、オーストラリアにいる友人が、スピリチュアル・コミュニティを始めたいという思いを書いて送ってくれました。そのとき初めて、私は家族との絆のために、特定の場所に惹かれることから自由になったと感じました。私は、デイヴィッドと私が次にどこへ行くのか、次に何が展開するのか、はっきりと見せてほしいとスピリットに祈ることができました。もしかすると、私たちは永遠に旅をするのかもしれません。私はあらゆることを受け入れられる自分を感じていました。

最後まで従う

「神の教師は、真の自己の利益のために寛大です。しかし、これはこの世界が語る自己のことではありません。神の教師は、自分が与えられないものを望むことはありません。なぜなら、それは定義からして自分にとって無価値であることを知っているからです。何のために彼はそれを望むというのでしょう？　そのために彼は失うだけです。……しかし、彼は神のものはすべて自分のために、ひいては神の子のために、取っておきたいと望んでいます。これらが彼に属するものです。これらは、彼が真に寛大に与え、永遠に彼自身のために保護できるものだからです（M-4.VII.2）」

家を売りに出して間もなく、ジャッキーが売り出し価格で買いたいと言っている人がいる旨のメールをくれました。私は不安を感じ、すぐに湧き出した疑念とともにいました。まるで針の穴を通り抜けるような、覚えのある圧迫感を感じました。もしこれが私の使命《コーリング》でなかったらどうするの？　もしデイヴィッドが他のパートナーを見つけて、私は自分のお金も行く場所もなくしたらどうするの？　これが本当にスピリットの計画だと、どうすれば分かるの？　続く数日間、私は祈りの中に留まりました。私はスピリットを信頼して結果をゆだねました。家は一週間以内に売却されました。

数週間かけて、デイヴィッドはヨーロッパを旅していました。ということは、家を売ったお金の司牧グループへの送金は、私にかかっていました。まるで、未知の世界に足を踏み出すようで、とてもインスピレーションに満ちていました。なぜなら、私の唯一の目的は、神秘主義だったからです。

ゆっくりと祈り、実務的な行動を一つ一つやり遂げながら、私は疑念の波が押し寄せることを許しました。そして一歩進むごとにそれらを手放していきました。私は自分がスピリットの導きに従っていることを、絶えず思い出していました。すべては何の努力も必要とせずに流れていきました。送金が終わったとき、何も変わっていないと感じました。もう私が不安や罪悪感と付き合うことがなくなった以外に、何も変わってはいませんでした。ということは、むしろすべてが変わったのです！

犠牲や喪失の恐れがマインドから解放される前には、緊張が高まります。それを知るためのいい経験になりました。私は、自分の自由、自分の選択、自分の独立性を、本気で失うと信じていました。しかし、導きに従ってしがみついているものを手放すことで、私は自由を獲得し、間違った選択をしてしまうという信念から解放されました。私は、神から独立していたくないという思いを改めて実感しました。信頼が戻るのを感じました。そして、目覚めの計画の責任者が誰かということを思い出しました。

私は、自分でお金を持っているとき、どれほど不安だったかを思い出しました。使い方を間違うのではないかと、常に心配していました。今こそ、私は完全に自由になりました。お金もお金の管理も、ようやくスピリットにゆだねられました。私自身と同じように！

第二十七章　ただいま

二〇〇七年　夏

「そして、あなたの行いのすべてが祝福されますように。

この世界を救うために、神はあなたの助けを頼りにしています。

神の教師よ、神はあなたに感謝を差し出します。そして、あなたが神から運んでくる恩寵の中で、すべての世界は静かに立ち尽くすでしょう。

あなたは神の愛する子です。あなたを通して世界中で神の声が聞かれるようにし、すべての時間にまつわる物事が閉じられ、見えるすべての物事の光景を終わらせ、変化する物事すべてを取り消すための手段となるように、その恩寵はあなたに与えられています。

見えることもなく、聞こえることもなく、けれど本当にある世界が、あなたを通して迎え入れられます。

あなたは神聖です。そして、あなたの光の中で、世界はあなたの神聖さを反映します。あなたは孤独でもなければ、友がいない者でもないからです。

私はあなたに感謝します。そして神のためのあなたの努力に加わりましょう。

それは私のためのものであり、私とともに神の元へ歩むすべての人びとのためであることを、私は知っています。

アーメン（M-29.8）」

融合が起こる

コースの集まりの最中に、デイヴィッドがスピリットとして直接語ることもあれば、「デイヴィッド」として語るときもあることを私は見てきました。どちらであっても、その臨在《プレゼンス》は一貫したものでした。彼の存在と言葉を通して、スピリットの光と明晰さが同じように輝き出していました。聴衆の顔は、そこに真理を認めて明るくなりました。彼らがデイヴィッドを、共感できる友人と見るか神の声と見るかにかかわらず、彼らは強いつながりを感じていました。

私自身について言えば、旅路のほとんどには私の二つの側面が伴っていました。それは、質問者としての私、そしてスピリットとしての私です。けれど、今、私はその二つが融合しはじめたことを感じていました。ホーリースピリットを、私が祈る対象のように分離した源と感じることがなくなりました。むしろ、ホーリースピリットは、静かな真理の自覚であり、上がってくるすべてに対しての途切れることのない答えでした。

今朝、私はインスピレーションのエネルギーの高まりを感じました。そして、腰を落ち着けて書くように導かれました。この文章は、私がこの二年で学んできたことの、まさに頂点のように感じられました。これは、私そのものであるスピリットの声から、直接語られたものです。

真理は真理であり、真理だけが真理です。この深淵なまでにシンプルな声明が、問題のように見えるすべてに適用されるとき、一瞬にしてマインドを混乱と恐れから連れ出し、今この瞬間にあるシンプルさと安全へ戻す力を持ちます。しかし、真理とは何でしょうか？

イエスは「私が道であり、真理であり、生命である」と言いました。真理とは、「神在り」という体験です。それは、形を遥かに超えたマインドの状態です。言葉は、その体験を反映することができます。そして、指し示すことができます。しかし、真理は実際に体験することでしか知り得ません。

イエスが「幼子のようでありなさい」と言ったとき、彼は開かれたマインドの状態のことを指していました。世界が何のためにあるのか、そしてどうあるべきか、私は知っているという信念を喜んで手放した、意欲的で謙虚な姿勢のことです。

この世界が天国の代替品であることを、覚えていてください。この世界はあなたの家ではありません。すべての記憶、考え、関係、場所、出来事や人びとは、目覚めという栄光ある目的のために使われるのです。イメージの中を、軽やかに歩んでください。感謝とともに、あなたのマインドからそれらが解放されることを許してください。真の赦しを通してのみ、マインドは幻想から自由になり、何にも束縛されず、父なる神が創造したままのリアルを受け入れるのです。

神の名が、すべての分離した目的と意味に置き換わります。そして神の名は、創造において、たった一つの名、たった一つの意味、そしてその中ですべてが統合されるたった一つの源があることを思い出させてくれます。これが真の赦しです。これは分離や断片を見ることのない、統合された知覚へと導きます。これが神の愛であり、この世界のものではありません。イメージの中に意味を探して、これ以上貴重な瞬間をむだにしないでください。世界は過去そのものです。すでに終わり、済んだことです。

ここに来て、私と一緒にいてください。私を信じ、過去を解放し、この聖なる瞬間に、あなたを私に与えてください。神の救済計画を受け入れることに代わるものはありません。他のやり方を試すことは、妨げでしかありません。永遠の中では無意味でも、時間の中では悲劇となります。なぜなら、選ぶ必要のないマインドの葛藤状態が選ばれたからです。あなたは、今、幸せである理由を持っています。受け入れることだけが必要なのです。ここに来て、真理の単純さを私とともに喜びましょう！

スピリチュアル・コミュニティの開花

デイヴィッドと私は、次に何が起こるのかについて祈っていました。すると、私の神秘主義への旅は、常に未知の中へ向かい、自分が可能だと信じている範囲を超えて進んでいくことに気がつきました。この人生こそが私の道であり、癒やしを求める私の祈りの答えであることが、今なら分かります。私に対して何かが起こっていたわけではなかったのです。私の意志と、神の意志が本当に一つであることを、ようやく体験していました。

スピリットの計画の次の一歩が、明らかになりはじめました。インターネットで私たちの旅を追っていた友人たちが、コミュニティの中で私たちに合流する促しを感じはじめたのです。カナダ、ヨーロッパ、ニュージーランド、オーストラリア、そしてアメリカから、人びとがピースハウスに来たいと言いました。リトリートに参加するために来たいと言う人もいれば、私たちの住む近所に家を借りたり、買ったりしたいと言う人もいました。何年か前の私と同じように、彼らは神へ奉仕し、神との関係を深めるために「呼ばれた」と感じたのです。

本質が協力的である聖なる関係は「二人」を遥かに超えていく準備が整っていました。私がデイヴィッドと一緒に実践して受け取った、赦し、充実したコミュニケーション、信頼、忍耐、開かれたマインド、そして柔軟さ、これら一つ一つの贈り物は、今や喜んで分かち合われるものとなりました。

デイヴィッドは、喜びに満ちあふれ、そのマインドは開かれていました。彼はあらゆる可能性を受け入れようとしていました。それはまるで、天国の門の前でイエスが両腕を広げ、「来なさい、あなたを歓迎します！」と言っているようでした。デイヴィッドはイエスが計画の責任者であり、住む場所や食べ物、そしてプロジェクトまで、みんなのためにすべてが提供されることを知っていました。形の上でどのようになるのか、私たちには分かりません。けれど、スピリットが道案内をしてくれているのです。それが冒険になることは分かっていました！

そのとき明らかになりつつあった計画が、どれほど壮大なものになるのか、私たちは知りませんでした。私たちの多くは、スピリチュアル・コミュニティで一緒に住むことになりました。そして、その先何年も、光を輝かせ、真理のメッセージを世界中で分かち合うことになるのです！

歌の記憶

私のデイヴィッドとの旅は、私が何年も前に祈った体験へと導いてくれました。私はこの世界のものではない愛と、聖なる関係を体験することを望みました。デイヴィッドと私はもう婚姻関係にありません。けれど、私たちの愛は終わることなく、形の世界を超えています。それは神のものです。その唯一の目的は、澄みわたるマインド、幸福、そして自由です。

デイヴィッドは、インスピレーションの源でありつづけ、ただただ深まっていく私の神秘主義の旅を、ずっとサポートしてくれています。立ち止まり、私たちの関係性の本質をじっくり考えると、私の心は感謝でいっぱいになり涙があふれます。どんな体験をしていても、デイヴィッドはいつも私のそばにいてくれます。身体がそばにいるときも、マインドの中であっても、キラキラと目を輝かせ、私が体験していることを正確に理解し、全面的に支えてくれるのです。

取り消しと癒やしのスピリチュアルジャーニーは、恐れにもとづいた限界を解放し、スピリットが心に差し出す機会を受け入れることにあります。与えられたものに「はい」と答えたあとは、手放すことに何度も何度も「はい」と言います。そして、忘れられた歌が思い出されます。それは、愛と、この世界では見つからない我が家についての古来の歌です。それは、決して止むことのない祈りであり、感謝を与え、同時に受け取ることです。もし、この沈黙の祈りに言葉があれば、それは「あなたの愛をどうやって分かち合えばよいでしょうか?」です。その答えは、常に祝福です。

真理の自覚を延長させることが、人生の目的です。これこそ、私が持つすべて、私であるすべてです。すべてがこのマインドの状態へと導いてくれました。この、神との完全な融合へ。

終わり――始まり

訳者あとがき

著者であるカースティン・バクストンの、切実な祈りから始まったスピリットとの旅が、本書には包み隠すことなく記されています。永遠の愛を望んだカースティンはイエスに導かれ、とある神秘家と結婚することで、本格的な癒やしの道を歩み始めます。この神秘家とは、『覚醒へのレッスン』（ナチュラルスピリット、二〇一五年）の著者である、デイヴィッド・ホフマイスターです。デイヴィッドは『奇跡のコース』（コース）の教えを妥協なく実践し、スピリットと共に人生を歩んできたコースの教師です。また、コースを生き、赦しを実践するスピリチュアル・コミュニティ「リビング・ミラクルズ」の核でもあります。

リビング・ミラクルズには、秘密は持たない、誰の機嫌も取らない、という指針があります。これは、闇を隠すことなく光に差し出し、ホーリースピリットの導きに従い癒やされるためにある指針です。これを実践するには、期待や神以外の望みを、すべて手放す必要があります。本心を隠し、周りの期待に応え、他者を動揺させず満足させることがよいとされる価値観の外へ踏み出すことになります。また、デイヴィッドのマインドがとてもクリアなため、彼の側にいると、自身の強烈な闇に向き合うことになるという話を聞いたことがあります。そんな人（？）と結婚して、カースティンは妥協のない赦しの実践と導きに従うことに取り組むのです。そして、抑圧されていた闇に向き合い、スピリットに助けを求め、何度も赦しを選び、愛を受け入れていきます。

本書がコースを生きる上で、大きな助けになることは間違いありません。日々の暮らしにあるファッションやボディケアから、人生の大きなイベントである結婚や不動産の売買まで、すべてホーリースピリットに差し出し、導きを求め、赦しを選ぶ。その過程やコースの教えの実践が、分かりやすく具体的に記されています。また、目覚めの旅路において、どのような闇に直面するか、そしてどう通り抜けるのか――彼女が混乱しながらも、何度も助けを求めてスピリットに向かう様子は、とても勇気づけられるものではないでしょうか。

本書を訳しているあいだ、私のもとに多くの赦しの機会がやってきました。そして、その時々の私の祈りや疑問の答えが、次に取り組む章に書いてあるということが何度もありました。それは、ホーリースピリットの存在とその完璧な配剤を、深く信頼せずにはいられない体験でした。ホーリースピリットの導きは、最善であるように個別化されているので、私が歩む神への道は、形の上ではカースティンのものと違います。しかし、目覚めという目的を掲げてスピリットに導かれる旅の本質は、みんな同じです。だから本書においても、スピリットは直接語りかけてくるのだと思います。時間や空間、そして個人という枠組みを超えて、愛が分かち合われていることをはっきりと感じました。確かにマインドは一つで、赦しの恩恵は全体で共有されるのです。

赦しの機会は、これからも何度も何度もやってくることと思います。もう嫌だなと思うこともありましたが、今この瞬間に、奇跡を選ぶ自由は与えられています。赦しとともに闇を通り抜けたら、必然的に光が差し込みます。振り返ってみると、本書を通して、私のスピリットへの信頼もつながりも祈りも喜びも、深まるばかりでした。そしてそれは、序章にあるデイヴィッドの祈りと、カースティンが最後に書いたことが反映された体験であることに、このあとがきを書いていて気づきました。台本はすでに書かれており、その帰結は永遠の愛＝神です。もう終わった旅に、スピリットが手を引いて導いてくれるのです。彼が導き損なうことはないのだから恐れることはないと、あらためて思い出させてもらっているようです。

祈りの中でホーリースピリットとともに、本書を翻訳することは、喜びそのものでした。愛の延長である本書を手に取られた皆さまが、神の愛と喜びを体験されますように。

心からの感謝と共に

和泉明青

用語集

デイヴィッド・ホフマイスター

アメリカの神秘家。デイヴィッドの旅は、数々のスピリチュアルな道の学びを通り、最終的に『奇跡のコース』を実践的に適用することへの深いコミットメントへ至りました。若いころのデイヴィッドは、とても内気で内向的でした。奉仕の人生へと開かれていくにつれ、彼は完全な意識の変容を経験しました。内向的な性格は完全に消え去り、喜びに満ち、オープンで愛に満ちた表現に置き換えられました。デイヴィッドの人生は、目覚めたマインドの生きた実例です。安定した平安なマインド、放射する喜び、そして真理へ身を捧げる姿勢で、彼は数千もの人びとの人生に触れてきました。彼は現代の神秘家、非二元の教師として、愛のメッセージを分かち合うために四十カ国以上の国に招待されました。

『奇跡のコース　*A Course in Miracles*』（コース）

コースは赦しを通して、内的平安と愛に至る道を教える、完成されたスピリチュアルなマインド・トレーニングのツールです。コースの絶えることのない叡智は、すべてのスピリチュアルな非二元の教えの根底にあるものです。日常生活にその教えを適用することで、その人の思考体系は、エゴ、つまり恐れにもとづいた思考から、愛にもとづく思考へと逆転していきます。コースは、幻想と真理、恐れと愛、エゴとホーリースピリットの見分け方を教えてくれます。コースはまた、変容を促す瞑想のプログラムです。そして、人間関係を、赦しの実践と苦悩の知覚を超えて真に奉仕する方法を学ぶ手段として使います。コースは、私たちの真のアイデンティティであるキリストへの献身を深める道です。コースは３６５のレッスンから成るワークブックと、包括的なテキスト、そして教師のためのマニュアルで構成されています。精神療法や、祈り、赦し、そして癒やしについての補完的な小冊子が付いています。コースは、一九六五年から一九七二年にかけて、コロンビア大学の二人の心理学教授によって、祈りの答えとして記述（チャネリング）、そして編集されたものです。

形而上学

物理学を超える、あるいは、物質を超えるもの。すべての非二元のスピリチュアルな教えの指針となる原理と目的は、独立した個人としての自己から、私たちのスピリチュアルな本性やリアルを自覚することへ、マインドを導くことです。コースが教える形而上学は、愛だけがリアルであり、それゆえに、それ以外のすべては神からの分離の幻想にもとづいた知覚だというものです。赦しを通して、すべての分離や恐れの知覚と信念は解放され、愛で置き換えられます。

原因と結果

マインドこそが原因であり、形の世界で見ているものは結果です。たとえば、病気の知覚は、病気の信念から発生します。真の癒やしは、マインドのレベルにあり、赦しを通してのみ成し遂げることができるのです。

マインド・トレーニング

マインドをスピリットと合わせ、エゴのパターンと信念を解放する訓練です。マインド・トレーニングは、今に在り、集中できるようになるために欠かせません。そうすることで、マインドから恐れにもとづいた思考を解放するスピリットの導きを聞くことができるのです。コースと瞑想は、とても効果的なマインド・トレーニングのツールです。

訓練転移

ホーリースピリットの思考システムは、すべての人とものを別の知覚で見るために、マインドをトレーニングし直すことを必要とします。コースのワークブックには、レッスンをすべてに普遍的に当てはめ、いかなる例外も作らないための練習が含まれています。実質的には、訓練転移とはワークブックのレッスンを、その人の人生のすべての領域と思考体系に、例外なく適用することを意味しています。この実践は、絶対不可欠です。なぜなら、一つの例外でも作れば、すべてを包含する真の知覚の本質への自覚が妨げられてしまうからです。愛に例外はありません。この学びは一体化へと導いてくれます。「……知覚は智識へ融合します。なぜなら、知覚があまりにも神聖になったので、知覚が聖性に移行することは、単に自然な延長に過ぎないからです（T-12.VI.6）」。

マインド・ウォッチング

マインドを観察する実践です。これにより、私たちはエゴの思考パターンに気づき、それを手放すためにホーリースピリットに助けを求めます。マインド・ウォッチングは「観察者」としての経験へと導き、神の声――愛にもとづいた直感――を聞けるようにしてくれます。

攻撃的な思い／疑念

愛ではないあらゆる思いです。ジャッジする思いであり、その人の無垢性や、スピリットとしてのアイデンティティを否定するものです。こうした思いは、分離の信念、無価値感や信頼の欠如から生じます。

ホーリースピリット

小さく静かな内なる声――神の声――です。ホーリースピリットは、無垢性、安心、赦しを思い出させてくれる導きの光です。この臨在《プレゼンス》を頼って従うという献身的な実践を通して、融合が起こります。そこで私たちは、ホーリースピリットとは、我が家に導いてくれている私たち自身の心であることに気づくのです。

導き

常に目覚めと連携している、ホーリースピリットの道案内です。導きの目的は、エゴ、つまり人格としての自己と同一化しているマインドを癒やすことです。具体的な導きは、言葉や直感的な感覚、サイン、メッセージといった形でもたらされるかもしれません。また、信頼できる仲間というような、外の象徴を通してもたらされる場合もあるでしょう。導きはマインドを、神と一体であることの絶え間ない体験へと導いてくれます。

投影／投影すること

あなたがほしくないものを、排除しようとする試みです。他者や自分自身そして世界に対して感じるあらゆる動揺は投影です。そして、それは赦しを通してのみ、マインドから解放することができます。スピリットは愛と真理を延長させます。エゴは投影し、非難し、幻想／ストーリーを作り出します。他の人や状況に投影することが可能だと信じることは、エゴと同一化することです。

分離

分離とは私たちが源――神――から分離して、彼から離れて存在し、存在することが可能だという信念です。分離の信念は、とてつもない罪悪感や恐れ、そして欠乏の信念を生じさせます。神から分離した感覚を特定することは、身体的なものであれ、感情的なものであれ、スピリチュアルなものであれ、すべての癒やしの根底にあります。欠乏の感覚を、他者からの愛や承認、お金、所有物、自己啓発など、この世界の手段で満たそうという試みは、最終的に失敗します。愛である私たちが真に必要としているのは、源との直接的なつながりです。この世界のすべての人間関係や「問題」は、私たちが分離した自己であるという核になる信念を反映しています。このようにして、赦しの機会が提供されます。赦しは、私たちが神からも愛からも分離していないという体験へと導いてくれます。

目的

1、エゴの目的は、人格としての自己を向上させ維持すること、そしてこの世界で自立した人生を送ることを伴っています。つまり、身体を、プライド、快楽、攻撃のために使います。エゴの目的はスピリットとしてのアイデンティティを否定することなので、エゴはリアルな目的を持っていません。

2、ホーリースピリットの目的は、赦しです。つまり、真の自由と喜びに目覚めることです。ホーリースピリットの目的を望むことで、内へ耳を傾けることにマインドを合わせます。動機が純粋にスピリットの導きに従うことにもとづいているとき、分離した自己からスピリットで在ることへ、アイデンティティが切り替わります。

私的な思い

エゴとは、私的な思いを持つ私的なマインドの信念です。これは、エゴがそれ自身の思考システムを隠して保護を試み、分離と罪悪感の感覚を維持しようとするやり方です。私たちの真のリアリティは、ワンネス——神との交わり——です。それは、私的なマインドも思いも完全にない状態です。癒やしのために、私たちが信じる個人的で私的な思いをさらけ出す実践は、変容をもたらします。それは、私的な思いはエゴに属するものだという真理を体験させてくれます。私たちは私的な思いが「私の本当の思い」ではなく「自分だけのもの」でもないことを体験します。ただ単に、一つのエゴの思考システムがあるだけなのです。真理の光の元へ差し出されると、それらは文字通り溶けて消え去ります。

心強い仲間たち《マイティコンパニオン》

目覚めという目的を、分かち合い、支え合う仲間。

神秘主義

神秘主義の目的もしくはゴールとは、限定された自己認識を超越し、神と一体であることを完全に自覚することにあります。意識を変容させ、スピリットと完全に同一化するためには、瞑想や祈りといったスピリチュアルな実践に、献身的にコミットすることが必要です。『奇跡のコース』のような非二元のスピリチュアルな本を学んだり、実践的に応用したりすることを通して、マインド・トレーニングすることも必須です。

神秘家

真のアイデンティティはスピリットであることを知り、神との生きた経験の中に留まることに、人生を捧げた人のことです。神秘家は、変容の旅に近道はないことを知っています。そして、エゴから完全に抜け出すには、献身、マインドの強さ、願望を一つに絞り込むこと、それらが不可欠であることを語ります。神秘家は、内なる充足や平安の喜びを発見しました。それらは、とても魅力的で深い充足をもたらし、完全です。それゆえに、神秘家が世界の中のゴールを求めることはありません。

真の共感、誤った共感

誤った共感とは、問題がリアルであると信じたまま、人やこの世界の問題を、癒やそうとしたり、直そうとしたり、変えようとしたりする試みです。真の共感とは、スピリットと同一化することです。それは、苦しみを理解せず信じることもないマインドの状態です。だからこそ、真の助けになり、効果的であることができます。

特別な関係

特別な人や物事が、あなたの幸せ、安全、安心を感じるための必要性を満たしてくれると期待する関係です。真理においては、神のみが、幸せ、安全、安心の源となることができます。このようにして、すべての特別な関係には、満たされない期待が伴っています。だからこそ、このような関係は罪悪感を維持し、そして、妥協、恨み、恐れが伴うのです。

聖なる関係

特別な関係がホーリースピリットにゆだねられるとき、その関係はエゴの取り消しに使われ、真の喜びと協力へ導かれます。このように、聖なる関係とは目的のことです。聖なる関係の目的は、自己概念の維持や向上に使われることではなく、エゴにもとづいた役割との同一化からの解放です。聖なる関係の基本にあるのは、一体化された意識――天国やリアリティ――の中では、どんな違いも不可能であるという理解です。愛は一つなので、すべてを含みます。聖なる関係への深いコミットメントは、自由と愛をもたらします。なぜなら、このコミットメントの中で癒やされるのは、その人自身の神との関係だからです。

著者カースティン・バクストンについて

カースティン・バクストンは、『奇跡のコース　*A Course in Miracles*』（コース）の教えを生き、実演することに人生を捧げてきました。インスピレーションにあふれた協力の時期と、内に向かう神秘的な時期が、交互に満ちたり引いたりするような人生を送っています。カースティンは、スピリチュアルな施設の監督や、カウンセリング、そして世界中で教えることなど、インスピレーションを与えてくれるプロジェクトを通して、スピリットの愛を表現する手段として使われることに喜びを見出しています。彼女は、マルチメディアのマインド・トレーニングツールと、司牧のためのプログラムを共同開発し、歌の作曲、コンサートでの演奏、アルバムのレコーディング、瞑想のためのＣＤやアプリ制作など、多岐にわたり活動しています。彼女の嘘のない目覚めへのアプローチは、スピリットへの深く揺るぎない信頼と自覚をもたらしました。そして、これこそが、彼女が出会うすべての人びとへもたらす贈り物なのです。彼女は引き続き、体験談、映画レビュー、音楽、著作物などを、彼女のウェブサイトで分かち合っています。

カースティンは現在、デイヴィッド・ホフマイスターや他の心強い仲間《マイティコンパニオン》たちと一緒に、目覚めに捧げられたスピリチュアル・コミュニティで暮らしています。

https://www.kirstenbuxton.org/

訳者プロフィール

堀田 真紀子（ほりた まきこ）

福岡県生まれ。東京大学大学院人文社会系研究科独語独文学修士課程修了。1994年より北海道大学言語文化部、国際広報メディア・観光学院でドイツ語・芸術理論などをテーマに教鞭をとる。スピリチュアリティについても、フィンドホーンやエサレン研究所、サンフランシスコ禅センターといったスピリチュアルなコミュニティやエコヴィレッジに滞在、リトリートなどに参加して、研鑽を重ねてきた。『奇跡のコース』の学習も一通り終え、読書会を主催したり、カースティン・バクストンの北海道でのリトリートをホストしてきた。2015年、北海道大学を辞職。著書『ナウトピアへ』（インパクト出版会）、訳書『ムージル・エッセンス：魂と厳密性』（共訳、中央大学出版部）ほか。

和泉 明青（いずみ あお）

日本在住。学生の時に海外留学。ヨーロッパで数年過ごしたあと、アメリカに渡る。ニューヨーク州ニューヨーク市、パーソンズ美術大学卒業。B.F.A.取得。『奇跡のコース』を学び始めてすぐに、デイヴィッド・ホフマイスターと彼を中心としたリビング・ミラクルズ・コミュニティへ導かれる。デイヴィッドを通してもたらされるコースの教えを学ぶ。2018年と2019年にリビング・ミラクルズ・コミュニティに長期滞在し、妥協なくコースを生きる実践を経験する。猫と一緒に赦しを実践し、ホーリースピリットのガイダンスに従う日々を送っている。Foundation for the Awakening Mind 製作、フランシス・シュー監督、映画『帰り道』日本語字幕翻訳。

とある神秘家との結婚

『奇跡のコース』とパートナーシップについての
真摯な実践録

●

2022年5月21日　初版発行

著者／カースティン・バクストン
訳者／堀田真紀子、和泉明青

装幀／松岡史恵（ニジソラ）
編集／小澤祥子
DTP／山中 央

発行者／今井博揮
発行所／株式会社 ナチュラルスピリット
〒101-0051 東京都千代田区神田神保町3-2 高橋ビル2階
TEL 03-6450-5938　FAX 03-6450-5978
info@naturalspirit.co.jp
https://www.naturalspirit.co.jp/

印刷所／モリモト印刷株式会社

ISBN978-4-86451-403-3 C0011

●新しい時代の意識をひらく、ナチュラルスピリットの本

無自己の体験	バーナデット・ロバーツ 著 立花ありみ 訳	自己が抜け落ちてしまった壮絶な記録。著者の体験を通して語られる、無自己とそれを超えたところとは？『無我の体験』を改題して復刊！	定価 本体一八〇〇円＋税
自己とは何か	バーナデット・ロバーツ 著 福田カレン 訳	『無自己の体験』の続巻で理論編。究極のところまで辿り着いた稀有な人による無我から無自己へのロードマップ。探究者必読の書。	定価 本体二一〇〇円＋税
ホワイト・イーグルが伝えるイエス 教師にしてヒーラー	グレース・クック 著 鈴木眞佐子 訳	内なるキリスト（救世主）への道！ イエス・キリストの教えと癒しの真髄を、高次元存在「ホワイト・イーグル」が、わかりやすくシンプルに解き明かす。	定価 本体一五〇〇円＋税
キリスト意識 ある神秘探求家の自叙伝	ノーマン・ポールセン 著 尾本憲昭 訳	「キリスト意識」を見出した体験、宇宙の創世の仕組み、地球人創造の歴史、ムー大陸の話など、驚くべく神秘体験の数々と探求と研究の成果を語る。	定価 本体五三〇〇円＋税
愛のコース 第一部コース	マリ・ペロン 著 香咲弥須子 監訳 ティケリー裕子 訳	『奇跡のコース』の続編とも言われる書！ ハートのためのコース。やさしい語り口ながらも深い内容を伝え、ハートの変容を促します。	定価 本体二三〇〇円＋税
スピリチュアル・ヒーリングの本質 言葉と思考を超えた意識へ	ジョエル・ゴールドスミス 著 髙木悠鼓 訳	ヒーリングを為すのは神です。この気づきこそが癒しを起こし、「内なる神の存在に気づいて生きる」ことで、「問題」が解消していきます。	定価 本体二三八〇円＋税
【DVD】奇跡のコース 目覚めシリーズ 「真のゆるし」を受け入れる		『奇跡のコース』を朗読で学ぶDVD。本当の自分を思い出すために『奇跡のコース』のレッスンを通して「真のゆるし」を受け入れることを学びます。	定価 本体三三〇〇円＋税